U0934739

没有笨孩子 只有笨家长

怎样使孩子更聪明

查子秀　著

中国青年出版社

(京)新登字 083 号

图书在版编目(CIP)数据

没有笨孩子,只有笨家长:怎样使孩子更聪明/查子秀著.
—北京:中国青年出版社,2010.11
ISBN 978-7-5006-9659-9

Ⅰ.①没… Ⅱ.①查… Ⅲ.①家庭教育 Ⅳ.①G78

中国版本图书馆 CIP 数据核字(2010)第 223212 号

责任编辑:彭 岩
Email:pengyan.cyp@gmail.com
*
中国青年出版社出版 发行
社址:北京东四 12 条 21 号 邮政编码:100708
网址:www.cyp.com.cn
编辑部电话:(010)57350407 门市部电话:(010)57350370
保定市新华印刷厂印刷 新华书店经销
*
700×1000 1/16 18 印张 2 插页 300 千字
2011 年 1 月北京第 1 版 2011 年 1 月河北第 2 次印刷
印数:6001—14000 册 定价:28.00 元

目 录

前　言

家长无不对自己的孩子倍加关爱，殷切期盼着孩子聪明过人，长大后能成为对国家社会有贡献的人才，或者至少也要比自己更有成就。这种愿望很自然，也是合情合理的。然而，为什么有些家长对孩子的良好期望能够实现，而有些却事与愿违呢？原因固然是多方面的、复杂的，而家庭教育是否有效，家长对孩子的教育是否科学往往是主要原因之一。

孩子出生后，特别在婴幼儿时期，大多数是生活在家里，和父母及其他家人（祖父母、外祖父母等）朝夕相处。上小学后，孩子的大部分时间也还是在家里度过。婴幼儿时期是孩子智力发展和个性形成的关键年龄，所以说，家庭是孩子成长的摇篮，家庭教育是一切教育的基础，对孩子的一生有着深远影响。因此，家庭教育的成败，直接关系到孩子的健康成长和成才，关系到国家下一代的素质，也即关系到国家的未来。

家庭教育是一门科学也是一门艺术。说它是一门科学，因为教育的对象是儿童，儿童身体和心理的发展是有规律的，只有遵从儿童身心发展的规律，按照不同年龄孩子发展的水平进行教育，才能取得良好的效果。说它是一门艺术，因为每个儿童生活在不同的家庭环境，接受着不同的教育和影响，每个孩子有着不同的兴趣、性格和能力，教育要适应每个孩子的个别差异，把握好最佳时机，运用灵活的方法，做到一把钥匙开一把锁，才能取得较好的，甚至事半功倍的效果。

本书试图从下列方面对家长提供帮助：

家长想了解怎样的儿童是超常(聪明)的儿童吗？想知道聪明儿童有哪些类型和特点吗？希望了解孩子的聪明才智发展变化的条件吗？在第一章您可找到解答。

您想知道为什么有些孩子非常聪明,有些孩子不够聪明，有的甚至还很笨吗？您想了解怎样才能帮助孩子变得更聪明吗？那么就请您读一读第二章的内容。

无疑您已经知道，要教育好孩子，必须先了解孩子。但是了解孩子并非那么容易。特别是要发现和认识您的孩子的潜力和优势，更不容易。第三章将告诉您可以从哪些途径深入观察、了解、发现自己孩子的潜力，并为您提供了识别不同类型孩子潜力的几种核查表。

儿童的超常发展、健康成长和成才，不仅取决于智力、才能的发展，还取决于创造力、良好的个性品质的发展。因此，从小就应对孩子贯彻全面发展的教育，在开发孩子的智力的同时，要重视发展他们的创造潜力，特别要重视培养他们具有良好的个性和品德。儿童心理的这些方面是相互联系和制约着发展的，这些方面各包括哪些主要内容？发展的规律如何？家长应该怎样进行教育，才能促进孩子正常协调地发展？本书的第四、第五、第六和第七章，分别进行了简要的论述。

聪明的孩子一定都能健康成长和成才吗？最后一章，主要讨论了这个问题，并对家庭教育和家长的作用进行了简要的阐述。

在本书中，作者引用了一些超常和常态儿童成长的实例及家长教育经验的总结资料。在此谨向家长和孩子们表示忠心的感谢。

这本书的出版，希望能对年轻家长在教育孩子方面有所启发，使我国的下一代能受到良好的家庭教育。从小沿着正确的方向，充分发展潜力和才能，成长为符合国家需要的各级各类创新型人才。

查子秀

2010年2月11日

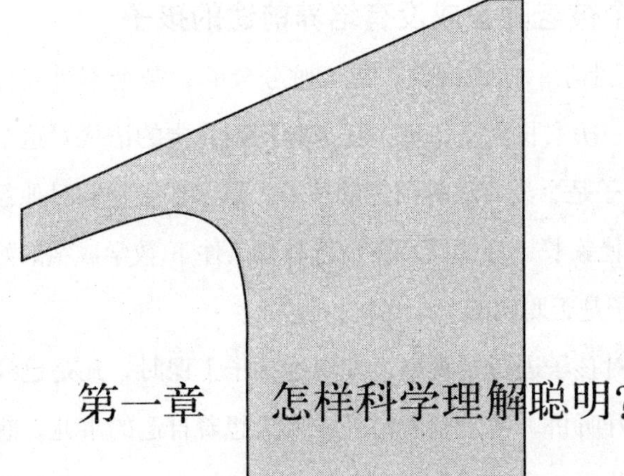

第一章　怎样科学理解聪明?

家长无不希望自己的孩子聪明能干，老师大多喜欢聪明的学生。我们常能听到家长用聪明一词评价孩子："这个孩子一点就明白，真聪明！""那个孩子怎么给他讲也不理解，够笨的。"——看来，聪明一词在社会上是经常被提及的，它关系到对孩子发展前途的评价，而且对孩子的成长具有重要的意义。因此，我们对聪明一词能否全面科学地理解就显得非常重要了。

一、他们是聪明的孩子吗?

例一，一个被老师看成没有培养前途的孩子

小虎6岁上了小学。他很淘气，每天脏兮兮的，是个不讨人喜欢的孩子。在一年级的一次家长会上，班主任老师用很肯定的语气对这个孩子的家长说："你的孩子是个没有培养前途的孩子，算术课上提问时他经常答得不好。"这个结论使家长十分愕然。在现行教育条件下,数学成绩的好坏似乎可以作为衡量孩子是否聪明的一个指标。

后来，家长对孩子进行了观察，发现这孩子上课时，凡是已经懂了的内容他就不再好好听讲，常常望着窗外或低头想着自己的事儿，想着放学后和小伙伴去哪儿玩，或幻想着云彩之外的星球等。因而老师叫他答题，他自然答不出来。不仅这样，他对做作业也十分消极，经常不交作业，当受到老师批评时，他的理由是："没记清有什么作业。"

在这孩子二年级时，区里举办小学生作文比赛，他幸运地被选为"参赛选手"，老师集中两周时间课余突击辅导，使孩子得到了一次大信息量的培训，作文能力有了较大提高，结果比赛获得了第三名。这一次，学校的集中突击培训，他以饱满的情绪积极参加。由此家长发现他很有潜力，能适应大信息量的教育，让他随同普通小学慢节奏地听课似乎不太合适。

在这孩子11岁时，家长让他报考某中学的实验班招生，他很幸运地考取了。这个实验班为孩子们提供了适合他们智力发展的教育。他以四年的时间完成了中学的全部学习内容，15岁考入南开大学计算机及系统科学专业学习，21岁去美国马里兰州大学学习，23岁获计算机专业硕士学位，毕业后成为计算机三维图形软件设计工程师。

小虎的家长在关系到孩子发展前途的问题上，没有完全局限于老师的反应，而是慎重地对孩子进行观察，做深入的了解，分析他学习消极的原因，透过表面现象，看到孩子具有较大的学习潜力，使孩子的智力得以正常发展。设想一下，如果小虎的家长简单地认同老师的反应，把

小虎当成没有培养前途的孩子，或粗暴地给孩子施加压力，小虎的前途又会怎样呢？

类似的情况还有很多，比如在普通班上，有些学生由于所教内容缺乏吸引力，不认真听讲，表现很不好，被老师看成没有培养前途，遭到不合理的对待，他们的超常潜力因此被埋没或扼杀，这种情况绝不会只是个别的。这里还应该提醒家长，当孩子不符合老师或家长的要求而表现不好时，应细心观察，深入全面地了解原因，然后有针对性地解决，千万不要轻易给孩子扣上“真笨”、“不是学习的料”、“没有培养前途”之类的帽子。

例二，一个曾被老师看成是“最笨的孩子”的孩子

有一个孩子幼儿时喜欢听故事，爱看小人书，家长就给他买了大量的课外儿童读物让他读。入小学后他偏爱语文，小学二年级时，他的作文得到语文老师的赞赏。其中有一篇作文被推荐到学校的校刊上发表，更激发了他对写作的兴趣。但是他不喜欢数学，数学课上思想常走神，听不懂也听不进，考试经常不及格。因此被数学老师看成是“最笨的孩子”，并认为他将来不会有什么出息，给了他很大的压力，整天闷闷不乐。回到家里，家长了解情况后，鼓励孩子说：“你不笨，你会讲故事。”后来，这孩子长大了，成为我国知名的“童话大王”。

孩子的兴趣不同，有的喜欢语文或文学，不喜欢数学或理科,这样的事例不是个别的。有一个中学生除语文外其他功课都不及格，在家长的理解和支持下退了学，回家写小说。后来呢，这孩子在家自学成长为一个少年作家。

也有些孩子偏爱数学却不喜欢语文，三四岁已表现出对认数和计算很大的兴趣。有这样一个孩子，他1岁对认数很敏感，5岁时已能做小学四、五年级的数学题，而且从小学四年级开始，每次参加小学生和中学生的数学竞赛，都能获奖。可是他不喜欢语文，上语文课从不好好听讲；体育也

不行，动作不协调。

这表明，有偏科倾向（不论偏文科或是偏理科）的学生在中小学是一个较普遍的现象。不过他们中的大多数即使对某些课程不感兴趣，听课还较认真。

例三，一个生活自理和社会交往困难的孩子

小康出生在一个普通家庭。父亲是一名参加过抗美援朝的伤残军人,长年瘫痪在床。母亲是县百货公司的工人。他2岁已认识1000多汉字，4岁开始读书,8岁被保送到县属重点中学，13岁以高分考上重点大学的物理系，17岁成为中国科学院硕博连读的研究生。可是19岁时，因生活自理能力太差，知识结构不适应而被劝退学。

这是什么原因？现在回忆起来，根据情况介绍，大概由于他小时候，受到妈妈的过分“关爱”：1.总是把他关在家里读书,从来不许他出去玩。有同学打电话来,妈妈都说不在家,以免他与同学交往分散了学习的精力。因而养成了他不爱说话的习惯，不会与人交往。2.在家除了要他学习外，其他任何事都不让他做，自己从来没有洗过袜子，更不用说洗衣服了。有时甚至洗头都是他妈妈代劳。

幸运的是，上海航天技术研究院的一位邢教授偶尔看到上述报道后,找到了小康,与他长谈之后,觉得凭他拥有的数学、物理等知识和长期养成的读书习惯,可以在航天领域有所作为。于是通过严格的面试,破格录取他为自己的学生,并在上海航天技术研究院上班,从事国家二期“探月工程”有关动力控制的高科技研究工作。

例四，一个随便把同学的钱和饭票据为己有的孩子

小海,男,1974年3月生。父母都是工科大学毕业生,是某化工厂的工程技术人员。小海有一个比他大1岁的姐姐。在小海两岁半以前，父母把他留在农村老家由祖母抚养。小海的祖父是个工人，从小海3岁开始，教他儿歌、

认字和简单的计算。4岁回到父母身边，父母发现他学习姐姐小学一年级的课本，速度和效果不比姐姐差。5岁时经小学教师对他的考查，特许他插入小学一年级的下学期。当他在学校学习二年级的课程时，他又在家得到父亲的指导，自学完了三年级的全部课程，经学校考查语文、算术成绩优异，允许他跳级读四年级。同样，他在学校读四年级的同时，在家又自学完了五年级的课程。于是，他仅用了两年半就完成了小学的学习任务。

7岁9个月，通过了插班西北师大附中初二的考试。由于家离学校较远,小海只好住校读书。没想到的是，在一些同学的不良影响下，他从随便拿同学小文具开始，发展到偷同学的饭（菜）票、粮票，甚至小钱包等。一时舆论哗然，小海学习成绩急剧下降。家长只好把他接回家，休学一年。这一年，在家长的辅导下，他学完了初中的全部课程，还学了一些高中数学和物理等课程。第二年复学，念初三课程，由于有些内容他已略知一二，上课不专心、看小说。夏天，在校外可用学校菜票买冷饮，这对他是很大的诱惑，他对自己缺乏控制力，想喝就去买，自己的钱和菜票用完了，就从同学的钱包中拿。最严重的是，高二下学期，他所在的班没有班主任，成了全校有名的乱班。他与班上一些不爱学习的大同学，整天凑在一起瞎聊天、打扑克、看小说、看电影，原来对学习的一点可贵的积极性也荡然无存。期末考试三门不及格，不得已只好再次休学回家。

在家长严格耐心的教育下，半年后复学了。学校把他安排在纪律较好的班级，多方面加强了对他的思想教育，并对他的课外活动做了安排，如让他参加课外数学小组。在老师和家长共同帮助下，他的学习兴趣逐渐恢复，学习成绩不断提高，最后以中等水平的成绩中学毕业。

研究者在小海8岁时，对他进行了认知能力测验。他的三种推理及创造性思维测验的成绩，都超过了11岁年龄组的平均成绩。这可以从一个侧面说明他的智力发展较高。而且，这孩子自学能力较强，除了前面所提，在他父亲指导下他自学高一年级的课程外，他从6岁开始自学英语，当时学校和家庭都没有条件教英语，完全是由他自己通过看电视和听录音而自学的。一年半时间学完了电视初级班的教材第二册及英语初级课本第六册，经考核成绩良好。13岁他参加高考，成绩合格，被一所重点大学的数学系录取。大学毕业后，他参加了石油勘探开发的研究工作。

例五，一个喜欢搞小发明小创造的孩子

小容入小学不久就响应该校少先队的号召，积极投入小发明小创造活动。从小学四年级，发明了“磁斥开关”获得上海市第三届青少年创造发明竞赛一等奖开始，接着发明“无炉栅煤饼炉”“磁性定位教学算盘”，在第五、第六届全国发明展览会上获得铜牌和银牌。他发明的“紧急刹车磁性自动装置”获得亿利达青少年发明奖。他在小学和中学总共获得各级各类发明奖和计算机竞赛奖40余次，其中有三项获得国家专利。他的名字已列入《中国发明家大辞典》。1995年他以优异的成绩直升上海交通大学学习。

例六，一个13岁只身走完全国31省、市、自治区200多个地方的孩子

小宇是一个从小立志“读万卷书，行万里路，交万名友”的女孩。10岁开始，她就利用各种节假日，只身走遍了中国31省、市、自治区的200多个市、县、乡、村。深入了解了社会，广交了朋友，并给贫困地区的小朋友送去爱心、友谊和温暖。她从小学二年级开始写日记，走到哪里写到哪里，已完成40多万字的旅行日记。2003年高一寒假又走出国门前往欧洲。2005年，小宇先经某重点大学“特长生”考核与选拔，继而又通过当年的全国统一高考，考上了清华大学的建筑学院。她小学开始学习就很努力，中小学成绩一贯优异，屡获“优秀生”“全优生”“三好生”“体育锻炼优秀达标生”“优秀团干部”等荣誉称号。她关心集体，小学和中学一直担任学生干部，如：班长、少先队中（大）队长、校团委委员等职。她积极参加社会活动，1997年被评选为“北京市百名优秀红十字青少年”。9岁时，她参加中央电视台首批小记者团的考试，被录取为年龄最小的记者

和主持人，独立采访过许多社会知名人士，参与制作过30多部专题节目。她从小业余爱好广泛，在作文、诗歌、演讲、弹琴、指挥、绘画、工艺美术、外语等许多方面获得过全国、省市或区校级一至三等奖。

有些孩子小时候从相貌上看不出机灵，嘴巴也不乖巧，再加上性格内向，往往不能给家长和老师留下比较聪明的印象。比如有个孩子生下后，看上去后脑勺过大，显得不够匀称，开始连他的母亲也担心自己是不是生了个丑八怪。他不爱说话，语言发展远不如同龄孩子，7岁时还总是重复大人教他的话。这孩子性格内向、孤僻，不机灵，不喜欢与别的孩子玩；有时甚至态度粗暴。后来，在家长耐心的教育帮助下，这孩子逐渐学会了控制自己的情绪，很少再发脾气了，还发现他好奇心强，特别对自然科学和数学有着强烈的爱好。可是，如果仅根据他童年时的表现，谁能预料到他成年后会成长为一个伟大的物理学家呢。

二、对聪明的科学理解

聪明的孩子有各种类型，表现有早有晚，有隐有显，形形色色。这里就不再一一列举了。现在的关键问题是，我们用什么标准来衡量他们是或不是聪明的孩子。或者说，判断一个孩子是否聪明具体的标准是什么？

“聪明”一词在《辞源》上的解释有三：1.听觉、视觉灵敏；2.明智、聪察；3.天资高，智力强。在《现代汉语词典》中的解释：聪明就是智力高，天资好。这两本书的界定基本一致，认为聪明就是天资好，智力高。

“天资”一词好理解，也就是天赋的意思，即自然所赋予的品质或特征。

关于“智力”的定义，在心理学史上就曾长期众说纷纭。不过多数专家学者认为：智力是人（儿童）学习、获取知识及运用知识解决实际问题必须具备的心理条件或特征。智力不是由单一心理因素构成的，而是由多种心理因素如：感知观察力、注意力、记忆力、想象力、思维能力等构成的综合体（第四章将详述）。

怎样才算天资好、智力高呢？在我国古代的文献资料中，介绍聪明儿童主要是根据他们的事迹和诗文作品。如：

战国时12岁的甘罗，用机智说服赵王，将16座城给秦国,受到秦王重用，被封为上卿。

孔融4岁让梨，10岁时有个名士说他“小时了了，大未必佳”，他立即回敬道，“想君小时，乃当了了”，堵得那人张口结舌，大为尴尬。可见他的反应才思非常敏捷。

曹冲7岁时，就能以等量置换的办法称得大象体重，传为千古佳话。

白居易1岁开始识字，5岁开始做诗，9岁已精通声韵；李白5岁诵六甲，10岁观百家；杜甫7岁开始做诗；王勃6岁能文，13岁著《滕王阁序》……

19世纪以来，随着心理学的发展，国外心理学研究者编制了各种智力测验，用以衡量儿童的智力差异。在同一个年龄的儿童群体中，发现智力测验得分高低悬殊，说明儿童智力有高低。下面就以韦克斯勒智力量表所测的智商为例进行分析（见表1–1）。

表1–1　韦克斯勒智力量表的智商分布

智商范围	等　级	理论百分数	实际百分数
130以上	非常优秀	2.2	2.3
120～129	优秀	6.7	7.4
110～119	中上（聪明）	16.1	16.5
90～109	中等	50.0	49.4
80～89	中下（迟钝）	16.1	16.2
70～79	临界状态	6.7	6.0
69以下	智力缺陷	2.2	2.2

从表1可以看到：智商得分在90～109（占49.4%）称中等智力；得分为110～119（占16.5%），为中上智力，也称聪明；得分为120～129（占7.4%）为优秀智力，可称为比较聪明；得分在130以上（占2.3%），为非常优秀的智力，可称为非常聪明。在另一端，得分在80～89（占16.2%），称为中下智力，也称迟缓；得分为70～79（占6.0%），为临界状态；得分69以下（占2.2%），称智力缺陷或弱智。

以一个小学的普通班级为例来看：一般情况下约有一半的孩子智力属于中等（即正常），聪明（包括比较聪明、非常聪明）的孩子约占25%。如果一个班级有50个学生，聪明学生大约有十几人。然而，现实中在一个普通班里，往往没有那么多聪明的学生，聪明的学生哪里去了？原因可能是多方面的，而教育本身存在的问题首先应该研究。

一般情况下，学校对学生没有进行过智力测验。老师和家长按照社会的评价体系，主要根据学生的学习成绩，有的也参考学习能力，把一些儿童看做聪明儿童。对智力发展优秀或非常优秀的儿童，在国外称为天才或英才儿童；在我国港台称为资赋优异（资优）儿童，我国内地称为超常儿童。

不论是根据智力测验的分数或根据学生的学习成绩来区分儿童是否聪明，那都是不全面的，也是不够公平的。

聪明的概念不限于认识层面，如智力高、认知能力强，而且在解决问题时还表现出一定的速度和独特性。

三、孩子聪明才智的多样性

“三百六十行，行行出状元。”这“三百六十行”不正可表明人的智力、才能的多样性吗？“行行出状元”，换句话说就是，在各行各业里有明显的差异，即各行各业里都有一些出类拔萃的人，都有一些人堪称能人高手、状元式的人物。在人类社会历史的长河中，无数的能人高手、英雄、模范、大师或天才人物，一代又一代地，用他们的聪明和才能创造出了无数的奇迹。他们为人类社会创造的物质和精神的财富，不断地促进了社会的文明和繁荣。他们闪闪发光的思想、情操，对后代更是无价之宝，无形的精神财富，有着不可估量的影响，为后代树立了一个又一个光辉的榜样。他们所创造的物质的和精神的财富代代相传，影响深远。

聪明的多样性，主要表现在以下两个方面：1.人的聪明的程度（智力水平）有高低（这在上一节已经论述了）；2.人的聪明表现具有不同类型（特点），下面着重说明类型的多样性。

每个人都具有一般智力和特殊智力，由于先天素质和后天教育环境的不同，个别差异的存在，每个人的一般智力和特殊智力的发展，优势就不完全一样。

1. 一般智力优异发展

这类儿童认知能力、一般智力发展较高，表现超常出众，在这一类儿童中，有些抽象思维发展特别好，思维敏捷，聪慧过人。他们中许多人从小喜欢数学或理科，领悟快，理解力强，成绩出色。用儿童智力测验对他们进行测量，如用《中国比纳智力量表》或《韦克斯勒儿童智力量表》等对他们进行测量。这类儿童智商往往较高，智商在130以上。在《认知能力测验》《创造性思维测验》中，他们的成绩往往也高于同龄人平均成绩的两个标准差以上。他们的求知欲旺盛、兴趣广泛，学习自觉、主动，记忆力强，思维敏捷，想象力丰富，创造思维突出发展。学习上潜力很大，在同龄人的常规班上，经常感到“吃不饱”。在一些学校建立的超常儿童实验班上，多数学生属于智力超常的类型。

例如，获得双博士学位的余海滨，很小就表现出极强的求知欲，5岁入小学，各科学习成绩优异，并在作文等竞赛中获奖。小学五年级时，以出色的成绩考上北京八中超常实验班。通过《中国比纳智力量表》测量，他的智商为143，《创造性思维测验》成绩为32.5分（同年龄儿童平均成绩为14.4分），明显高于同年龄儿童的平均成绩。在高起点、高速度、高难度的实验班上，他的学习仍轻松自如，各科学习成绩优异。参加数学、物理等竞赛都获得了优胜奖。他仅用三年的时间就完成了初中和高中的全部学习任务。13岁多，以优异的成绩考入北京大学物理系。在北大又以三年的时间，完成了大学的全部学习任务。17岁考入美国布兰代斯大学，攻读生物物理博士学位。在美国学习期间，各门课的学习成绩都是A等，并在一些著名杂志上发表多篇生物物理方面的论文，如期获得生物物理博士学位。由于他考虑目前社会经济的发展，需要能掌握世界经济发展规律的高级管理人才，他认为自己有向这方面发展的潜力和条件，因此，又考入美国哥伦比亚大学商学院，攻读工商管理博士学位。

有些儿童偏爱人文、社会科学，文科的学习成绩非常出色。

儿童时期偏爱文史和哲学，这在我国古代就有许多例子。如东汉时期杰出的唯物主义哲学家王充，他自幼酷爱读书，尤其喜欢读《荀子》、《韩非子》等书。他从小就不信鬼神，八九岁在私塾读书时，同学中谈论鬼神，他联系实际宣传荀子的思想，帮助同学破除对鬼神的迷信。并在街头揭穿那些巫婆、算命先生装神弄鬼的破绽，劝百姓不要上当受骗。他12岁时，不幸父母相继去世。他只得靠给别人抄写，及辅导有钱人家孩子读书来维持生活。但不久他的非凡才学被郡守发现，把他推荐到京师太学去学习。当时他年仅15岁，成了太学的一个少年大学生。此外，在中外哲学史上杰出的唯物主义哲学家还有明末清初的王夫之等。

在史学方面，少年才华显露者也不乏其人。伟大巨著《史记》的作者司马迁就是一个突出代表。司马迁不仅是伟大的史学家、思想家，也是文学家。他从小好学勤奋，兴趣广泛。10岁时，开始对史书产生了莫大兴趣，他不仅博览史书文献，而且重视实地考察。十几岁，周游各地，巡访历史事件发生的地点和当事人，广泛收集历史典籍中的第一手资料。这为他后来对《史记》的创作奠定了基础。

2. 特殊才能高度发展

这类儿童有的一般智力发展优异，有的发展为中上或中等水平，而在某一或两方面的特殊才能发展特别突出。可以说，有多少专门领域，就有多少种类的特殊才能，下面重点介绍几种。

语言、文学才能：指在运用语言进行交往或描述事物的活动中表现出的特殊才能，它是顺利完成语言文学活动的心理保证。语言文学才能包括写作才能（如诗歌、散文、小说），演说才能等。例如，1985年被北京大学西语系破格录取的13岁大学生田晓菲。她6岁开始写诗，8岁写散文，她有一百多篇作品在全国30多种报刊上发表，并多次获得了优秀作品奖。在她10岁时出版了第一本诗集《绿叶上的小诗》，3年后又出版了第二本诗集《快乐的小星》。她的自学能力很强，在9岁时不仅学完了4册《古代汉语》（王力主编），而且还把其中的两百多篇古诗文译成了白话文。

数学才能：指认识和研究现实世界中数量关系和空间形式的能力。我国古代数学家和科学家中，早慧的也不乏其人。例如大数学家、天文和物理学家祖冲之，从小就爱好天文历法，经常观测太阳、月亮和星星的运行，并作详细的记录。他在公元6世纪算出了精确度极高的圆周率近似值，是一项具有世界意义的伟大成就，早于外国数学家一千多年。数学家王恂，3岁开始识字，过目成诵，13岁能学《九数》。还有科学家郭守敬创制举世闻名的《授时历》，他的这部历法比罗马教皇颁行的《格里高历》早301年。又比如德国的高斯（K.F.Gauss），他3岁就会心算，9岁在小学念书时，老师给全班出了一道题即：1+2+3+4+…+100=？他以最快速度完成，老师大为吃惊，发现他是采取1+100=101，2+99=101，…所以50×101=5050。他实际上是发现了一个重要定理的要点，从而显示了他突出的数学才能，后来果然成为世界知名的数学家。

音乐才能：音乐才能是顺利进行音乐活动的特殊能力的组合。包括作曲才能、演奏才能和歌唱才能等，以及识谱、乐器演奏或演唱等技能。孙元元4岁学小提琴，同时又迷上了唱歌，多次录制儿童歌曲磁带，为十几部电影和电视片配过音，而且她还自己编词作曲。奥地利作曲家莫扎特，3岁学会弹琴，5岁开始作曲，11岁创作歌剧。德国的贝多芬，13岁已当上大风琴手并开始创作，像他们这样具有多种音乐能力优异发展的实不多见。

绘画、雕塑才能：是在绘画和雕塑活动中表现的艺术才能。包括：对客观对象有周密而精确的观察能力；丰富的想象、活跃的联想力；对事物的结构、形态、空间关系等具有鲜明而生动的记忆力；对描绘的对象的结构、比例、空间位置、亮度、色调等正确的估计和判断能力；以及绘画、雕塑活动所必需的技能、技巧等。

我国的小画家在国内外儿童画展上获奖已是屡见不鲜的事了。国际金奖获得者王丹丹就是其中之一。她1岁多就开始握笔绘画，4岁时，她的画已在报刊上发表。11岁时，她创作的画已有五千多幅，其中有些先后被送往德国、美国、加拿大、日本、土耳其、波兰等国展出，还多次举办个人画展。她画起画来废寝忘食，练就出左右手同时绘画的高超技能。1985年，在土耳其国际儿童画展中，她的《闻鸡起舞》在一万幅作品中一举夺魁，获得了凯末尔金质奖。另一位被誉为当代东方毕加索的王亚妮，两岁半开始学画，5岁首次举行个人画展，就引起轰动。10岁时，出国到日本举行个人画展，获得当代东方毕加索的美誉。她已被列入世界画家之林。她的画集《孩子的世界——王亚妮的画》共收入她3～7岁的80幅画，用五种文字出版。我国小画家在各种国际儿童画展获奖的不是几人、十几人，而是数以百计。仅以1987年第17届世界儿童画展为例，参加展出的均为来自106个国家和地区的3～15岁儿童的作品，我国送展的有100名画童的100幅作品，其中有56名小画家获奖，获金奖的6名，银奖13名，铜奖36名。一个4岁幼儿曾巧画的《神气的小猫》还荣获了特别金奖。

体育运动、舞蹈才能：指顺利完成某种体育运动、舞蹈必需的特殊能力和个性特征的结合。体育运动项目很多，虽然不同的体育运动对能力有一些特殊要求，但也有一些心理能力是各种体育运动共同需要的，例如：喜欢所从事的体育活动，具有顽强的意志，坚持不懈的锻炼。在体育竞赛中，注意力集中，情绪稳定，应变能力强；具有良好的空间和时间知觉，对运动的空间方位、高度和速度等的判断迅速、准确；鲜明的运动表象及记忆能力等。我国杰出的体育健儿，在国际上享有盛誉者数不胜数。世界上最年轻的水上项目冠军伏明霞，就是其中的突出代表，她被评选为20世纪最杰出的百名女运动员之一。

组织领导才能：指参与社会活动或领导工作中，所表现的善于处理人际关系方面的才能。这种才能要求关心集体，在集体活动中主动、敏感、乐于承担责任，能创造性地解决问题；善于交际，能团结人，在群众中有威信、有凝聚力。这种才能主要通过组织领导活动表现出来并不断得到发展。

其他特殊才能还有科技、操作才能。具有科技、操作才能者往往偏好设计和动手制造，他们的作品在小创造、发明活动中获奖。特殊才能型的超常儿童在现实生活中人数较多，可以说有多少种专门领域，就有多少种特殊才能，各个领域的专门活动中，都会涌现出才能杰出者。

3.综合类型

这类儿童，他们的一般智力发展优异，智力测验的智商分数高，同时又兼具有某方面突出发展的特殊才能。这类聪明儿童人数相对较少。

如有一个男孩叫李刚，他从小不仅记忆非凡，想象力丰富，创造性解决问题的能力很强，而且图形、语词、数学三种类比推理测验的成绩，超过了比他大3～5岁的常态儿童的平均成绩。他心算能力发展突出，五岁半就能在19分钟内，准确地心算6位乘6位的数学题。6岁时获得全国心算优胜奖，被全国珠算学会吸收为名誉会员。在他6岁5个月时，参加一项心算比赛，赛题是10道两位数的运算题，参赛的是三至五年级算术优等生16人，其中8人用电子计算器，比赛结果，10道算题全对的只他一人，只用了一分半钟，比用电子计算器的学生还快，获得第一名。他不仅心算能力很强，各门学习成绩也不错。特别要提到的是他还擅长绘画和书法。他不仅能用左右手同时开弓写字，还能用双手同时绘画。他的绘画作品已在美国、日本、新加坡等国举办过个人画展，也多次参加世界儿童画展，并获得了儿童画特等奖。下面列举他的三项作品：

图1–1 李刚6岁的书法

图1–2 李刚11岁画的马

图1–3 李刚8岁画的竹子

有些超常儿童不仅文科和理科全优，而且弹琴、下棋都不错。

应该指出：这种综合类型的超常儿童，他们的发展比较全面，但这也是相对而言的，他们在智力和（或）才能较多方面表现出优势，但是不应看成十全十美，他们毕竟还是儿童，某些方面也会有发展不足的表现。

了解了儿童的聪明才智具有形形色色的多样性，这就要求家长和老师不能只用同一把尺子来衡量儿童。例如：只认为数学拔尖的学生才是非常聪明的儿童，而数学学习困难的学生，尽管文学或艺术杰出，也不被看成是聪明的学生。学习能力强、各门成绩好自然是聪明的表现，学习成绩不太好或不好，但动手能力强、善于巧妙地解决实际问题，同样也应是聪明的表现。

四、聪明儿童的心理特点

尽管聪明儿童的智力、才能表现出形形色色的类型和水平，作为聪明儿童群体还是有着一些共同的心理特点。概括地说，这就是聪明儿童应当具有的良好的心理素质。不论哪种类型或水平的聪明儿童，他们的心理构成不限于智力、能力和创造力，还离不了良好的个性倾向和特征。如果没有这后一个方面，超常智力、能力只能是潜在的，不可能真正表现为超常的现实。所以，聪明儿童的心理特点是智力、能力、创造力和个性相互作用有机联系的统一体。

1. 在智能方面

（1）敏锐的感知觉，良好的观察力

许多超常幼儿的视觉、听觉等感知觉突出发展。例如，绘画有天赋的幼儿，对物体的空间位置、亮度比值及色调等具有敏锐的感知和表象能力；音乐能力强的幼儿，对音调高低、强度、广度，对音色、韵律、和谐及音量等具有准确感知能力；具有语言潜能的幼儿，表现很强的视觉和听觉辨别能力，他们对汉字的音形细微差异的区别能力很强。例如，有些幼儿3～4岁就开始认字，能区分出许多形近字和同音字。

智力超常的儿童有着良好的观察力，在一项感知观察力的测验中，90%以上的超常儿童的成绩优于比他们大3～4岁的常态儿童的平均成绩，而反应时间平均只需要规定时间的1/2或更少一些。智力超常儿童观察力还表现出下列特点：有目的有条理，善于比较；能抓住观察对象的主要特点，采取相应的策略和方法，如自己设一个比较的参照点，安排适于观察的顺序等，以创造性地完成观察任务。

（2）注意力集中，记忆力强

超常儿童注意较广，并能高度集中。尤其对他们感兴趣的事情和活动，常常能专心致志。例如喜欢画画的孩子，绘画时很专注，可以连续绘几个小时，一口气画出十几张画，别的小朋友来找他玩，能不受影响；喜欢数学的儿童，往往能专心做难题2～3小时，旁边播放着的精彩电视节目也不会使他分心。

超常儿童的记忆特点是识记快，并保持长久。从一项记忆测验结果看，超常儿童记忆的成绩超过比他们大三四岁的常态儿童的平均成绩。超常儿童记忆的一种特点是喜欢分析概括各种事物、语词、数量之间的关系，然后采用较为有效的记忆方法来解决。例如，有一个6岁男孩叫陈新午，在一分钟内能记住10～20个数字，他的记忆特点就是善于寻找数字间的关系，从而找到记忆的方法。比如他分析数字的排列是奇数或是偶数，以什么形式排列或以怎样的间隔排列等。有一次研究者给他一列17位的数字，即81726354453627189。他只用了一分钟就记住了，经检查准确无误。测验回去后，他对父亲说：这17位数字有两个规律，一是每相邻的两位数的和是9；另一是去掉末尾的9，数列正好成对称形式。因而事隔一年之后，再检查他这17位数字时，仍能记忆犹新、正确无误地背诵出来。

（3）思维敏捷，逻辑性强

超常儿童对要解决的任务或问题，能很快理解，迅速抓住本质，找到解决的方法，因而在完成任务或解决问题方面，超常儿童往往比同龄常态儿童速度更快，正确性更高。比如，数量类比推理和语词类比推理测验，超常儿童不仅完成测验所需的时间少，测验的平均成绩高于同龄常态儿童的平均成绩2～3个标准差，而且能正确或基本正确地概括事物或数量之间的本质或主要关系，能正确进行推理的人数也明显多于同年龄的常态儿童。

数学能力强的超常儿童，很小的时候就表现出思维敏捷。他们对算术教材理解快，运算能力强。一个5岁半的男孩，进入小学一年级，算术很快就吃不饱，平均两个月学完一册算术课本。两年后用当年初一招生的数学试卷对他进行考查，他只用25分钟（规定90分钟），就以100分的成绩完成了试卷。另一个7岁的儿童，用一年半时间，在父亲的指导下，自学了《初等代数》《三角函数》《解析几何》等教材。这类数学能力出众的儿童现实中已是屡见不鲜，他们的特点是善于分析数量和空间关系，分析捉住关键性的东西，快速找到解题的方法。他们解题的思维过程既有严密的逻辑性、系统性，又能高度概括、简约化，并善于独立思考，寻求多种解法，表现出很有主见和独立性。

在文学优异的儿童中也同样思维敏捷。一个小歌手苏庆，他出口成章（对歌），一次要求他以首长接见时的照片为题对歌，他仅一分钟就做出："首长亲自来接见，革命豪情涌心间，努力学习攀高峰，长大重担挑在肩。"另一次，和小朋友一起出去参观，沿途不断有人命题，让他即席对歌，他都对答如流。才思敏捷表现得淋漓尽致，受到称赞。

2. 在个性方面

好奇心强，求知欲旺盛，兴趣广泛

超常儿童从小好奇好问，爱追根究底。不仅表现在行动、动作上，不时地摆弄东西，装装拆拆，也表现在语言上，问个没完。稍不满足成人的解答时，就自己查资料或做试验，非要打破砂锅，探求事物内在的或发展变化的奥秘。

超常儿童兴趣广泛：很小就爱听故事，爱画画；爱看图书，逐渐不满足只看图，而要认字，把识字当游戏，随着认字量的增加，四五岁就开始自己阅读科幻故事、儿童文学、历史小说和少年科技等——真可谓如饥似渴，无所不看，而且这种广泛阅读的兴趣和习惯一直保持到成年。有些儿童看见大人下棋，便对棋类发生兴趣。有些儿童对大自然的花草树叶感兴趣，广泛收集制作标本。有些儿童对小动物发生兴趣，经常去动物园，不满足仅仅观赏，而要逐个去读每个动物的介绍，了解各个动物的产地、习性等。

好胜、自信，有独立性

超常儿童进取心强，好胜，他们爱与人比，比学习、比游戏，凡是别人会的自己也要学会，处处不甘落后。他们的自信心一般较强，经过学习或练习常常赶上或超过别人。科大招少年班，这对许多超常儿童是个挑战。许多中学生想："他们能考上，我也要考上。"于是立志一定要考上少年班，同时开始了有计划、刻苦的自学。不少人一次果然考上了，也有的一次没有考上，第二次再考，直到实现自己的既定目标为止。这充分表现了他们很自信、有主见、有独立性。

执著、勤奋，有坚持性

超常儿童一旦对什么事情发生了兴趣，往往在一个阶段里着了迷似的，非学会、做好不可。例如马涛，2～3岁时对识字发生兴趣，见字就要求认，每天从幼儿园回家非认字不可；4岁时对动物发生了兴趣，每星期天一定要上动物园，去逐个读每个动物的介绍，了解各种动物的产地、习性；5岁对下棋发生了兴趣，整天找人和他下棋，自己还钻研棋谱，非赢不可。在小学时，他对计算机非常感兴趣，买来计算机的大厚本教程自学，后来参加北京市计算机程序竞赛还获得了三等奖；他在中学超常实验班学习时，13岁就想报考大学，没有获得学校批准，他就自学全国成人高考教材，仅一年时间，通过了全国成人高考4门学科：普通物理78分，解析几何73分，常微分方程83分，英语71分。14岁中学毕业，考上北京大学数学系。他对钢琴发生了兴趣，课余时间练琴入迷。大学毕业后，他想读计算机专业的研究生，准备了三个月，考上了美国密执安州立大学的计算机专业的研究生。他之所以想学什么就能如愿以偿地学好，除了智力因素外，更重要的是：他能执著地追求、刻苦地钻研并有一种坚持的毅力。

许多超常儿童在成长的过程中，并不一帆风顺，他们在遇到困难、失败或挫折时表现坚毅顽强，具有不达目的绝不罢休的精神。

3. 在创造力方面

想象丰富，联想活跃

超常儿童很小就表现出丰富的想象和活跃的联想力。这不仅表现在做诗、作文、绘画、科技创造发明中，也表现在游戏或日常生活中。例如，识字还不多的李某，一次妈妈带他上公园玩了回来，妈妈觉得很累，就仰面躺在床上。他神秘地注视着并说：“妈妈，书上的‘大’字应该念‘人’。你看，伸开的胳臂是一横，分开的两条腿是一撇一捺。”多么活跃的想象和联想力。

许多小诗人的诗，小画家的画，展现了童心丰富多彩的想象。例如，晓非的一首诗——《金黄的云》：

有金黄的云吗？
——有。
在什么时候？
在秋收的时候。
那时的地，
是金黄的。
连那时人们的歌声和笑声，
也是金黄的。
人们拿云揩了揩汗，
所以啊，
云也被染成金黄。

这首诗从秋收时节金黄色的稻谷，展开了独特的想象：人们的欢声笑语，揩汗的云……都染成了一片金黄，生动地描绘了丰收景象和喜悦。

创造性思维突出发展

对超常儿童与常态儿童创造思维的比较研究发现，超常儿童多项创造思维测验的成绩，不仅远高于同龄常态儿童的平均成绩，而且高于比他们大2～4岁的常态儿童的平均成绩。以图形创造性思维测验为例，这项测验每题给学生呈现30个各种各样简繁不同的几何图形，要求学生在6分钟内，按照几何图形的类比关系，尽可能快地选出4个图形组成尽可能多的类比关系。测验的结果：超常实验班的学生，流畅性、新颖性、灵活性、聚合性和精细性各项的总平均成绩，不仅非常明显地高于同龄对比班的学生，而且灵活性、流畅性、新颖性等大多数项目的总均分还明显地高于比他们大

3～5岁的同年级的学生。

超常学生创造性思维在学习中表现的特点是：能摆脱已有知识、经验或习惯的束缚；思路开阔灵活，能触类旁通；善于分析问题的条件和关系，迅速抓住问题的关键；采取策略，独创性地解决问题。

闪现灵感、直觉的火花

各类超常儿童，不论是进行科技创造发明，文学、艺术的创作，或在解决问题时，常有灵感、直觉、领悟等超越理性范畴的火花闪现，使创造、创作得以实现。

文学天赋高的儿童创作时，需要有灵感的光临，优美的诗歌创作才能产生，这已是显而易见的了。数学超常的儿童，尽管数理逻辑思维能力很强，在解决复杂的数学题或难题时，不是先通过逻辑思维分析加工明确解题思路，而首先出现的是对难题的直接感悟，一种数学直觉，洞察到难题的实质和解法，然后单刀直入经过逻辑思维的论证，使问题快速地迎刃而解。

五、聪明儿童的发展和变化

儿童的聪明才智是在他们的成长过程中，通过教育和实践活动而发展、表现出来的。人类包括儿童的聪明才智是不完全相同的。这是由于两个方面的因素不完全相同造成的，即：一方面，儿童的大脑聪明程度不完全一样，由于遗传基因不同，在正常范围，可以具有正常的或聪明的大脑；另一方面，需要有相应的社会生活、教育条件和学习实践活动，如果这两方面的条件缺乏一方面，都不能有聪明的实际表现。

不过,具有正常发展的大脑，虽然智力一般，并不很聪明，只要教育得当，被教育者勤奋，聪明就可能得到一定程度的提高，有研究认为儿童的聪明可以提高40分。特别是在婴幼儿时期正是大脑发育的关键时期。相反，具有非常聪明的大脑，如果得不到适当的教育或教育不当，也不可能有聪明的实际表现。这就是为什么许多聪明儿童被埋没的原因，也是为什么在文化、教育条件差的地区如农村，聪明孩子出现的百分比，远不如教育条件比较优越的地区的原因。

20世纪80年代初期，在四川资中县农村山区有一个孩子叫周东来，2岁开始认字，3岁10个月已能认2320个字，能理解词义并能组词造句。在当时农村中出现这样聪明的儿童真是凤毛麟角，因此，重庆市心理学会和西南师范学院的心理学教研室组织人前往该地区进行了调查。调查结果“关于不满3岁小孩东来能认九百字的调查报告”呈送省、市科委，可见重视程度。通过调查了解到:这个生长在农村的3岁儿童之所以能识字，是由于他有一个老舅公(当年已67岁)和他住在一起，这位老舅公1960年在村里曾当过民办小学教师。周的父母都是农民，每天农活很忙，就将孩子交给舅公。他与老舅公朝夕相处，老舅公见他聪明，对认字感兴趣，就用小学的语文课本教他识字。在他3岁时，还用小学算术课本教了他20以内的算术。研究者为了对他的智力发展情况进行了解，用认知能力测验对他进行了测查，结果发现这孩子的测验得分高于比他大2～3岁的儿童，确实比较聪明，因而被称为超常儿童。

婴幼儿时期孩子许多方面刚开始发育，判断新生儿的聪明不太容易。有人认为：聪明的新生儿，出生时可能要比一般新生儿更机警一些；也有人认为一个感觉敏锐、反应迅速的婴儿常常比较聪明。还有人认为孩子笑得越早，聪明的可能性就越大；很早就开始笑的婴儿常常会成为聪明活泼的儿童。也有人认为聪明的儿童在出生时常常要大一些、重一些;也有人认为，聪明儿童在发展中各个方面都会超前，在父母的帮助下，他们是有可能保持住这一优势的。

我们要发现聪明的孩子，往往并不很容易，因为孩子的聪明才智在现实生活中要有所表现，需要一个过程。

儿童受教育后,参加一定的学习和活动,一般入小学或中学后，在学习活动中他们的聪明才智逐步得到发展和显现。

儿童的聪明才智一般是通过儿童的语言（包括书面语言）、行为及活动成果（包括学习作业等）表现出来。因而一个人是否聪明，不是一眼就能看出来的。从许多科学家、创造发明家的历史传记中，很少有关于他们小时候如何聪明的记载。相反，有的却是如何笨拙的事例。例如：丘吉尔不仅当过英国的首相，他还是一个历史学家、著作家，一生出过30多本著作，其中6卷本的《第二次世界大战》，在他79岁时获得了诺贝尔文学奖。可是他小时候发音不清楚，说话还有点口吃；他不喜欢学习，在班上是最不守纪律的劣等学生，因此被看成是迟钝、低能的孩子。不过只要是他感兴趣的东西，他还是领悟很快，也记得很快的。

聪明不是固定不变的，而是发展变化的。不少具有聪明大脑的儿童，在婴幼儿时期并没有被发现，因为他们的智力还没有得到开发，多数儿童是在入小学或中学后，他们的聪明才智才逐渐发展并表现出来，但也有一些聪明孩子的才智却一直没有机会得到发掘。

原来表现很聪明的儿童，后来变得不再聪明了，即所谓“小时了了，大未必佳”的例子并不少见，不仅古代有当代也存在。在古代的仲永是众所周知的一例。在当今21世纪，这种“小时了了，大未必佳”同样存在。有一个幼儿时期就能认几千汉字并能掌握相当的数学知识。8岁被保送进重点中学，13岁考入了大学，17岁以高分考取了中国科学院高能物理研究所的硕博连读的研究生，可是，却因学习生活不能自理，不善于与人沟通，跟不上学习进度而被迫退了学。可谓当代仲永的一例。

所以，如果一个孩子表现一般，甚至表现有点笨拙，不要急于作结论，因为他还在成长过程，应给他发展的时间和机会，并给他提供发展的条件。从历史上有杰出贡献的伟大人物的成长过程看，不少人在小时候表现也很一般，有的甚至表现笨拙或低能，有些学习成绩很差，甚至逃过学。可是，成年后却有所发明、有所创造，为人类社会和历史做出了巨大贡献。在诺贝尔奖获得者中就有这样的人，下面举一例：

有个孩子从小非常淘气，喜欢舞刀弄剑，爱与其他孩子玩打仗，经常惹事生非，有一次还被警方拘留了3天。他不爱学习不遵守校规，经常逃学，多次受到学校处罚。他的父亲是一个医生，以为给他换一所学校，可以让他改过自新，但这孩子来到新环境，依旧我行我素。几经周折父亲也对他深感无可奈何，认为这孩子不是一块上学的料，只好让他回家，自己来调教试试。这孩子回家后，他父亲从旁观察他对什么感兴趣，就从他感兴趣的事上引导他学习，几经曲折，他的父亲始终坚持不懈，最后终于使“顽石点头”，孩子终于变了，逐渐喜欢学习了。后来发奋钻研，不断发展，终于结出了硕果。他发现了神经细胞之间突出联系，成为神经元学说的奠基人。1906年还获得诺贝尔生理学和医学奖。

同样，如果一个孩子很小表现很聪明，也不能高枕无忧，聪明才智是随着孩子的年龄增长和学习而发展、变化的。如果家长疏忽了对他的教育，或教育不当，他的发展也可能就会出现问题或曲折。

小结

1.聪明是指人（孩子）天资好，智力高。关于智力是指人（儿童）学习、获取知识及运用知识解决实际问题必须具备的心理条件。

2.人的聪明才智具有多样性。孩子聪明才智是多维的，即聪明的程度（水平）有高低，聪明的表现有各种不同的类型（如：语言、文学、数学、艺术、运动等），并具有明显的个别差异。

3.人的聪明才智是发展变化的。“小时了了，大未必佳”或小时笨拙，后来发奋学习，终于结出硕果的例子并不少见。

因此，对聪明孩子的发展不能高枕无忧，同样需要进行有针对性的教育；在他们成长过程中出现曲折时，要改进方法耐心坚持教育必有效果。

第二章　孩子的聪明才智从哪里来?

有人问一个小学三年级的学生："老师和同学都说你很聪明，学习成绩很好，你为什么这么聪明呢？"这个孩子答："我生下来就聪明。"一个年仅9岁的孩子怎么会说出这样的话？别人又问："你怎么知道的？"答:"是我妈妈告诉我的。"原来他是从家长那里听来的。可见,有一些家长认为聪明是天生的。当然，也有一些家长可能有另外的看法。

为什么有一些人聪明过人、智力高？而有一些人智力低下呢？儿童的聪明才智究竟从何而来?取决于哪些条件？如何才能促进儿童聪明才智的发展呢？所有这些，涉及儿童发展中先天的禀赋和后天获得的关系问题，也即遗传和环境的关系问题。这个问题很早就引起过许多遗传学家、哲学家、心理学家、儿童研究和教育者的兴趣，并且进行过多方面的研究。

一、不同的观点

为什么有些儿童聪明过人，有些儿童智力一般或低下呢？在这个问题上有不同的看法，归纳起来主要有以下三种。

（一）两种对立的观点

研究早期，在遗传和环境的关系问题上存在两种截然对立的观点，即遗传决定论和环境决定论。

遗传决定论认为：儿童智力差异、聪明与否是由先天不变的遗传决定的。英国心理学家高尔顿是遗传决定论的始祖，他采用谱系调查法，对著名的法官、政治家、将官、科学家、文学家、诗人、音乐家、画家、神学家九类天才人物的家谱进行了调查，得出天才不是按父系就是按母系遗传下来的结论，在1869年发表了《遗传的天才：它的规律和后果》一书。他根据巴赫家族出现60个音乐家的调查材料，认为这个家族成员的音乐素质（如听觉分析器的结构和功能的某些特点）是通过遗传基因传下来的，但是他忽视了生长在音乐世家这个因素，不能排除有利于音乐才能发展的家庭环境的影响。他还用问卷方法，对180位英国皇家学会在科学界具有领导地位的会员进行了研究，发现60%的科学家自幼就对科学有强烈的爱好，他认为这种内在的倾向性是遗传的，但是这个研究结果同样不能排除教育的影响。

环境决定论认为：儿童的智力差异、聪明是环境和教育决定的。18世纪法国哲学家爱尔维修他认为教育可以形成天才。20世纪初，美国心理学家行为主义创始人华生，断言给他一打健康的婴儿，他可以把他们训练成医生、律师、艺术家，也可以把他们训练成乞丐或盗贼。他们完全否定了遗传的作用。

后来，有些研究者将同卵双生儿（遗传基因相同）放在不同家庭环境里抚养；把异卵双生儿（遗传基因不同）放在同一家庭（相同教育条件下）

抚养，结果同卵双生儿的智商相关程度高于异卵双生儿及一般兄弟姐妹，说明了遗传对智力的决定作用。还有一些研究者，研究同卵和异卵双生儿的结果，证明环境对智商有一定影响。这两种对立的观点，一直争论不休。

（二）两者的相互作用

经过一个相当长时期的大量研究，许多结果表明遗传和环境、教育对智力差异的形成都是不可或缺的，因而出现了遗传和环境、教育交互作用的观点，也就是说，聪明（高智力）是先天遗传和后天环境、教育相互作用的结果。20世纪50年代后，这种相互作用观点已为越来越多的人所接受。尽管有些人强调遗传的作用大一些；有些人认为环境和教育更重要一些；或认为在不同的年龄、不同的方面两者的作用有所侧重。

近些年来，关于天才大脑机制的神经学研究，采用脑电波的生理测量、图解大脑功率谱分析、大脑诱发电位和阳离子发射层面X射线照相术等现代技术手段，可以对大脑组织内部信息加工不同水平的各种机能进行分析。已有研究的结果表明，天才的大脑机制具有一些不同于一般大脑的特点，如：中枢神经系统错误率较低，神经生理水平具有更好的可塑性，有较强的定向和适应能力，大脑两半球的兴奋和抑制具有更合理交替、匹配、整合的功能……关于大脑的另一方面的研究结果，则突破了大脑发展的年龄限制，认为人从出生一直到老，大脑都是发展的，从而改变了长期以来关于智力发展到18岁为止的看法。

近年关于遗传基因的研究也有类似的报道。如有研究者对50名智商在160以上的学生与智商得分一般的学生的基因进行比较研究，结果发现高智商学生与一般智商学生在基因的内部结构方面有所不同。还有研究表明，基因并非完全独立于环境影响之外，遗传基因也具有各种可塑性，有其发展的弹性范围，因而有研究者估计，智力基因的反应范围大约有24分。也就是说，智力一般的儿童，经过优化的教育及个人的努力，有可能达到中上的智力水平，智力中上的儿童可能达到优秀智力水平。

这些研究结果，尽管还只是很初步的，其中有些还需要重复研究以进一步证实，尽管目前研究的结果，距离从遗传和生理上揭开儿童聪明发展之谜，还很遥远，但对帮助我们了解聪明的遗传、生理多少有一些启发。

（三）可能性和现实性

遗传是指人的先天的解剖生理特点，主要是人的大脑、神经系统和感觉器官、运动器官的生理结构和功能特点。这些解剖生理的特点是儿童智能、性格等发展差异形成的生物前提或可能性。根据遗传学会的资料，在我国3亿多儿童中，因遗传因素而造成智力低下者，约有1000万以上。中国科学院心理所的一项调查研究：北京市4条街道23万人口中，查出智力落后者782人，占3.4‰。对于智力缺陷、大脑发育不全的儿童，无论怎样良好的教育，也难以把他们培养成智力超常者。有感觉器官缺陷者，如先天聋哑的儿童，不可能培养成歌唱家。所以，不能无视先天遗传素质对人智力、才能发展具有一定的制约作用。

但是，根据我国研究者20余年对聪明儿童的研究，尽管儿童具有优越的遗传、生理素质，如果没有适合的环境和教育，没有儿童本人的主观努力，儿童不可能发展成为超常儿童。目前我国大量超常儿童被埋没，往往是由于他们缺乏适合的环境和教育，以致存在的超常潜能未能得到发展。所以，遗传素质的优异只能是儿童超常发展的生物前提和发展的可能性，还要有适合的环境和教育才能使这种可能性转化为现实性。

总之，我们应正确认识遗传、环境与教育在形成儿童智力差异中的作用，既不简单否定遗传的影响，也不要把教育看成万能或无能。那种认为“每个正常儿童只要及时实施超常教育，都能成为超常儿童”的看法，实际上是忽视了遗传素质的差异，片面夸大了教育的作用。这种看法若不纠正，在家长中会造成误导，那些本来对孩子期望值很高的家长，硬性按照超常儿童的标准教育要求孩子，可以想象会给孩子造成多么大的压力，一旦发现孩子不能达到自己为他设定的标准，就可能对孩子失去信心，在教育上出现粗暴，给孩子造成无法挽回的伤害。

二、大脑——心理的器官

人的心理是大脑的机能,大脑是心理活动的器官。大脑皮质是脑的解剖和功能组织的最高部位。人类的有意识活动，都依赖大脑皮质的整合工作。客观现实是心理的源泉和内容。但没有脑的心理，或者说没有脑的思维是不存在的。正常发育的大脑为心理的发展提供了物质的基础。

(一) 大脑的结构和功能

生理发展是心理发展的基础，因而在探讨心理发展的同时一般要介绍其生理的发展。儿童生理发展主要包括儿童躯体的发展和神经系统的发展。神经系统包括两个主要部分：中枢神经系统和外周神经系统。中枢神经系统由大脑和脊髓组成，控制身体的一切功能。外周神经系统包括自主（不随意）神经系统和躯体（随意）神经系统。这两种神经系统都是将神经冲动传入和传出中枢神经系统。在自主神经系统内部传导的冲动控制身体内部的器官如：心脏、肝脏、肾脏等，它不用意识的控制。躯体神经系统包括传入神经和传出神经，前者将感觉冲动如味觉、痛觉等，传向中枢神经系统，后者将影响运动的神经冲动从中枢神经系统传出来，到达所需控制的肌肉骨骼系统。

大脑的结构：人的神经系统包括大脑及12对脑神经，脊髓及31对脊神经。我们把大脑和脊髓称为中枢神经系统，把脑神经和脊神经称为外周神经系统。在这些神经中，支配内脏、腺体与平滑肌的又称植物性神经系统；支配骨骼肌肉与感觉器官的则称躯体性神经系统。这些系统各有分工又密切配合。有人把中枢神经系统比作整个身体的指挥系统，而把脑比作统帅一切的司令部。

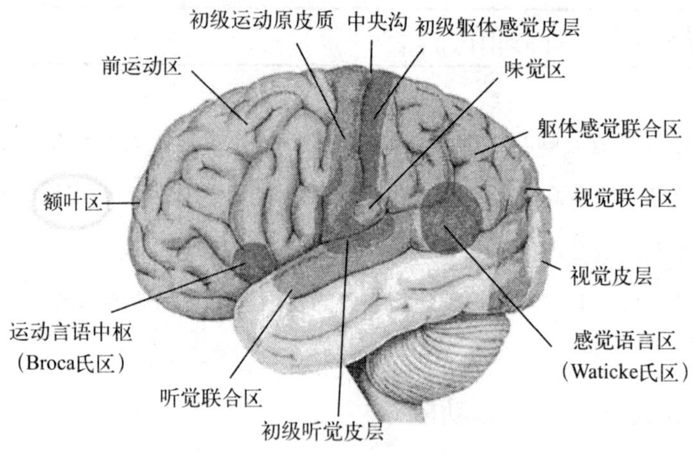

图2–1 大脑的解剖结构

人的大脑分为左右两个半球，两者之间由胼胝体联结在一起。大脑主要组成部分是：延脑、后脑（脑桥与小脑）、中脑、间脑（丘脑与下丘脑等）以及端脑（嗅脑、基底核、胼胝体与大脑皮层等）。延脑被比喻为“生命中枢”，脑桥负责小脑和高级部位的“通信联络”，小脑专管运动平衡。以上是脑的宏观结构。脑的微观结构包括神经细胞和胶质细胞,胶质细胞约占80%,主要负责大脑的营养供给。人脑拥有140亿个神经细胞，它们是神经系统的结构与功能单位，负责接受刺激和传导冲动。每个细胞延伸出数千条神经纤维，形成突触。脑神经细胞就是靠着这些突触，相互联系，沟通信息。

大脑的功能：自19世纪中叶，法国医生布洛卡，根据两名中风病人（一侧身体瘫痪且不会说话）左额叶有一小区域有严重病变，认为这很可能是大脑皮层控制言语的中枢。此后的许多研究，使我们对大脑的功能有了更多的了解：

人的大脑分为左右两个半球，每个半球有自己处理信息的独特方式。一般讲：左脑掌管语言，进行计算、逻辑推理及有条理思考等功能，支配着人的理智，倾向为分析型。右脑负责判断形体和图面，欣赏音乐、感受美景，从整体上接受事物、发挥直感、预感等功能，并主管人的情感方面，倾向于把握整个轮廓和全局，可称为综合型。

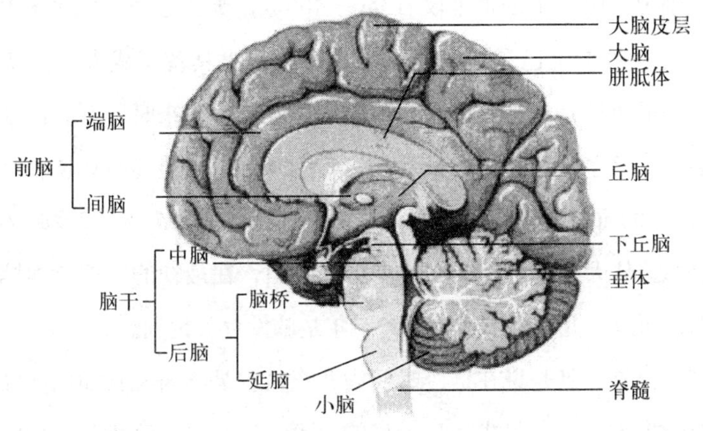

图2–2 大脑结构和功能分布

可见，大脑两个半球的功能，对于一个人生活、生存在世界上都是同样重要不可忽缺的。因而，我们对左右脑不应有所偏重。

（二）大脑的发育

1. 大脑发育始于胎儿期

孩子大脑的发育开始于胎儿期，大脑细胞一般在母亲怀孕第三周后开始形成，比身体其他部位细胞分裂快。受精卵发育到三星期，外胚层开始形成神经管。四个星期时胚胎分化出三个原始的脑泡——菱脑、中脑、前脑。五星期时，菱脑与前脑又各自分化为两个脑泡。此后，这五个脑泡就逐渐发育为延脑、后脑、中脑、间脑和端脑五大部分。后脑再进一步分化为脑桥与小脑；间脑分化为丘脑与下丘脑；端脑分化为嗅脑和大脑半球等。最初，大脑皮层只占很小一部分，到胚胎发育后期，迅速发展而覆盖到脑的其他部分，并形成极其复杂的沟回所构成的皱折。在胎儿期，人脑已经形成三个主要区域：脑本能区域、脑的情感区域（边缘系统）、脑的高级区域（大脑皮层）。如果将人的大脑皮层的皱折全部展平，面积可达到0.23平方米。

2. 婴儿期儿童大脑的发育

婴儿刚出生时，脑的重量仅有350～400克，大约是成人脑重的25%。此时，虽说在外形上已具备了成人脑的形状，也具备了成人脑的基本结构，但在功能上还远远差于成人。所以，婴儿刚生下来时，不会说话、不会自主活动，这些能力需要在日后脑发育的基础上才能逐渐具备。婴儿到了1岁时，脑的重量达到出生时的两倍，为成人脑重的50%，2岁时为成人脑重的75%。从大脑重量增长的速度可以看出，在最初的1～2年内脑发育是最快的，所以，儿童出生后的头1～2年是脑发育关键期。

所谓关键期，就是说在这段时间内儿童最容易学习某种知识和经验，错过这个时期就不能获得或达到最好的水平。同时，在这段关键期内，大脑也最容易受到损伤，而代偿恢复能力也最强，如果损伤不能得到及时的修复，严重的损伤往往会造成不可逆的后果，影响至终身。“狼孩”的故事许多人可能都听说过。据记载，1920年，在印度加尔各答附近的一个山村里，村民把大狼打死了，从狼窝里发现有两个小女孩，大的约8岁，小的才2岁。她们刚被发现时，生活习性与狼一样，白天睡觉晚上出来活动，用四肢爬行，不会说话。她们只知道饿了就找吃的，吃饱了就睡，而且只吃肉不吃素食，人们把她们送到孤儿院去抚养（小的第二年死了）。给大的起名卡玛拉，对她进行了七年教育，但她才掌握45个词。她死时16岁，她的智力只相当于3～4岁孩子的智力。可见，在大脑发育的关键时期，脱离了人类的社会环境，与狼一起生活，所以不能发展人的智力。即使后来回到了人类社会中，由于已经过了关键期，也很难达到正常人智力发展的水平了。这充分说明关键期的教育对儿童大脑的正常发育是多么的重要。

新生儿大脑发育非常迅速，从出生到1周岁，脑的重量可从400克发展到1000克，到2岁以后，脑重增长速度虽然减缓了，但是脑内某些类型的神经细胞，如“海马”部位小型的中间神经元等，恰恰是在儿童期发育成型的。

婴儿出生后，大脑的各个区域继续发育，但发育的主要活动是在大脑皮层进行的。大脑皮层分为4个主要区域，即：枕叶（具有视觉能力）、顶叶（具有触觉和空间能力）、颞叶（具有听觉和语言能力）和额叶。额叶包括运动皮层（协调肢体运动）和前额皮层（涉及理解、记忆、自我控制等，前额皮层主要发展是在孩子十几岁以后）。婴儿大脑的发育依赖于这五种感官所提供的丰富的刺激。

婴儿对外界的最初感受就是通过视觉和运动系统实现的。在婴儿出生后，运动皮层发展很快。婴儿需要用眼睛看，用身体、嘴、手触摸各种东西。最初婴儿的运动似乎不受大脑控制，但随着婴儿身体运动的发展（如身体能够自由翻滚），在其大脑中就逐渐形成了大脑皮层以下区域和运动皮层的连接，使其肌肉活动受大脑控制。

儿童4岁左右，胼胝体开始进入主要发育阶段，此时左右脑之间的连接开始形成。

3. 6～10岁儿童大脑的发育

6～10岁时，儿童的大脑处于一个显著发展变化的阶段，这一阶段儿童进入学校学习，读写算等活动对孩子左右脑分工产生影响。同时大脑不断尝试用各种感受进行有意义的沟通。例如在大脑皮层顶叶，由于负责把所有感觉器官的感觉联在一起的那一部分已经发育成熟，因此儿童的学习就可以更进一步。要指出的是，不同儿童成熟期不完全相同，有的孩子可能3岁左右已发育成熟，有的孩子可能要到10岁左右才发育成熟。

4. 青春期儿童大脑的发育

儿童到青春发育期，前额皮层增长发育最快。12岁左右，儿童大脑进入成熟期，这时脑重接近成年人的水平，脑中大部分组织逐步形成，并相互沟通形成网络，脑的储存信息系统逐步发展完善。

（三）环境和教育对儿童大脑发育的作用

1. 丰富的刺激

婴儿出生后大脑的快速发展，固然与遗传基因有关，但也离不开出生后的环境刺激。也可以说，儿童出生后，大脑的结构和功能的快速发展，既是遗传基因的作用，又有环境刺激的功劳。

下面以视觉为例予以说明。视觉是以眼睛为感受器辨别外界物体明暗、颜色、形状等特性的感觉。视觉始于眼内的视网膜视觉细胞，由视神经通过两条通路将信息传递到脑部。一条为皮层下通路，负责控制眼肌运动和全身活动，以便对视觉刺激做出反应；另一条为皮层通路，其神经纤维通到脑枕部原始视觉皮层区。除此区外，脑部还有31个视觉区，分布在脑顶部和颞部。这些部分分为两个功能区，即顶部的和颞部的通路。所有这32个脑区同时工作，才能保证在一瞬间视觉的灵敏反应。

刚出生的婴儿没有这种视力，他是在出生后通过丰富的视觉刺激，比如，光辐射能，即380～780nm（纳米）的电磁波。当视觉系统将光辐射能转化为大脑能解释的神经冲动时，才逐渐形成复杂的视觉通路。事实上，视觉线路的畅通离不开亿万个神经细胞的有序连接，而要实现这种有序连接，视觉刺激是不可或缺的。由此证明，人脑的发育是遗传基因和环境刺激共同相互作用的结果。

2. 左右脑的潜能开发

我们已经知道，人的大脑分左右两个半球，在这两半球之间，由神经纤维组成的胼胝体联结，使两半球互相沟通达到协调。研究表明左右各半个脑，具有各自处理信息的独特方式。一般认为：左脑是顺序性的分析者，长于安排具体细节；右脑是一个激发性综合者，倾向把握整体和全局。

刚出生的婴儿左右脑功能还有待发展，虽然现在许多专家相信，大脑半球主要功能的种类在出生前已经确定。儿童随着语言的发展，大多数个体的左脑功能越来越占主导地位。

3. 良好的营养

众所周知，人脑占体重约2%，但要消耗人体20%左右的资源，其中包括能量、营养素和氧气。新生儿刚出生时，脑的重量只有350～400克，大约是成人脑重的25%。此时，虽说在外形上已具备了成人脑的形状，也具备了成人脑的基本结构，但在功能上与成人脑比相差还很远。人脑的功能是在日后脑发育的基础上逐渐具备。从上述脑重量增长的速度可以看出，孩子出生后的头两年，大脑发育显然是最快的，由此可以说，婴儿期是脑发育的一个关键时期。

也有资料认为人脑1岁时重约1000克，7岁时重约1300克，17岁时重约1350克。也即，人脑发育在1岁时完成75%，7岁时完成95%，17岁时发育完成。因此，不管怎么说，从母亲怀孕到孩子成长到17岁，大脑发生如此巨大的变化，没有充足适宜的饮食营养其后果是不堪设想的。

那么，孩子在这一阶段应该注意哪些营养的摄入呢？

（1）及时补充糖类：脑组织本身不能储存葡萄糖，只能从血液提供的葡萄糖中获得能量。脑消耗的葡萄糖量很大，几乎占人体血液中葡萄糖含量的2/3。因此，经常用脑的儿童应适当多吃含糖类的食物，当大脑疲劳时可吃些点心或课间加餐。

（2）多摄入蛋白质：蛋白质是构成神经细胞和神经胶质细胞的重要成分，优质蛋白质将促进细胞的生长发育。在组成蛋白质的氨基酸中，亮氨酸的缺乏可导致大脑发育不全；而色氨酸、谷氨酸可转化为神经递质，对人脑的思维活动有重要帮助；谷氨酸能解除氨对脑的毒害，对保护脑组织起到很大作用。

（3）多吃富含卵磷脂的食物，包括卵磷脂、胆固醇、糖脂、神经磷脂等，其中以卵磷脂含量最多，需求量也最大。因此，儿童宜多吃大豆制品、禽蛋、牛奶、牛肉等卵磷脂含量高的食物。

另外，还要注意摄取富含维生素B的食物，如蔬菜、水果等，以利于大脑对糖类的利用。

还有科学研究发现，低糖低碳高营养饮食可以使智商提高25分；这是因为大脑的运行效率在以燃脂为能源时比在以燃糖为能源时高出25%以上。许多研究还证实：补充维生素(例如维生素C和B族)、矿物质(例如锌)、氨基酸(例如赖氨酸)和必需脂肪酸(例如DHA)，有利于克服学习困难，改善记忆力，提高智力。

4. 适合年龄的睡眠

睡眠是人类必不可少的，睡眠的功能之一就是帮助大脑巩固清醒时脑皮层发生的变化，把记忆力固定下来。

根据研究，人在睡眠时，大脑神经细胞并不是处于完全休止不动的状态，而是在以一定的形式发送电波，这表明此时脑神经仍然在活动。睡眠时脑的活动，表现为两种状态，一种是慢波睡眠（又叫慢相睡眠），另一种是快速眼动睡眠（又叫异相睡眠）。

这两种睡眠有什么功能呢？在人的大脑下部有一个叫脑垂体（又称脑下垂体）的组织，它可以分泌很多激素，有一些激素的分泌与睡眠的周期有关，其中有一种叫生长激素，在慢波睡眠时分泌比较多。这种激素分泌出来后直接作用于全身的组织细胞，可以增加细胞的体积和数量，促进机体的生长，尤其对促进长骨骨骺的软骨细胞的增生很有好处。这种生长激素还可以调节体内蛋白质、脂肪和糖类的新陈代谢，促进核酸及蛋白质的合成。实验表明，在快速眼动睡眠即异相睡眠时，大脑进行着非常活跃的代谢，如果人的异相睡眠被剥夺，他将会变得焦躁不安，注意力分散，记忆力减退。所以，人（尤其是儿童）需要充足的睡眠，睡眠对我们的大脑机能的恢复有着特别重要的意义，可以说，没有充足的睡眠就没有人的健康。

三、环境和教育——成长的客观条件

家庭、学校、社会提供的环境和教育是聪明儿童成长的客观条件。

儿童出生后，就生活在家庭和社会的环境中，接受着早期教育；随着年龄的增长，又进入学校环境，接受系统的教育，从而遗传的潜力得以发挥，原来一个生物的个体于是逐渐转化成为一个社会有用的人。如果没有家庭、学校及社会提供适合的环境和教育条件，儿童先天遗传素质即使非常优越，也不可能有超常的发展；幼年超常发展的儿童，如果教育不当或失误，可能偏离正常的发展方向，原有表现的聪明可能昙花一现，或给以后的发展埋下隐患。

例如，一个9岁能解高考数学题的庄成焱，7岁前由于生活在农村，没有机会接受学前教育，7岁后来到他爸爸身边，开始教他数学，这才发现他对数学有着浓厚的兴趣和巨大的潜力。不到一年半的时间，在父亲的指导下，自学了北京编的《初等数学》《三角函数》《解析几何》等书，并做了大量的习题，达到一般学生需要7～8年时间才能达到的水平，表现了非凡的数学才能。如果没有学习数学的机会，他的数学才能将得不到发现和发展。再如，前面已提及，生长在山村的小东来，2岁开始，由于当过小学老师的老舅公在身边，对他进行认字和算术的启蒙教育，他的智力被开发，表现早慧。可是，上学后，未能得到适宜环境和教育的促进，早期的超常表现逐渐消失。这都可说明环境和教育是孩子潜力充分发展，超常的可能性转化为现实性的关键条件。所以，家庭、学校、社会的环境和教育是儿童成长的决定性的客观条件。

（一）家庭环境和教育

儿童出生后，家庭是他们生活在其中的第一个社会环境，是孩子成长的摇篮。家长是他们的第一任老师，也是关系特殊的老师。家庭环境和教育的好坏，对孩子的身体发育，智力的开发、能力培养，个性品质的形成，情操的陶冶，都有着重大和深远的影响。尤其婴幼儿时期是一个人发展的一个关键时期，家庭的早期教育，对儿童的一生起着奠定基础的作用。即使儿童上学后，每天大部分时间也是在家里度过，家庭教育对他们的成长，仍然有着十分重要的作用。有一项调查要求已从中学毕业的超常学生填写：在他们成长的不同时期，对他们才能影响最大的人是谁。结果表明，在学前期100%为家长；小学时期64.3%为家长，28.6%是老师，7.1%为其他；中学时期51.9%为家长，33.3%为老师，14.8%为其他。可见，在超常儿童的幼年和童年，家长对他们的影响是多么的大。随着儿童在学校年级的升高，老师的影响逐渐增加。从这个意义上，家庭教育是一切教育的基础，至关重要。

国外一些研究者，对高智商和一般智商儿童的家庭环境和教育进行过比较研究，发现多数高智商儿童的父母文化程度较高，家中文化生活条件比较优越，家庭比较民主，孩子的童年和少年都受到了良好的家庭教育。这与我国的研究结果相类似。就以我国1978年来，追踪研究的百余名超常儿童的材料为例来看，这些超常儿童大多数出生在20世纪70年代中后期（占81.7%），这些儿童的家长大多数为教师、工程师、医生等知识阶层（占54.4%），父母为工人、农民家庭的较少（占16.9%）。家长的文化程度较高，大学毕业占60.9%，中学毕业占33.0%。当时社会上刚开始提倡早期教育，这些家长大多数都十分重视对孩子的早期教育。大约有97.3%的儿童在5岁以前，已受到了有目的、有计划的早期教育,平均接受早期教育的年龄是3.5岁。有些家长早在孩子出生前,就看了一些儿童教育方面的书籍，为开发孩子的聪明才智作了准备，孩子一出世就给予有意识的教育。当年的这批超常儿童，如今都已从大学毕业，除少数人还在攻读博士外（他们是工作几年后才读博士的），多数人已参加了工作，可以说大多数人已经成才。

（二）学校环境和教育

学校教育是国家根据教育下一代的培养目标和方针，有目的有计划进行的教育活动。儿童入学后，学校对他们实施德智体美劳全面发展的教育，他们开始系统地学习文化科学知识，身心的发展进入一个新的阶段。不过应当看到，现行的常规教育，不论小学或中学均立足于大多数常态儿童的智力发展水平，难以满足聪明儿童潜能发展的需要。各类聪明儿童在普通教育条件下，常常吃不饱，显然不利于他们身心的健康发展和成才。

因而，有必要对他们实施适合其心理发展水平和特点的特殊教育。

近30年来，一些学校为超常儿童创办了特殊的实验班，进行了许多探讨，尝试采用多种形式的超常教育初步发展。例如：允许提前入学、插班或跳级，建立各类实验班，开展各种课外/校外充实教育等。

（三）社会环境和教育

社会通过各种渠道，如广播、电视、电影、录像、网络，报纸、杂志、书籍，少年宫、博物馆、科技馆、图书馆，以及各种社会办学等，给予儿童积极的或消极的影响。孩子出生后，就生活在一定的社会环境中，尽管没有走出家门，社会上的各种信息多种多样，通过媒体会传入家庭。随着孩子的成长，活动空间的扩大，直接或间接与社会接触的机会不断增多，社会影响也将越来越大。这就需要家长重视和关心，适时地指导孩子，让他们不断提高识别善恶美丑的能力，逐渐学会吸取精华、舍弃糟粕，逐步做到能独立区分是非，学会有选择地接受社会教育的积极因素，抵制各种不良的诱惑以及其他消极的影响。例如，许多家长很重视指导孩子有选择地收看电视节目，规定开电视的时间，不让孩子看的电视家长也不看。此外，还限制孩子上网玩游戏的时间；关心孩子的阅读，指导孩子读好书。凡是家长重视并努力去做了的，都收到了很好的效果。

然而，有些家长忽视了社会教育对孩子的消极影响，平时很少关心，一旦发现问题，不知所措，往往态度急躁、行为粗暴。如：有个孩子原来学习很好，受同学的不良影响，放学后到网吧，玩游戏机成瘾，学业荒废，成绩一落千丈。

总之，家庭、学校和社会三个方面，教育的方向、目的是一致的，如果能协调一致、密切配合，充分发挥各自的优势，取长补短、互为补充，就能取得整体教育的最佳效果。特别要强调的是，在这三者中，家庭教育担负着特别重要的功能，家庭教育是学校和社会教育的基础。具体表现为，在学校教育中，家长要辅导孩子的学习，起着调整、辅助、沟通的作用；在社会教育中，孩子也离不开家长的指导和帮助，离不开家庭的教育。

四、儿童自身的主体作用

儿童出生后，在遗传素质的基础上，由于环境和教育的影响，一天一天成长。从感知外部世界开始，逐步发展了自己的兴趣、动机、情感、理想和信念……，形成了自己的主观世界。儿童来到我们这个世界，对周围的环境和各种刺激，始终是主动、积极地反映着、探索着，发挥着自身的主体作用，而绝不是消极地、被动地接受着环境和教育的影响。

卢梭早在18世纪中期就认为，儿童按其本性来说，是一个主动的探索者，有着巨大的潜力。做过父母的人，不会忘记自己的孩子，很小就表现出对周围世界的好奇和不断探索的精神。例如，两三个月大的婴儿就开始有探索活动，不仅用眼看，而且用小手“触摸”，再大一些就试图用手去抓够得着东西，敲打或扔东西，以听这些东西所发出的声音……可是，许多家长总觉得孩子还小，对孩子的这种主动性往往估计不足。

随着孩子不断的成长，个性的发展，对来自外界环境和教育的影响，表现出明显的有选择性的反应和接受程度。例如，在幼儿园的自由活动时间，给孩子们放一种很优美的音乐，不久就能发现：有些孩子对音乐很敏感，他们很喜欢听，并自动伴着旋律翩翩起舞；有的孩子充耳不闻，十分投入地在阅读，或独自在玩过家家；有些孩子无动于衷地在那里你追我赶打打闹闹……这是什么缘故？显然是因为不同孩子过去形成的兴趣爱好不同，音乐素质不同，因而出现了不同的选择反应。

家长应该从小尊重孩子主动探索的特性，顺其自然积极引导，使孩子的主观能动性能得以充分发展。要知道，儿童良好的心理素质，是儿童超常发展的主观条件。从追踪研究的超常儿童的成长看，在成长过程中他们的心理、身心发展，不是完美发展的。他们由于智力或某方面才能超常发展，其他方面发展一般或延后，他们心理不同方面发展的不平衡（不同步）现象就可能比一般儿童更突出。如不加注意，教育不当，矛盾会扩大，问题就可能越来越严重，以至影响孩子良好个性的形成。而儿童消极的个性倾向、不良的个性品质一旦形成，作为内部因素，它会对来自外界的教育和影响起着中介性质的干扰。这就可能阻碍他们的智能继续超常发展，影响他们正常的社会交往，进而影响他们健康成长和成才。所以，家长应该敏感地意识到这种情况的发生，了解儿童心理发展可能出现的不平衡表现，以便及时予以适当的教育，帮助孩子健康协调发展。

由此可见，在儿童成长的过程中，主客观条件之间是一种辩证关系。一方面，儿童智力的发展，良好个性倾向和特征的形成，如前所述，是儿童出生后，在先天遗传的基础上，通过环境和教育的决定性影响发展形成起来的。另一方面，环境和教育对儿童智力和个性发展的作用，又要通过儿童本身的主观积极性才能实现。

根据长期来对超常儿童成长过程的研究分析，可以看到：对于婴幼儿时期已表现早慧的儿童，他们的家长在充分利用家庭环境，安排良好的早期教育的同时，都比较重视他们主观方面的因素，细心观察发现孩子的兴趣，因势利导地促进；或采用各种方法激发孩子的渴求，把家长的希望变成孩子自己的需要，变为主动积极的行为……一句话，不是家长硬要孩子学这学那，而是孩子自觉自愿非要学这学那。

例如，已从中央美术学院和工艺美院毕业的孪生姐弟珄珄和赫赫，他们并非出生在绘画艺术的家庭，父母都是普通工人，更不懂绘画艺术。但和大多数家长一样，他们的父亲一心希望孩子能成才，尽心竭力地对孩子进行早期教育。尽管家长的文化程度不高，家庭物质条件有限，一家6口人住在一间11平方米的房间里，然而，这位家长却很重视调动孩子的积极性，要在孩子入学前培养他们渴望学习的习惯。孩子2岁时他开始教他们识字，从激励入手，通过游戏、猜谜、竞赛等多种有趣的形式，并结合生活需要唤起孩子学习的欲望，仅仅一年的时间孩子竟认识2000余字。在对所识字的笔画、结构整体感知的基础上，孩子产生了想写的要求，于是家长便不失时机地将教学重点转到阅读和书写练习上。经过两年使用粉笔、铅笔、钢笔等各种笔的书写练习，两个孩子的写字技能有了较好的基础，便利用书法比赛进一步激励孩子练笔的积极性。5岁半两个孩子参加了吉林省

图2–3　王珄珄和王赫赫的书法

中小学书画比赛，他们的书法获得二等奖，并被市少年宫破格吸收为书法班学员。初次的成功，来自各方的赞扬，使他们对书法兴趣更浓，而且产生了只会写字的“单调感”，学画的动机油然而生，于是6岁他俩开始学绘画。此后，姐弟俩走出家门，进入社会，直接受到一些老书画家的指点，他们的书画技艺迅速提高，书画作品享誉国内外。参加竞赛屡屡获奖（国家级奖姐姐得32项、弟弟得25项，省市级奖姐姐得18项、弟弟得19项）。随着两个孩子年龄的增长，早期形成的对书画的兴趣，逐渐发展成专业的志向。这对孪生姐弟尽管生长在普通工人的家庭，他们的智力早期能得到较好的开发，书画才能得以充分发展，显然与其父亲重视对孩子的早期教育，并意识到要激发孩子的兴趣，引起他们感到有学的需要是分不开的。

在学校里，同一个普通班级或超常实验班（少年班）中，学校和班级老师向他们施行同样的教育，但并非所有的学生都能取得良好的进步。面对司空见惯了的课堂讲授，有些学生专心致志，收获很大；有些学生则

不太专心，收获一般；还有一些学生心不在焉，收获很小。例如，一个超常儿童实验班从千余名应试的儿童中，选拔了30多名智力优异、入学智力测试成绩较好的学生，让一些优秀的老师，用同样的教材对他们进行教育，不久学习状况出现了分化。什么原因？原来，客观的教育条件虽然大体相同，可是学生的个人主观因素却大不一样：有些学生学习动力强、积极性高，对学习如饥似渴，结果收获大、成绩突出；有些学生学习目的不够明确，从兴趣出发，或怕累、怕难，因而成绩不稳定，收获一般；还有的学生考上实验班，认为是进了保险箱、升学不会成问题，学习松垮，大玩特玩，成绩不好也不在乎。很显然，出现分化的原因主要在于学生的个人主观因素方面，没有良好的个人主观因素的配合作用，教育的作用不能发挥。同样，在困难、失败等不利条件下，智力超常学生的表现也不尽相同，有的学生奋起直追，战胜困难或转败为胜，有的学生退缩不前，失去信心，一蹶不振。

这就不难看出，仅有良好的客观的教育条件一方面因素是不够的，还必须有学生主观因素的配合才能有好的效果。据研究，个性发展良好的超常儿童，从小就表现出主动探求，自主学习。随着自我意识的发展，到少年期自觉主动性更强，不仅学习自觉，还能自我教育、自我完善。他们把困难看成挑战，在失败或挫折面前不消极，而是积极找出原因加以克服。他们具有“非学会、做好不可”的坚强毅力，因而超常发展持久并取得较好的教育效果。但是那些个性发展不良的超常儿童缺乏学习动力，遇到困难、失败或挫折，往往丧失自信，情绪波动、怨天尤人，甚至不能自拔。他们对面临的良好的教育条件或难得的机遇，不知道珍惜或把握，结果走下坡路。总而言之，儿童已形成的心理素质，尤其是个性倾向和性格特征，作为儿童接受环境和教育影响的内部机制，确实对来自环境和教育的影响起着中介的作用。

所以，一方面要有适合的家庭、学校、社会的环境和教育；另一方面要培养儿童本人具有良好的生理、心理素质，使其身心协调发展，只有这两方面相辅相成，恰当地相互作用，才能促进儿童超常发展、健康成长和成才。为此，希望自己的孩子超常发展的家长，既要为孩子创造良好的环境，提供各种合适的有利于他们发展的教育条件和机会；又必须细心观察了解自己的孩子，充分认识他们的潜力、优势和弱项，使教育因人而异有针对性；还要重视调动孩子的主动、积极性，以促进其潜能充分发展。

事实上，只要教育适当，能有成效地促进孩子的潜力得到充分发展，各种类型、各种智力水平的儿童都可以在各自原有的基础上得到发展，长大后都能成为不同类型的有用或杰出人才。相反，如果教育不当，脱离了孩子的实际就可能拔苗助长，即使有超常潜能的儿童，也未必能有超常发展，甚至某方面已表现超常发展的儿童也可能发生变化，成为“小时了了，大未必佳”的例子。

孩子的聪明才智既不是天生的，也不是环境和教育单方面决定的。功能完整、正常的大脑是聪明才智的器官，为儿童聪明才智的发展提供物质基础。家庭、学校和社会环境和教育为孩子聪明的表现和发展提供决定性条件。要有效地发挥环境和教育的作用，别忘了教育的对象——孩子的主体作用，发挥孩子的主动、积极性，才能使教育取得较好的效果。

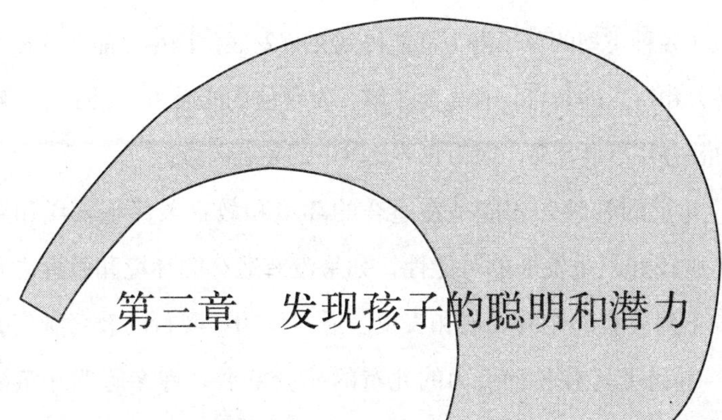

第三章　发现孩子的聪明和潜力

不论聪明儿童还是一般儿童都有较大的潜力，关键是要善于发现。不同的儿童潜力的大小和方面不完全相同。要对孩子进行有效的教育，首先应了解孩子的潜力，发现孩子可能的优势方面。这是关系到对孩子潜能的开发、优势的发展，关系到孩子发展前途的重要问题。家长与孩子朝夕相处，对孩子理应最为了解。您了解自己孩子的潜力吗？您对自己孩子的优势了如指掌吗？本章将为您提供有关认识和发现孩子潜力和优势的一些原则、途径和方法。

一、发现孩子的聪明和潜力并不容易

为了能让各种类型的孩子潜力都能得到充分发展，让尽可能多的孩子受到适合其潜力和特点的教育，首先要了解、发现他们的潜力。但是，了解、发现孩子的潜力并不很容易，因为它涉及以下的复杂因素。

第一，儿童的智慧和才能是在适合的环境和教育条件下表现和发展的。遗传素质较好只是发展的可能性，如果没有适合的环境和教育，儿童的潜力就得不到应有的充分发展和表现。通常认为，现行的教育制度、方法和条件，不利于具有各种潜力的儿童的充分发展，许多聪明儿童被埋没，他们的表现与一般儿童相比显示不出有什么区别。潜力深藏着，自然不易被人察觉。

第二，人的智力、创造力和个性心理特点等本身很复杂，衡量人的智力、创造力和个性特征的工具还不够科学、完善，测量标准也不易掌握。测量人的身高和体重只要有尺子和磅秤，就可以得到客观的数据。而测量人的智力、创造力等心理方面的因素相对要难得多。百余年来，国内外的专家学者在这方面进行了许多探讨，编制或修订了数百种评定、鉴别量表。但是由于心理的复杂性，不能指望用一种或两种量表就能把人的心理、智能潜力客观无误地测量出来。况且，评量、鉴别工具的编制，本身就存在有待深入探讨和不断改进、提高的问题。

第三，人们对聪明儿童的实质、特点，及其形成原因等的科学认识，还有待进一步发展。长期以来聪明儿童都被看得很神秘、不可触及。这样，即使聪明儿童就在你的身边，也未必真的能发现。

二、发现孩子的聪明和潜力的基本原则

我国研究者通过多年对聪明儿童的鉴别研究和实践，总结出了发现、鉴别聪明儿童的四项原则。这些原则不仅适用于发现聪明儿童的潜力，同

样也适用于了解一般儿童的潜力。

（一）在动态的比较中认识

有比较才有鉴别。一个儿童智能潜力的大小，要与同年龄的常态（一般）儿童进行比较才能认识。因为儿童的智力才能不是固定不变的，而是发展变化的。有的儿童在幼年或童年时期被鉴定为聪明儿童，后来由于教育不当或其他原因发展停滞或倒退了；有的儿童幼年或童年时期潜力未得到开发，青少年时期才脱颖而出。因此我们不能依据一次测验定终身，而是需要随着儿童的发展，进行多次的测验，在动态的发展过程中比较才能认识。由于儿童智能的发展变化受儿童所处环境、所受教育的制约，因而动态的比较还应该在条件接近的同龄常态儿童中进行。

（二）采取多指标、多途径

由于智力是多维的，聪明儿童的表现也有着多种多样的类型，因而不能单靠智商或其他某种指标作为衡量的标准，也不能仅使用某一种测验或方法作为工具，而要采取多种指标，运用多种方法和途径进行。多指标是指，除智商外还可选择：认知能力、推理能力、创造力、学习能力、特殊才能以及个性倾向和特征等方面的指标。多种方法和途径是指，除用有关的测验外，还可以采用其他方法，比如：行为观察、个性问卷、作品分析、谈话以及教育实验等。

（三）把质和量结合起来考察

儿童之间的差异不仅表现在反应的量的方面（如：测验的结果、得分和完成的速度），还表现在质的方面（如：完成的过程特点、采取的策略等），因此评定儿童智力的差异要兼顾这两个方面。例如，两个儿童在同样的数学推理测验中，在规定的时间内都答对了，获得了同样的分数。但是，当分析他们解题过程时，发现一个儿童用的是常规解法，另一个儿童用的是新颖、简捷的解法。很明显，从完成测验数量成绩看，两人相同，而从解题的思维水平看则后者比前者更高一筹。这说明他们思维的水平是有差异的，可见只有把儿童完成智力活动的质和量两个方面结合起来分析，才能比较准确地发现儿童的智能潜力状况。

（四）通过教育实践进行检验

儿童的智力、才能是在环境和教育的条件下形成和发展的，儿童过去所处的环境和所受教育不同，智力的发展受到影响，现有测验的结果就不能准确反映儿童的实际智力潜力。因此，给他们提供相同的教育条件，观察他们的发展变化，自然就成为深入了解不同儿童智力潜力的必要步骤。比如，超常儿童实验班的学生，经过一个阶段的学习后，学生的学习成绩发生分化，入学时测验分数名列前茅的人中，有的下落到了最后几名，就是很好的说明。

三、了解孩子潜力的途径和方法

多年来，研究者对了解和识别聪明儿童的途径和方法进行了多方面的探索，概括起来有以下四个方面。要说明的是，这四个方面其实同样适用于对一般儿童的了解。

（一）通过各种活动了解识别

儿童的主要活动是学习和游戏。学习不限于学校（幼儿园）的课堂学习，还包括在家庭和社会中各种各样的学习活动。通过这些学习活动，通过他们对学习的兴趣、态度、领悟的速度和深度，自学能力、学习时的创造性，以及学习成绩等方面，观察比较他们与一般儿童的不同水平，从而把他们发现出来。例如，王群天二三岁时喜欢翻阅带画的儿童读物，一天她的妈妈发觉她能认字，就用看图识字卡片检查她，没有想到她已经自己借助书上的图认识了一百多个字。家长了解到她对认字有特别的自觉敏感性，有识字的兴趣后，便趁机教她识字。在识字活动中还发现她记忆力好、理解力强。就这样，4岁多她已认识两千多个字，开始自己大量阅读，5岁多开始写短文。她妈妈发现她对学习很感兴趣，便把小学一年级数学课本的内容，以游戏的方式教给她。不满6岁，她插班放入小学二年级，在中小学都是三好学生。

游戏是幼儿基本的一项活动，因为玩是每个孩子（包括小学生和中学生）的天性，他们生活中不能没有游戏。从游戏、玩耍中，我们可以了解到孩子的兴趣、才能和个性特点。有这样一个孩子叫李子芊，小学二年级时，他参加了学校课余的船模兴趣班，通过不断的探索，制作成功一艘能在水面上飞驰的电动船。为了鼓励他，妈妈送给他一套生物和化学实验器具，这成了他最喜欢的玩具。一有空，他就会打开实验手册研究一番。他制作了虾的头胸甲、洋葱皮切片等标本；学会了使用显微镜，用pH试纸去寻找蚂蚁的脚印；用食醋为原料制作隐形墨水书写秘密图纸；并将硫酸铜溶液和碳酸钠溶液混合，制造出漂亮的蓝色铜盐沉淀……假期里，他妈妈还多次带他去参观科学馆。2005年，他了解到有色盲的人不能开车，因为分辨不清红绿灯而可能产生危险。他就设计了符号式交通信号灯，还用手电筒、卡纸等材料做了一个简易模型。在上海市青少年创造发明设计竞赛中获得一等奖。

家长与儿童接触最多，只要细心观察，就可了解孩子在学习和游戏等活动中的表现，因此许多聪明的儿童最早是由家长发现的。当然，教师受过专业训练，又有教育儿童的知识和经验，在一些研究和教育实验中，选拔聪明儿童时，通常首先都要请教师进行推荐。如中学超常儿童实验班的招生，第一步是请各小学的教师推荐。有些聪明儿童由于小学所教知识对他来说太容易，上课不好好听讲，学习成绩并不好，但有经验的老师对这类聪明过人、潜力很大的学生看在眼里，只要有机会，就会推荐他们去参加聪明儿童实验班的招生选拔，或个别指导他们超前学习。所以，家长还要多与老师沟通，全面了解孩子的情况，并听取老师的意见。

（二）通过教育过程了解发现

聪明儿童的智力、才能和心理特点在教育过程中形成和发展。当你不能确知孩子是否具有某方面的潜力或优势时，可以给他们提供某方面的学习机会和条件，通过对她/他进行某方面的教育试验来了解。

有些家长或老师发现孩子很小就对数字比较敏感、有兴趣，不知道他或她是否具有数学的潜力，不妨可以用适合他们年龄的方式教一点数学知识来试探一下。比如有个孩子叫申克功，他出生在山西一个乡村的农民家庭，5岁半进村办小学读书。在五年级时，地区统一命题，由公社组织学习统考，他的数学成绩名列第一。由此引起了学校老师的注意，经初步了解发现他对数学感兴趣，能用学过的数学知识解决疑难问题，特别是他心算很快。升入初中后，数学老师结合新的数学教学内容，提高对他心算的要求，进一步考查他的心算能力。发现他学平方和开方三天就能心算，学立方一天就能心算。深入了解还发现他有敏捷的推理能力，和对数学的记忆力。他还有一套独特的心算方法、技巧，如总结出“头乘法”、“头分法”、“接补法”、“分解因式法”等。他特别善于分解因式，能把一个很大的算式，变成许多较小数字的积，而且对不同题目他也有不同的速算方法。16岁时，他考上了上海复旦大学数学系。

有些家长发现孩子很小就喜欢动手拆拆拼拼，心灵手巧，就把孩子带到少年宫，让她/他参加科技活动小组；有的家长自己有条件，就自己带着孩子动手组装半导体收音机或其他电器，观察并培养他们的动手创造能力。

许多孩子很小喜欢画画，到底是否有绘画的潜力、才能？有些家长就有意识给孩子创造学画的条件，让她/他参加绘画班，或给她/他彩笔和画纸请专家指导绘画，观察她/他的绘画的兴趣和才能的发展。

有些孩子在普通小学，上课时贪玩或思想不集中，使老师头痛，有的甚至被看成是难以教育的孩子。对于这些孩子，我们需要科学分析。他们调皮捣蛋是不是由于所学功课太容易，感到乏味无聊所致？说不定这些孩子具有较大的潜力，所以才不专心听课，考试成绩不好。老师可以从他们的兴趣学科入手，适当地个别指导他们超前学习，观察他们的学习积极性和能力。如有条件，也可让他们报考聪明儿童实验班，在教材难度增大、教学进度加快的情况下，观察他们的学习兴趣、积极性以及学习潜力。一些学习能力很强的孩子，一旦有了表现和发展的机会，如鱼得水，精神状态也有变化。

可见给儿童提供某方面的教育条件，围绕他们学习的兴趣、敏感性、接受能力、学习速度、钻研精神、学习的创造性以及学习成绩等方面，我们可以了解他们是否具有较大的潜力或优势。不可忽视的是，还可以通过教育过程培养和观察孩子与人合作和交往的能力、独立生活的能力以及克服困难等个性品质。因为个性品质对于发现孩子是否聪明同样十分重要、不可或缺，这也就是，一些学校在招收聪明儿童教育实验班时，为什么要安排一个阶段的试读的原因。

（三）通过各种竞赛及展览发现

儿童、青少年对各种竞赛比较感兴趣，通过竞赛的“筛选”，可以从中发现儿童或青少年的杰出者。我国每年都要进行语文、数学、物理、化学、生物、外语等学科竞赛，国际上也有各种学科奥林匹克竞赛，通过层层竞赛选拔，可以从大面积上选出各类聪明儿童（青少年）。竞赛能使被埋没的智优者脱颖而出。

以数学奥林匹克竞赛为例，我国数学奥林匹克竞赛多年来已形成了金字塔式的选拔体系。最基层是各级学校的竞赛，每年全国有上千万的中学生参加；由各学校从竞赛中选拔出优胜者，推荐参加各省市数学会组织的省市数学竞赛，每年全国有几十万学生参加；各省市竞赛中选出的优胜者，推荐参加中国数学会组织的全国数学联赛，每年初中生有十万人参加，高中有五万人参加；各省的第一名，全国前70名，被推荐参加中国数学奥林匹克竞赛（CMO），每年一百人。在这一百人中选出前20名进入国家集训队，经过培训选拔，最优秀的6名选手脱颖而出，被选入国家队，参加国际数学奥林匹克竞赛（IMO），与几十个国家和地区的数百名选手角逐，摘取桂冠，成为国内外数学领域的佼佼者。自从1985年我国中学生参加国际数学奥林匹克竞赛以来，已连续多次全体选手全部荣获金牌，并获得团体总分第一。中国科大少年班的研究者，曾对少年班前五届学生进行过调查，了解到他们中86.9%的学生都参加过各种学科竞赛。不少聪明儿童由于竞赛成绩优异，他们的潜力和优势被家长或老师发现，进而受到家庭和学校的重点培养，其中有些人被选拔进各种实验班学习。不少在全国或国际学科奥林匹克竞赛中的优胜者，还被保送直升有关重点大学深造。

在创造发明方面，通过创造发明竞赛和成果的展出，许多杰出的小创造发明家脱颖而出。我国各省、市、自治区都有各种类型的青少年宫和青少年科技辅导站，每所学校还有学科性的兴趣活动小组，这就为儿童和青少年施展创造发明潜能提供了场所。全国青少年科技创新大赛（原名全国青少年发明创造比赛和科学讨论会），自从1982年举办第一届竞赛，每两年举行一次，至今已经举行过十几届了。如第十届是从31个省、市、自治区及香港、澳门特别行政区1600多个参赛者中，选出214名选手的2631件作品，参加总评和展示活动。经过分组论坛、答辩、技能测试等多项考核，最后产生一至三等奖828项，其中一等奖93项。从这些小发明、小创造活动获奖者中，我们发现了一批富有创新能力的聪明少年儿童。例如，12岁少年徐琛发明的“防触电插座”，先后在上海市和全国第二届青少年创造发明比赛中获得一等奖，被选拔、推荐参加在日本举行的第三届“世界青少年发明创造展览会”。在这次国际展览会上，有30多个国家选送的160多件优秀作品参赛，评选出最佳奖作品仅有三件，而她的这项“防触电插座”就是其中之一。

同样，具有文学或艺术天赋的儿童通过创作的诗歌、文学或书画等的作品，显示出他们在某方面的潜能和特长。例如，一个叫丁巍的孩子，他自幼喜欢绘画，只要他手中有笔就到处涂鸦。最初他画的看上去有的像几何图形，有的像是水果，有的像云彩……好像抽象派。他的妈妈是一位小学老师，对他的绘画爱好给予支持和指导，小丁巍不仅在绘画方面，而且对文化课的学习也表现早慧。在5岁时，经该地区的实验小学的考核，他在识字和计算方面超过了二年级的水平，因而被录取。入学后，在该校名师的教导下，他的绘画天赋得到充分发展。8岁时，已有画作获奖，10岁时，有20多幅作品参加国内外大型画展和比赛，获得国际奖8项。1990年在日本第20届国际儿童画大赛中，他获得了一枚特别金奖奖章，两枚金奖奖章和两枚铜奖奖章，被称为“儿童画王子”。同时他还被评为该市的十佳少年。许多小画家、书法家（如李刚、王亚妮等），也是通过国内外的个人画展，充分显示出了自己杰出的艺术才能。

总之，通过竞赛和作品展览，不仅让家长和老师了解到他们具有某方面的巨大潜能或优势，而且也使孩子自己认识到自己的能力，从而极大地增强了自信心，以及从事某方面活动的兴趣和积极性。

（四）通过各种心理测验鉴别发现

自从1905年，法国人比纳（A. Binet）和西蒙(T. Simon)编制出第一个智力测验后，多种心理测验相继问世。心理测验是通过客观的方法，对儿童可观测的行为表现进行测量，从而就儿童的某种心理特征做出数量化的解释。心理测验内容很广，包括一般能力测验，学习能力倾向测验，创造力测验，个性心理特征问卷等。这些方面的心理测验，都是按照一定的科学程序，制定出常模标准，因而可作为评鉴儿童心理差异的一种比较有用的手段。

智力测验属于一般能力测验，测查的是儿童的一般能力。通常是用算术、词汇、推理、记忆、操作和常识等难易不同的项目，按照标准化程序编成一套测验，受测者完成这套测验后，计算出他解答正确的数目，得出测验的结果，再对照该项测验的常模，就可以得到代表他的智力水平的分数，一般称为智商。智力测验有许多种，目前国际上比较有名，我国已经修订的就有：《中国比纳西蒙智力测验》、《韦克斯勒儿童智力量表》等。《鉴别超常儿童认知能力测验》是我国学者根据鉴别超常儿童的需要而编制的测验，可用来评定儿童认知能力的差异。这套测验围绕儿童认知的不同方面（感知、记忆、思维）进行单项测查，并重点突出思维方面，适于对年龄相同儿童进行多指标的动态比较，并可用来具体了解受测儿童认知不同方面发展的强弱，以便有针对性地进行教育。

学习能力倾向测验是测量儿童对某门学科或某一组学科的学习能力和成效。在这方面，《学术能力倾向测验》（Scholastic Aptitude Test，简称SAT）是美国评价学生是否具备大学的学习和研究能力的一种测验。1972年,美国约翰霍普金斯大学的数学早慧少年研究会会长斯坦利教授，将这一测验用于选拔数学早慧学生。他用SAT–M（数学）测验对13岁以下的学生进行测量，成绩达到或超过700分（满分为800）者就被称为数学天才少年。这项测验除在美国外，已在许多国家推广应用了。1985年开始也在我国上海、北京、天津等大城市进行测验。例如1987年北京230名受测者中，有35名学生获得“数学天才少年”称号。这些聪明少年在数学推理能力、学习数学及有关学科（如物理、计算机等）等方面具有巨大的潜力。

有关对创造力的了解，国内外研究者编制了多种测验。我国已经修订的国外创造性思维测验有：美国吉尔福特编制的《发散思维测验》、托伦斯编制的《托伦斯创造性思维测验》及《创造性能力测验》等。我国专家编制的有《创造性思维测验》等。

用于评鉴聪明儿童个性心理特征方面的测验，应用较广的有：我国专家编制的《中国少年非智力个性心理特征问卷》、《小学生非智力个性特征问卷》；美国卡特尔编制，我国已修订的《卡氏16项个性因素问卷》等。

心理测验的实施，一般要由受过专业训练并获得执照的专业人员进行，以保证其科学性。家长或老师从不同途径若发现自己的孩子或学生具有某方面的潜力，或有可能是聪明或超常儿童的话，可以找心理测量的专业机构，给他们进行测验鉴别。

由于儿童智能是多元的，不能期望仅用一种智力测验就能测出一个人的全部智力。而且，聪明儿童又有多种类型，不论哪一种测验，即使国际上公认编制得较好的，要用它来鉴别各类聪明儿童也是做不到的。也就是说，对不同类型的聪明儿童，要选择适合于鉴别他的测验。因此，不能只靠一种测验或一次测验的分数，就确定一个孩子是否为聪明儿童。

四、识别孩子聪明潜力的核查表

为了帮助家长更好地认识孩子的优势和潜力，判断孩子是否为聪明儿童，根据我们多年对聪明儿童特点的研究，并参考了国外的有关资料，总结出下面一些识别聪明或具有各种特殊才能儿童特征的核查表，供家长们识别时参照。

应该指出，儿童中虽有一些人表现多方面聪明、超常出众，但大多数人仅是在某一两方面表现聪明过人，其他方面与一般儿童没有明显差异，甚至有的方面还不如一般儿童。下面的核查表是对聪明儿童或具有某方面特殊才能的儿童群体特点的概括，对每一个具体儿童来说不可能求全要求，并非具备了核查表中的全部特点才算是具有某方面的聪明潜力。

（一）幼儿早期聪明表现特征核查表

1. 好奇心强。常爱打破砂锅问到底；或喜欢拆开或拼装东西，如把玩具或用具拆开了解其中的奥秘，然后再装好。

2. 记忆力好。给她/他讲的故事、念的诗歌或阅读过的东西不费力就能记住，有的甚至能过目不忘。

3. 注意力集中。对感兴趣的事（无论是绘画、阅读或观察小动物等）

能专心致志，并能集中注意较长时间。

4. **感知敏锐**。对生活周围的事物和现象比较敏感，常能发现别人没有注意的现象。有些很小就表现出对形状、色彩、音阶等具有精细的辨别能力。

5. **语言发展早**。有些聪明幼儿学习语言很灵敏，很小开始识字阅读，表现口头语言与书面语言同步发展，

6. **想象力丰富**。无论自编故事、歌谣、绘画；玩角色游戏；或利用玩具和简单用具（如纸、布、小棍）进行建造、编织等常表现突出的想象力。

7. **理解、概括力强**。喜欢比较事物的同异，对事物进行概括和分类，并喜欢运用类比和推理。

8. **喜欢动脑子，**善于联想，有时能创造性把两个看上去关系不大的东西或事件联系在一起，并能提出新奇的想法。

9. **兴趣广泛并浓厚**。一个阶段一旦对某件事（如下棋、认数、识字、绘画等）发生了兴趣，往往爱好入迷。

10. **好胜心强，有坚持性**。无论学习或游戏都不甘落后，一旦要学或做什么事，有非学会做好决不罢休的倔劲。

幼儿智慧的闪光往往透过一两件事表现出来，通过这一两件事便可以发现她/他具有上述某些方面的特点。通常孩子的聪明潜力不必具备上述所有10条特点。举例如下：

有个孩子出生后，轮流在父母、祖父母、外祖父母三处“流浪”地生活，因而5岁前没有能系统地受到早期教育。就在这种情况下，他妈妈从下面的几件事上发现他“有一种超过同龄孩子的智力”。其一，在他3岁时已能认识象棋盘上的32个棋子，知道它们的作用，还能和外祖父对弈。这说明他的记忆力、理解力强（符合第2、第7条特点）；其二，在他4岁时，他妈妈带他乘火车到祖父家，坐在靠窗口的位子上等火车开动。这时对面的火车正在缓慢进站，他感到好像是自己所坐的火车在动，惊奇万分。他妈妈试着用相对运动的道理向他解释，还不知他能否理解，而他立刻接着

说：“那晚上月亮在天上走，应是云在动而不是月亮动喏。”这不仅反映了他想象力很丰富，还反映他善于联想，一下子就从地上的事联想到了天上（符合第8条特点）。这个孩子5岁进了小学，6岁跳级到三年级，9岁考上了中学超常儿童实验班，用《中国比纳智力量表》对他进行测验，他的智商为133。他13岁升大学，16岁赴美国留学攻读硕士学位。

（二）儿童（少年）聪明表现特征参照表

1. 有强烈的好奇心和旺盛的求知欲，喜欢查阅资料或动手实验，探求事物的奥秘，寻找问题的解答。

2. 兴趣广泛、专深，知识面较广，一旦对某门学科或某方面（如数学、文学、艺术等）发生了兴趣，能逐渐形成中心兴趣达到专心入迷的地步。

3. 注意既广又比较集中。尤其对感兴趣的事情，能长时间地高度集中注意。

4. 观察力敏锐，常能发现一般人没有注意的现象或问题，观察仔细并能有计划、有策略、有方法地观察。

5. 语言流利，词汇丰富，并能正确应用。阅读和写作能力远远超过同龄儿童。

6. 思维敏捷、理解力强。特别对具有优势的学科（方面），反应非常敏捷，学习表现轻松。

7. 善于概括事物或数量之间的关系，并能发现表面看上去互不相干的事物和数量之间的联系。

8. 喜欢举一反三，并能将学到的知识原理主动迁移到新的领域，或用于解决新的问题。

9. 喜欢解难题，或复杂的问题，常寻找多种可能性或试图通过多种途径解决问题。

10. 有创造性，能把两个毫无关系的现象或东西联系形成新东西；在解决问题或完成任务时，能运用新的思想或方法，有创新精神。

11. 爱独立思考、独立判断，有主见，不从众，敢于向权威思想挑战，有时能发现书本中的矛盾。

12. 有较强的动手能力，能根据自己的兴趣或优势自觉地、创造性地自学必要的书籍，或动手搞制作，力求把自己的想法或操作付诸实现。

13. 有理想、有自信，责任心强，比较倔强，为了学会一门学科或完成某项任务，能排除干扰，克服困难，坚持完成。

14. 人际交往能力强，对别人的需要较敏感，能表示理解、同情，对自己要求高标准，在参加的活动中，有影响或控制他人的倾向，能起领导作用。

儿童或少年的聪明潜力往往也是透过某几个方面表现出来，对一个儿童或少年不必要求这14方面都具备。例如，出生在山区县城中学教师家庭的廖斌，小时候没有条件上幼儿园。他妈妈上课，他常坐在教室门口数小石子玩。他爸爸为附近农民修理收音机、扩音器等电器，他在一旁玩零件，不断向他爸爸提出各种问题，表现出很强的好奇心和求知欲（符合第1条特点）。3岁左右父母晚上偶尔教他认数，发现一教就会，3岁学会一百以内的认数和加减，4岁已能理解负数。12岁能看懂《图论》，特别喜欢做数学难题（符合第6、第7、第9条特点）。5岁半见姐姐上学他也非要上学不可，因而提前入学。在农村设备简陋的小学学习，每学期的成绩在班上都是名列前茅。喜欢动手搞小制作：纸火箭、竹蜻蜓、小电风扇、电动吸蚊器等，曾多次获县级青少年科技制作一至三等奖（符合第12条特点）。初中二年级转入重点中学，除了学好功课外，大量自学了自己感兴趣的课外书。参加电脑课外活动后，很快便入了迷（符合第12条特点）。研究者对他的智力进行了测查，发现他思维推理能力明显超过同龄儿童，对他开始进行追踪研究。后来在13岁时，他获得1986年全国青少年计算机程序设计竞赛一等奖，15岁考入清华大学计算机系。

（三）儿童创造力表现特征的核查表

1. 好奇、好问。如：“我是怎么来的？”“收音机为什么会说话？”“电车是怎么跑的？”等，当家长的回答不满足时，就自己查阅资料，直至找到满意的答案为止。

2. 在绘画、写作、科技制作或游戏等某个方面或几个方面，表现出异常丰富的想象力。如，幻想建立一个没有欺骗，没有邪恶的公主王国，以公主作为真善美的化身，把自然界的一切都画成公主，从而创作出“公主百图”。

3. 有敏锐的观察力，观察事物特别仔细。他会告诉你：“嗨，这只蜈蚣只有99条腿！”

4. 在倾听、观察、阅读或做事情时，精力高度集中，甚至达到废寝忘食的地步。例如：在图书馆看书，没有听见闭馆的铃声；在家叫他吃饭，他也没听见。

5. 思维活跃，超越常规、习俗的束缚，有标新立异的想法，说话喜欢运用类比。如说：“觉得我像是一只即将变成蝴蝶的毛虫。”

6. 对感兴趣的事，能自觉地长时间地坚持，不觉枯燥、劳累，甚至达到入迷程度。如：爱绘画能连续画数小时；搞制作一口气绘制出十几张设计图；玩拼插或建构模型（制作飞机、船舰或动物等）专心致志。

7. 敢于向权威思想或论说挑战。如：能发现教科书或试题中的错误；在讨论问题时有自己的见解。

8. 能把两个毫无关系的东西联系起来。他或许说过：“嘿，你的新帽子简直就像个飞盘！”

9. 探究心强，喜欢把玩具或用具拆开来了解个究竟。如：为什么电铃会响、为什么手电筒会发光、为什么小闹钟能唱歌、为什么收音机会说话……拆开来研究然后再试着安装还原。

10. 对生活或学习中不方便、不合理的方面很敏感，善于发现和提出问题，并钻研改进、革新办法，坚持把创新想法付诸实施，搞出小创造、小发明。如，看到文具盒里的圆规、三角尺、直尺等使用起来很不方便，萌生制作一种多功能文具的想法，经过设计、改进、再试作，一种兼有量角器、直尺、三角板等七八种功能的“多用规”终于制成。

11. 热衷于在思想上和实物操作上进行探新，以获得新的组合，主动地运用实验方法检验自己的想法。如说：“我要用这根绳子和这支铅笔做一个圆规。”

12. 对自己的发明、发现，或创作的成功异常兴奋，由此更增强了兴趣和信心，并渴望向家长和要好的同学倾诉心情。

13. 具有实事求是、坚持真理的精神，有主见，有独立的行动，不人云亦云，不轻易放弃自己的观点，也不盲目固执己见。

14. 不怕困难、失败或挫折，想要做的总是千方百计完成。如说：“我是一个不会放弃的人，要做就要做到底，而且要做得好。”

15. 能自觉地、独创地学习。如说：“昨天我去图书馆把所有有关恐龙的书都查出来了。”

16. 喜欢动脑筋，勇于提出新观点，或新奇的想法。如说：“如果狗是主人而主人是爱犬会怎么样？”

这份核查表是根据我国许多小作家、小画家、科技小创造发明家，以及其他类型聪明儿童们表现出的创造性特点进行的概括，并参考了美国托伦斯教授列举的儿童创造力特征编制而成。具有不同创造潜力的孩子，只要表现了具有上述所列中的某几条，就显示他可能是个高效创造者。

现以“发明童星”王知容为例来说明。他很小的时候就表现好奇、好问、好探究，喜欢动手拆卸、安装电子小零件。如把门铃拆开想了解个究竟，不小心把弹簧弄丢了，当他爸爸告诉他：丢了弹簧开关就没有用了时，他却说：“如果开关里没有弹簧，不就不会掉了吗？”（符合第1、第5、第9条特点）入小学不久，他以极大的热情投入学校少先队组织的小发明、小创造活动中，动手用塑料软管制作了一个“方便浆糊瓶”，在区里还获得了鼓励奖。自从参加了学校的科技兴趣小组后，他如饥似渴地学习

《科普百科知识大全》，从中了解到许多新奇的科学现象。对幼年曾引起他极大兴趣的磁铁，增加了新的认识：它们不仅相吸，而且还相斥，他突然眼前一亮，何不利用磁铁的同极相斥的特性来替代开关里的弹簧，他终于在小学四年级发明了“磁斥开关”，实现了幼年的梦想（符合第10、第11、第14条特点）。他从小学到中学，获得各级各类发明奖和计算机竞赛奖总共有40多项，其中有三项获得国家专利，这在中小学生中是罕见的。

（四）具有组织领导才能特征的核查表

1. 责任心强，接受了的任务就会去做，而且会尽主观努力很好完成。

2. 在同龄儿童和成人面前显得自信，当被要求在班上展示作业时，表现安然自得，善于自我表现。

3. 语言流利，思维敏捷，行为灵活，容易适应新环境。

4. 在集体的活动中常起模范带头作用，对同学有影响力，能影响别人选择观点、采取行动的途径或方向。

5. 关心他人，富有同情心，能理解别人的需要，也容易被他人理解，人际关系好。

6. 对自己要求严格，学习好、纪律性强，在集体中有威信，受到同学爱戴，或被同学看成学习的典范。

7. 组织能力强，工作有目标、有计划、有条不紊，能协调不同的意见，把各种人团结在自己周围。

8. 创造性地解决问题，同学遇问题常愿意找他给出主意。

9. 勇于发表自己的见解，处理问题公正、果断。

10. 不怕困难、失败或挫折，有坚毅顽强的精神。

11. 具有领导人物的超凡魅力，有洞察力、有主见、预见性、有吸引力，别人愿意聚集在他周围。

12. 有独立性，思维不顺从，敢冒风险。

儿童的组织领导才能表现得较晚，因为它需要相应实践活动的锻炼。

然而，有的孩子在中小学时期已表现出有较强的组织能力。例如，15岁考上中国科技大学少年班的邵中，上小学后，学习成绩在班上一直名列前茅，是三好学生、优秀团员，在老师和同学们的心目中威信很高，因而一直被推选当任班长。可见他在小学和中学时，已表现具有核查表中的第1、第6和第7条的特点。入科大少年班后，他被选为班里的团支部委员，此后为了全面的发展，更加自觉地注意培养自己的各种能力，包括：自学能力、解决问题的能力，以及组织能力。他主动动员对计算机感兴趣的同学，发起并组织沙龙形式的讨论小组，每周进行交流和研讨。他的沙龙办得生机勃勃，把少年班和外系的许多同学都吸引到所组织的沙龙活动中（符合第4、第7、第11条特点），得到老师和同学的赞扬，表明他的组织领导能力有了进一步发展。

（五）语言、文学能力的核查表

1. 口头言语发展较早、较好。喜欢说话，口齿清楚，语言流畅。在说话中常使用超过他的年龄的复杂语句，而且使用得很恰当。

2. 很小就爱听故事，听一两遍不费力地就记住了。在听故事时，自己常进入角色，情绪常随着故事的情节起伏变化。

3. 很小就会讲故事，有声有色，或将听过的故事按照自己的想象进行改编，编成新故事讲给别人听。

4. 对认字感兴趣，很小自己就能借画书的图认字，或主动找家长教他认字。识字快，入学前已能自己独立阅读，阅读兴趣广泛，不仅看儿童读物，而且看成人的书，经常手不释卷。对喜欢的书，百读不厌。

5. 为满足自己大量阅读的需要，不仅主动学会查字典，并学会翻阅多种百科全书，或其他工具书。

6. 喜欢玩文字游戏，如：拼字、填字游戏，猜谜语、绕口令、顺口溜、打油诗等，并与成人同玩或比赛。

7. 很小就喜欢写诗、散文，或编写小故事。创造想象丰富，形象思维活跃，遣词造句准确，文笔通顺，生动。

8. 上学后，学习语文、历史等人文社会学科，要比学习数理学科容易，并且成绩明显要好。

例如，前面提到的才思敏捷、出口成章的小歌手苏庆，两三岁就酷爱听故事，也会讲故事，幼儿园的小朋友也爱听他讲故事。为了能阅读故事书，他对认字发生了极大的兴趣，他记忆好、理解力强，主动要家长教他识字，教他查字典。在他进小学前自己阅读了连环画、小人书等儿童读物两三百本。随着识字、阅读的兴趣与日俱增，在家里父母和他还经常对成语、说顺口溜玩。如他妈妈说："天上星，亮晶晶。"他答："照着我，上北京。"有时他淘气，吃饭时逗他妈妈说："嘴边一颗饭，留给妈妈看。"他妈妈接着说："打你一巴掌，看你敢不敢。"……就这样你一句，我一句，家长发现他做诗对歌有潜力，便教他如何押韵等知识。在小学一年级时，由于他讲故事讲得好，被批准参加少年宫的故事讲解员小组，成为年纪最小的讲解员，在学校的朗诵会上还获得第一名。从核查表看，总共八条特点他几乎全符合，尤其是其中的第2、第3、第6、第7条更为突出。在他八九岁时，对歌才能突飞猛进发展，《刘三姐》电影的主笔对他进行了考核，把他称为"小歌手"。

（六）数学能力核查表

1. 对认数、计算有浓厚的兴趣。有些很小就把点数实物当游戏，见什么数什么。例如，出去玩时数路旁的树；上台阶时数步数……

2. 心算能力强，二三岁就能心算简单的加减法；四五岁已能心算简单的乘除。喜欢成人出题考考她/他，主动要求与大孩子进行心算比赛。

3. 爱玩需要动脑筋玩具或游戏，如：下棋或玩牌，特别是结合计算或要求逻辑推理的棋或牌，每次玩必取胜，百玩不厌。

4. 从事计算或数学活动时，注意力高度集中，如：进行数学竞赛或做数学难题时，注意力高度集中并能坚持较长的时间，直到做完赛题或难题解出来为止。

5. 在学校，最喜欢上数学课，对数学（有的还包括理化课）学习得心应手，接受快。常不满足学校所教内容，课外主动找参考书，超前自学。

6. 对数学信息加工能力强，喜欢概括数量之间及空间的关系，总结和发现规律。学习过程中，喜欢分析归纳各类题型结构特点。

7. 思维敏捷、灵活，善于一题多解，能迅速从一种思路转换到另一种思路；从一种运算形式转换到另一种运算形式。

8. 从事数学活动非常自信，有主见，有独创性及批判精神。

儿童数学才能的显露有早有晚，有些儿童显露较早，两三岁就表现出对数学有兴趣。例如，郑润3岁左右表现出对数特别敏感，4岁能心算万以内的加减，4岁半就会心算一位数乘两位数的乘法题，掌握小数、分数、负数的概念，并会正确运算（符合核查表中第1、第2条特点）。有些儿童数学才能表现稍晚，但发展较快。例如，新宇7岁前随母亲在农村生活，没有受到学前教育。7岁后，父亲把他接到城里，开始教他数学（因农村户口，未能入学），三个月他就学会了小学数学的整数四则运算，能算12位数的乘法和5位数的除法。接着他父亲指导他自学，不到一年半的时间，就基本上学完了中小学数学的全部内容，经考核达到初中数学的一般水平，并掌握了高中数学的部分内容。分析他的特点：①对数学有浓厚的兴趣；②思维敏捷，善于分析数的组成或数之间的关系，从而快速找出简约的解题方法；③思考过程有较严密的逻辑性和系统性；④解题时总是力求寻找出多种解题方法，表现了较好的求异思维能力，如一道求组合图形总面积的题，一般学生只找到一种解法，而他找出了四种解法。根据核查表，他明显具有第1、第4、第5、第6、第7条特点。后来研究者对他的认知能力进行了测验，发现他的思维推理能力测验成绩不仅高于同年龄儿童，而且超过比他大3岁儿童的平均成绩。

（七）音乐能力核查表

1. 很小就对音乐很敏感、很感兴趣，听见收音机或电视机播放乐曲就表现很兴奋，能跟着音乐节奏手舞足蹈或扭动身体。

2. 对曲调和旋律特点能准确感知和记忆，并能敏锐辨别音调的高低、强弱。

3. 有较强的节奏感，小小的年纪，常用玩具、文具或其他东西，做有节奏的敲击。

4. 爱听歌曲，只要听一两遍就能大体不差地哼唱出来。喜欢唱歌，有优美的歌喉。

5. 对乐器有特殊爱好，学习弹奏某种乐器非常专注，每天坚持较长时间反复练习，不觉枯燥、疲劳。

6. 想象丰富，联想活跃，有创作的激情，常常尝试自己作曲、编写歌词。

儿童音乐才能的表现有多种多样：作曲、演奏乐器、演唱等。我国著名的作曲家施光南，从小对音乐很感兴趣。5岁时，在无人指导的情况下，自编了一首歌曲《春天》，由此家长发现了他具有的音乐潜力（至少符合第1、第2、第6条特点）。在乐器演奏方面，被誉为中国钢琴神童的郎朗，3岁开始学琴，他对钢琴的执著热情，较早显示了音乐的天赋，13岁参加柴可夫斯基国际钢琴比赛，获得了少年组第一名（表现第1、第2、第5条特点突出）。

（八）绘画能力核查表

1. 一两岁就喜欢握笔在纸上涂涂画画，对绘画活动有浓厚的兴趣、爱好。

2. 观察力敏锐，对周围事物观察比较精确。分辨颜色的能力的发展早于同年龄儿童，特别喜欢某些颜色。

3. 形象记忆力强，对事物的结构、空间位置关系，色调和形态等有鲜明而生动的记忆。

4. 喜欢用纸折叠各种东西，如：小人、小动物、车船……用沙石堆城堡、挖河道；用积木搭高楼大厦，造交通工具，并喜欢玩各式各样的“乐高”。

5. 创造想象活跃，绘画大手笔，速度快，几笔成画，画面新颖、独特。

6. 对所描绘的对象的结构、比例、空间位置、亮度和色调等有正确估计和判断能力。

7. 每天主动画画，有时不分时间、场合，创作的作品量多。

刘启谋两岁多开始学画。他妈妈是位美术教师，妈妈作画时他就在一旁专心观看，有时还抢过妈妈的笔自己画。他妈妈发现他对绘画很感兴趣，就常带他去动物园、游乐场以及郊外让他多观察，增加感性认识，培养了观察力（具有核查表中第1、第2条特点）。他创造性想象活跃，又勤学善画，见到什么都要画。每次妈妈或邻居买回鸡鸭或鱼，他都要求先让他“速写”下来，他绘画速度快，几笔画成（具有核查表第3、第5条特点）。4岁时他的《大力士》、《娃娃》等画作先后被选送到波兰、日本、印度、德国展出。6岁时，广西儿童活动中心为他举办了个人画展，展出了他创作的200多幅画；这年小启谋还画了《长卷百猫图》，在5.3米长的画卷上画了百只神态各异、逼真传神的猫，在“长白山全国儿童画展”上展出，引起了观众的极大兴趣。同年5月，他的画在全国27个省市举办的“和平颂书画联展”上获得了优秀奖（具有核查表中第5、6、7条特点）。7月，他应邀东渡日本，到川口市参加了国际小学生书画展览。

图3–1　刘启谋七岁画

一般讲，每个孩子都会在某方面具有较大的潜力，经过你的细心观察，循循善诱地引导，就有可能发展成某方面的优势。你不妨用核查表对照你孩子的表现或特点，只要在某份核查表中有一两项或几项特征符合或接近，你的孩子就有可能在某方面具有较大的潜力或天赋，也有可能是某方面的聪明儿童。你可以给她/他提供一些适合的条件，激发、诱导其发展。如果你感到还没有太大的把握，就可以带她/他到有关专业机构，通过测验或其他方法进一步了解或鉴别。

五、应注意的问题

（一）明确目的

认识、发现孩子的聪明潜能，了解孩子的聪明表现，是为了有针对性地进行教育，更好地开发潜能，充分发展优势，而不是为给孩子戴上聪明儿童或具有某方面特殊才能的桂冠。发现、识别本身不是目的而是手段，是为了有效地因材施教。

识别孩子潜能，尽管采取了多指标、多种途径，但不能完全忽视过去环境和教育的影响。经过标准化的智力测验所获得的智商，也决不是固定不变的，而是发展变化的。应特别指出，任何一种智力测验不能测出孩子的全部智力，一种测验得分的高低，仅部分地表明这个孩子某方面现有的智力水平。智力测验的智商分数，只能反映孩子在学校学习方面的智力。仅用一项测验，仅仅一次的测查，不足以了解孩子的智力。所以从这个角度说，孩子目前所测得的智商分数不高，不必担忧，改进教育可以提高；所测得的智商分数很高，说明该孩子较聪明，但也不等于可以高枕无忧放松教育。

（二）实事求是

不论是自然观察孩子的行为表现，或者使用某项测验了解孩子的智力、能力，都要实事求是。有些家长由于受感情的影响，容易把自己孩子看成一朵花，对自己的孩子倾向估计过高，总感到自己的孩子聪明，比别人家的孩子强；也有家长恨铁不成钢，对自己孩子要求过高，即使孩子有明显的优点和长处也视而不见。还有一个问题值得一提，有些家长或教师容易把智力与知识技能混淆起来，把成绩好（分数高）看成智力高。诚然，儿童成绩高低在一定程度上能反映智力的高低，但成绩高的学生不一定都属于智力高、聪明，成绩不高的学生也未必不聪明。因为影响成绩的因素是多方面的，除涉及智力因素外，还与学习动机、积极性、学习方法以及过去的基础等有密切的关系。教师有时对学生了解不深入，对自己班上是否有聪明儿童不甚了了，很难准确推荐；有的老师观察、了解学生时可能受传统偏见的影响，不够客观，不能科学全面地认识学生的潜力，因而难以及时发现学生的聪明才智。

（三）要有正常心态

不论孩子是否聪明，不论孩子的潜能有多大，在任何时候对孩子都应保持正常的心态。儿童之间存在明显的个别差异，这是很正常的，每个孩子有自己的优势也会有弱项。了解、发现孩子的优点和不足，为的是帮助孩子正确认识自己，在发扬优势的同时，加强弱项的发展。不要恨铁不成钢，容不得自己的孩子有弱项，还拿别人家孩子的优点来数落他，这样比较容易使自己孩子丧失信心。同样，如果自己的孩子有什么优势也不要得意，不要去与别的孩子的弱点相比，这样比对孩子成长无益。如果发现孩子达到了聪明儿童的标准，家长流露高兴的心情是可以理解的，但是必须切记，要正确看待聪明。既不要把聪明看得很特殊、很神秘，也不要看得很高，以为如何了不起，应该保持平常的心态。这样孩子才能正确对待自己，不特殊、不骄傲，不断进取，积极向上。

（四）要有耐心

了解孩子有多大潜力和优势，发现孩子是否聪明，需要一个过程，有时这个过程还比较长。原因是多方面的。其一，儿童不同方面的智力、才能发展早晚不一。有些方面发展较早，如说话、音乐、绘画等；有些方面发展晚一些，如数学、组织领导才能等。其二，儿童存在个别差异。以说话为例，多数孩子1岁至1岁半开始说话，但也有孩子3岁多才开始说话，也属于正常范围，说话时间的早晚与智力潜力高低没有必然的联系。有些孩子或孩子的某方面“开窍”晚一些的现象也确实存在。其三，教育时机或所用的方法可能不合适。比如，过早教孩子某方面知识、训练某方面才能，不仅事倍功半，反而还会使孩子产生厌学情绪。所用的方法过于简单，如同用一把钥匙去开各种各样的锁。每个孩子各有其特点，只有适合的钥匙才能打开他的心扉，才能因势利导开发孩子的潜能。因此，当你做了一些努力，在孩子身上还看不到什么效果时，应该分析原因，加以改进，千万不能性急，不要轻易下否定的结论，更不要轻易放弃。要坚信每一个孩子都有潜力和优势，认识孩子和教育孩子同样需要有足够的信心和耐心。

本章通过许多实例说明儿童都具有很大的潜力，只是每个孩子的潜力表现的方面和特点各不相同，需要家长善于发现。如何发现呢？以下原则和途径，可供参考：

四项原则：1.在动态的比较中发现；2.采取多指标、多途径；3.兼顾数量和品质；4.通过经验和实践检验。

四方面途径（方法）：1.通过各种活动了解；2.在教育过程中了解；3.通过竞赛、展览发现；4.借助有关测验发现。

根据孩子不同方面的潜能或特长，列出几份核查表，您可将孩子的情况与之进行比对，您的孩子具有哪方面的潜能或特长，便心中有数了。

第四章　智力和学习能力的发展

人类的本质特征就在于具有高度发展的智能，而智能的核心是人会思维，能创造。人类有思维能创造出无数奇迹，人是思维的动物，具有自觉能动性，这就使人成为万物之灵。

儿童智力的发展是心理学研究的重要问题，家长无不希望自己的孩子聪明伶俐，学习优异，智力发展过人。国家和社会需要高智力的下一代，推动社会不断向前发展。那么，究竟什么是智力？儿童智力是如何发展的？

一、促进智力的发展

（一）什么是智力

1. 对智力的理解

“智力”一词在社会上广泛应用。但要对它下一个科学的定义，至今在国内外的专家学者中仍未有定论。有人认为：“智力就是能力或智能，即人们运用知识技能的能力。”（林传鼎，1981）；有人认为：“智力是人的一种心理特性，或个性特点，是偏于认识方面的特点。”（朱智贤，1981）；还有人认为：“智力是个体有目的的适应、选择和改造环境的心理活动。”（斯腾伯格，1986）；也有人认为“智力是关于学习能力的综合”或“智力就是学习的能力、学习潜能”。尽管专家们对智力的理解见仁见智，不完全相同，但多数人还是认为：智力主要指人在获得知识和运用知识解决实际问题时所必须具备的心理条件或特征。智力是儿童进行学习（广义的），包括在经验中学习或理解的能力，获得和保持知识的能力，迅速而成功地对新情境做出反应的能力，以及运用推理有效地解决问题的能力等。智力是人在从事各种领域的实践活动中所不能缺少的最基本的心理条件。

2. 智力的基本组成

智力是多维的综合体，由观察力、记忆力、注意力、想象力、思维力以及解决实际问题等方面的能力组成。

观察力：儿童的智力活动始于对事物的观察感知。儿童是通过各种感官接受来自各方面的刺激。例如，通过眼睛看，耳朵听，鼻子嗅，舌头尝，以及身体触觉等，对周围的事物才有所感知，获得了解。有研究表明，人吸收的信息70%来自眼睛，说明眼睛的特殊重要性。不过，儿童观察力的发展，是要依靠眼、耳、鼻、舌、身的协同活动，把来自各种感官的信息传到大脑里去进行加工。因而观察力是一种发展水平较高的知觉能力，它能敏锐地注意到某些事物极不显著但却重要的细节和特征。

记忆力：就是大脑记录、保持、再认和重现事物的能力。人都有记忆，记忆有两类，即有意记忆和无意记忆。有些事物，人们主观上没有想到要有意识地去记它却记住了，这就是无意记忆。与之对照，有意记忆则是有目的、有计划、有方法地去记住许多想要记住的事情。人的学习活动必须使用有意记忆。记忆的事物，对人来说是一种知识、信息的储备，是进行思考和接收新知识、新信息的基础条件。

思维力：即大脑通过分析、综合、归纳、演绎、判断、推理等过程，进行思考的能力。思维力是智力活动的核心因素，没有思维力，其他智力因素的活动不能正常进行，也失去了意义。因此，积极开动脑筋是非常重要的。思维力可分为三种:形象思维能力、逻辑思维能力、直觉思维能力（亦称“顿悟”）。一个人爱动脑筋、会动脑筋是智慧发展的前提。思维能力通过科学训练，是可以不断提高的。

想象力：即在脑中利用已有信息再造和创造新形象的能力。想象力与人的创造性紧密相连。一个富于创造力的人，常常具有很强的想象力。想象力使人的智力活动更加灵活，更有创意。儿童在小学阶段，特别中低年级是想象力迅速发展的时期。幻想是想象力的一种表现形式，但不等于胡思乱想，幻想也是有现实根据的。

语言能力：即人们应用语言进行思维和交往活动的本领。人们的交谈、讲演、报告、写作、阅读等都是不同形式的言语活动。言语活动包括说话（书写）和听话（阅读）两个方面。前者是言语的表达过程，称为表达性言语。后者是言语的感受、理解过程，称为印入性言语。语言能力的较好发展将会促进孩子智力潜能的全面发展。因而，有人认为语言是儿童智力发展的“加速器”。

人际交往能力：即善于认识和理解他人，能以适合的方式与人沟通，进而与人更好地合作的本领。人际交往是人类最基本的需要之一，尤其在竞争日趋激烈的社会更加明显。因此应从小培养儿童懂得尊重他人，善于理解他人，形成与人合作的意识和能力。

3. 影响智力发展的因素

对智力的发展有影响的因素是多方面的，而最根本的不外乎遗传和环境两大方面。遗传、生理素质是儿童智力发展的前提条件，儿童生活的社会环境，尤其是教育条件和实践活动，则是儿童智力、能力形成、发展的决定性因素。

一个人生下来具有正常的大脑（正常的遗传素质），这是智力正常发展的物质条件，如果没有这个条件智力的发展将失去自然的前提。关于遗传和智力发展的关系，国内外许多专家、学者做过多方面的研究，例如，1979年，李其维、金瑜等对101对双生子（同卵双生子67对，异卵双生子34对）学龄儿童进行研究。结果发现：同卵双生子的智力相关系数为0.76，异卵双生子的智力相关系数为0.38。这可以说明，人们的遗传关系越密切，他们的智力水平越接近。

如果没有适合的社会环境和教育条件，不进行实践活动，智力的发展是困难的。关于狼孩的例子便可证明。

儿童智力、能力的发展是有规律的，从教给儿童知识到智力的发展是一个复杂的过程，并非有了某方面的知识自然而然就等于有相关的能力。儿童学习某门科学知识，从理解到掌握，要依据认知发展规律，经过一系列的过程，才能把这种认识成果变成自己相应的能力。因此，在教学活动中不能满足于儿童掌握了某方面（或某门课）的知识和技能，必须还要采取合适的教学方法，合理安排，才能有效地促进儿童智力和某方面能力的发展。

一个人智力的高低直接关系到他掌握和运用知识、技能和技巧的成就。过去相当多的人把智力看成是先天生成的，也就是遗传决定的。实际上，智力通过培养和训练可以得到提高。

（二）智力发展的趋势

儿童出生后，在一段时期内智力是随年龄的增长而发展变化的。许多心理学家对儿童智力的发展进行过不少研究，下面列举几项研究，从中可以看到智力发展的一般趋势。

1. 伯克利的成长研究（Berkeley Growth Study）

在这项研究中，研究者对同一组儿童定期进行了智力的测定，他们根据儿童的年龄采用了四种智力测验：加利福尼亚一岁量表、加利福尼亚学前测验、斯坦福-比奈智力测验1916型、斯坦福-比奈智力测验1937年修订型。从下图可以看到这组儿童自0岁至16岁平均智力随年龄发展的曲线。根据这条曲线，我们可以知道，14岁以前儿童智力增长迅速呈直线上升，14岁以后智力增长速度有减慢的趋势。

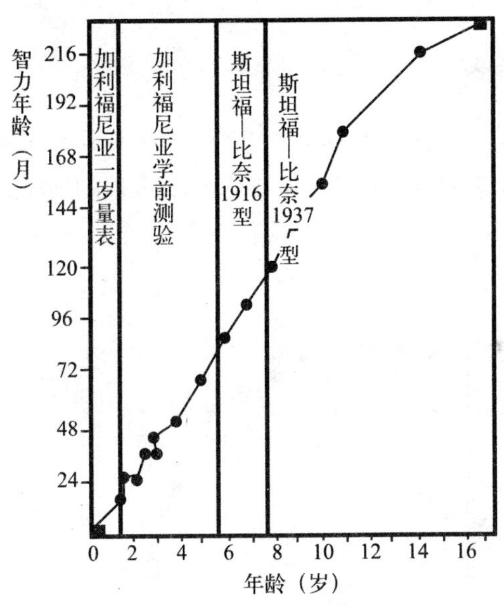

图4-1　伯克利研究中有关儿童智力成长曲线图

2. 贝雷的追踪研究

贝雷采用贝雷婴儿量表、斯坦福-比奈智力量表以及韦克斯勒成人智力量表，对一组被试者从出生至36岁进行了定期的追踪研究。图4-2是根据三种量表测量的平均分数（标准分）绘成的曲线，也即智力成长曲线。从这条智力成长曲线同样可以看到：智力随儿童年龄的增长而发展；在12

岁之前增长迅速，12岁以后发展有减慢的趋势，直至26岁左右；以后保持相对稳定。

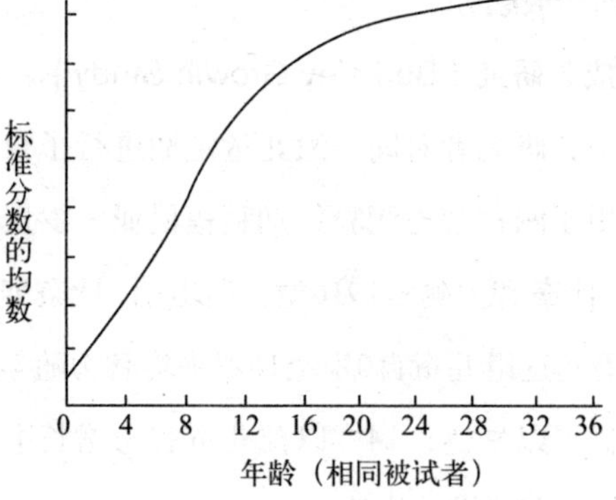

图4—2 贝雷智力成长曲线

3. 韦克斯勒的研究

这是用韦克斯勒成人智力量表，按16~64岁分七个年龄组开展研究，结果发现智力在16~19岁继续发展，20~34岁达到发展的高峰期，此后就逐步下降。

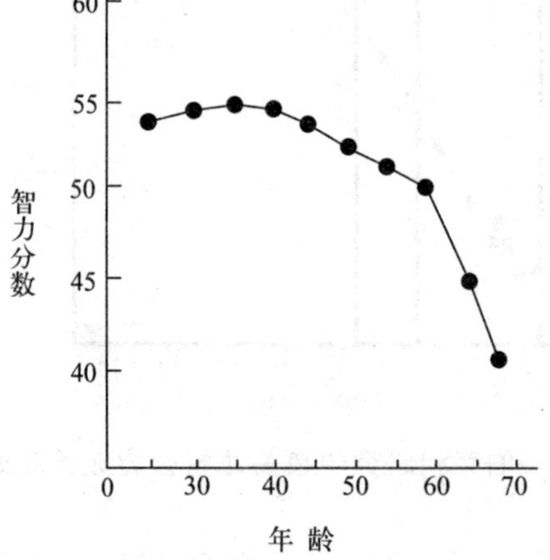

图4—3 智力的年龄变化

从以上的研究结果可以看到：一个人的智力的绝对水平，在儿童成长阶段随年龄的增长而增长，但它的增长与年龄的增长不是线性关系。总体上看，是前快后慢，到一定年龄停止增长，并随着衰老而下降。智力发展曲线在分段年龄上虽不尽相同（如智力发展速度较快的年龄，有的测验认为是自出生至12岁，有的认为是14岁以前），但是却可以看到智力发展的一般趋势。概括地说，一个人出生后，智力的发展变化大体可以分为三个时期：

第一个时期：智力发展的成长期（从儿童出生至26岁）。在这个时期，儿童从出生至5岁时，智力表现为随年龄的增长而发展上升最快；从5岁到11、12岁时，智力仍然增长较快，然后发展缓慢上升，到20~25岁达到高峰。

第二个时期：智力发展的成熟期（25~36岁）。在这个时期，当智力达到高峰后，接着是一个保持高峰的时期，称为智力发展的成熟期。

第三个时期：智力发展的下降期。在这个时期，即大约35岁或36岁以后，智力不再随年龄的增长而上升，而是开始缓慢下降，到60岁以后有些方面急剧下降，称为智力的衰退期。

不过，关于智力是否随年老而衰退的问题还有不同看法。有些人采用纵向研究方法，观察到：人的智力在60岁以前是很稳定的,以后虽有减退但幅度也不大。他们还观察到，在语词成绩方面，70岁以后智力才开始有明显减退。而心理反应速度、知觉整合等能力方面，25岁后就开始逐步减退。有些方面如视力和听力会随衰老的到来而逐渐下降。不过，智力发展的个体差异很大，常常与个人所受教育、工作情况、生活及健康等因素有很大的关联。

(三)智力发展的关键期

关键期是奥地利习性学家、诺贝尔奖获得者劳伦斯最早发现的，缘于动物的一种印记现象。他观察到出生后几个小时的小鸭、小鹅会追随它们第一次见到的移动物体，无论那是母鸭、母鹅还是劳伦斯本人，但如果出生后最初的一两天没有遇到追随对象，他们就会丧失这种能力，再也不会去追随。据此，劳伦斯提出了“关键期”的概念。

人类婴幼儿从出生到成年，同样存在类似的关键期。也就是说，有很多能力必须在特定时期需要一定的环境刺激才可获得发展，该时期若错过了环境的刺激就会影响发展的水平，甚至失去发展的可能。

儿童智力的发展有一个过程。在这个过程中，智力发展的速度是不平衡的，有时快一些，有时慢一些。在某个时期，人对外界刺激的变化异常敏感，很容易接受影响，智力因而得到迅速发展，而过了这个时期发展趋向平稳或减慢。研究者就把个体发展过程中，环境对智力影响特别敏感、智力发展特别迅速的这个时期，称为智力发展的关键期，或敏感期、最佳期。

那么，人的智力发展关键期是在什么年龄呢？从上面智力发展的趋势介绍可知，智力的增长与年龄的增长不呈线性关系，智力增长通常表现为前快后慢。也就是说，从婴儿出生至青少年时期(有的研究认为12岁以前,有的认为14岁以前)智力的增长是直线上升的，而在这个时期，从出生至5岁又是智力增长最快的时期。因此，研究者普遍认为从出生至5岁是儿童智力发展的关键期。美国布鲁姆根据对近千个有关人类特性的研究，提出了关于儿童智力发展关键期的假设：他认为五岁前是人智力发展的最为迅速的时期，大约50%的智力是这个时期发展的，其余30%的智力是在四至八岁获得的。

要指出的是，把从出生至5岁作为儿童智力发展的关键期，是就智力总体上说的。实际上，智力不同方面的发展速度也是不平衡的。有的方面发展较早，有的方面发展稍晚。例如，儿童言语能力发展较早，一般六七个月儿童已能理解成人的语言，1岁左右开始学说话。有研究指出2岁至3岁是儿童口头言语发展的敏感期、最佳期，这个时期儿童学习说话非常迅速。还有研究表明儿童的音乐能力出现较早，有些儿童1岁至3岁对音乐的节奏很敏感接受快。相对而言，抽象逻辑思维的发展则比较晚，幼儿5岁后，才能在其经验所及的事物范围内，开始能初步地进行。

智力发展关键期的现象，是与大脑相应结构的发展有着密切的联系。有关大脑发育的研究发现，生命最初的两年是大脑发育最为迅速的时期。

新生儿的脑重只相当于成人脑重的1/4，1岁时脑重相当于成人的1/2。2岁时的脑重相当成人脑重的2/3。7岁儿童的脑重相当于成人的9/10。更重要的是研究还发现：在婴幼儿大脑发育的关键时期，或称敏感期，大脑特别容易接受和学习某种信息，支持特定活动的神经联系在该时期很容易并能有效地建立。敏感期一旦过去，学习虽然仍然能够进行，但达到同样的效果可能需要较长的时间，甚至会遇到较大的困难。大脑的视觉、听觉、语言、运动等系统都有各自的敏感期。因为相关的研究结果表明，大脑的发育是先天基因和后天环境两个因素决定的，而后天环境对大脑的发育起着关键的作用。由外界环境作用而产生的经验会使信号沿着特定的神经纤维传导，一条神经纤维使用的时间越长，它在大脑中永远存在的可能性就越大。那些不相关的神经细胞和不被信号反复强化的神经纤维就会消失。因此，丰富多样的经历实际上造就了婴儿大脑的结构。从这个意义上说，特定时期适宜的刺激是大脑健康发育和智力发展必不可缺少的基础条件。

正反例子都告诉我们，在儿童智力发展的关键期，只要给予适当的教育，儿童的智力就会得到正常的或较好的发展；如果过了发展的关键期教育的效果将会受到不可挽回的影响。

由此可见，在儿童智力发展的关键时期，对儿童进行智力开发，关系到儿童智力发展的高度和品质。

（四）智力的个体差异

儿童由于个体的遗传素质、后天学习、生长的环境以及具体实践的不同，彼此之间在智力发展上是有很大差异的。这就是智力的个体差异，或称个别差异。儿童智力的个体差异可从三个方面来分析：

1. 智力发展水平方面的差异

指智力发展程度或量上的差异，表现为相同的年龄，有些儿童智力的发展水平高一些，有些儿童智力的发展水平低一些。例如，在同年龄儿童中有的聪明过人、智力超常（智商130以上）；有些智力中等（智商在

100上下），还有的智力却偏低或智力低下（或称弱智，学习和生活能力差）。

2. 智力类型方面的差异

指智力的优势方面不同，或智力各个方面组合的差异，因而在完成学习或某种活动中表现出不相同的智力类型。下面列举几种：

（1）有些儿童逻辑思维发展优异。表现为理解力、抽象思维、逻辑推理的能力很强，对数学、物理等学科知识领悟快、接受力强，表现出极大的兴趣，数理学科的成绩特别突出。这类学生中有些文科学习也有潜力，表现比较全面。例如侯松明，大约半岁时，就显露出对认数的兴趣和敏感。不到一岁，他就能用手指正确表示1至10。2岁时，家长用一个小本子，出题给他做，100以内的加减法一般他不会做错。3岁时，通过“学得快”棋，学会了乘法。4岁时会做3位数的加减法。3岁半，他还开始学“五子棋”，后又学中国象棋。5岁到北京市少年宫，与比他大4岁至10岁的儿童下中国象棋，开始输了哭鼻子，回家自己反复练习，后来输了不再哭了，棋艺提高很快，终于战胜了对手。8岁时他对计算机产生了极大的兴趣，少年宫计算机小组破例吸收他参加（当时只吸收小学四年级的学生），结业考试他的成绩名列第一，参加两种计算机语言的比赛都获了奖。10岁便参加北京市“迎春杯”数学竞赛，“华罗庚金杯”少年数学邀请赛中获得三等奖，12岁时参加北京市初二数学竞赛获得市级三等奖。13岁时，参加美国大学委员会才能考试，数学部分即SAT－M获得满分，即800分。他11岁考入北京第八中学超常少儿班，15岁中学毕业，考取清华大学应用数学系。

（2）有些儿童言语发展优异。表现为才思敏捷，想象力丰富，写起文章来生动、活泼、流畅，具有语言、文学方面的天赋。例如群天，1岁开始说话，口齿清楚。她喜欢看儿童读物，2岁多有一天妈妈发现她认识字，就用“看图识字”检查她，发现她借助书上的图，自己已经认识了100来字。这时，她要求家长给她念小人书。每次妈妈念给她听时，她一定要边听边看着书上的字。有时她妈妈跳过几个字，她便立即指出，哪怕漏念一个字，也非要重念不可。家长见她对识字很感兴趣，就开始教她识字。就这样，群天4岁多就能读简短的儿童读物了，有时还拿姐姐的小学语文课本来读。5岁多，当她看完了一本儿童读物，家长开始要求她把书中讲的故事写下来；或者看图写话。起初她写的很短，只有两三句，后来逐渐增加。看了连环画《孙悟空三打白骨精》后，写出一篇900字的短文。她读书还有一个特点，读到感兴趣之处，还想亲眼看一看书中所写的场景。在她6岁时，看完了《从猿到人》小人书，就一定要求去参观北京猿人洞。参观后，她写了一篇题为《参观北京猿人洞》的短文，全文352个字，语言简练，层次清楚，结构完整，把参观所见记叙得清清楚楚。她5岁11个月时，经考查插班进入小学二年级学习，16岁从北京实验中学毕业，考入北京大学生物系。

（3）有些儿童形象思维优异，喜欢借助图像思考。他们对色彩、线条、形式、空间、距离判断等形象视觉、形象记忆发展较好，显示具有绘画的才能。例如，前面提过的山乡画童黄祥，同其他山村儿童一样，父母无暇照顾他，2岁多他对周围的花草、虫鸟挺感兴趣，喜欢观察，并且边看边画。他从不介意作画的条件和地点，没有笔，树枝、石块等物可以代之，没有画纸，家里的门上、院墙上、石块上以及书报杂志等都留下他的画。他6岁入小学,老师对他的绘画天赋很重视,在学校和校外老师的指导下，他的绘画才能明显提高。他的视觉敏锐，不仅反映在对各种景物形象的准确感知，还表现在对色调和亮度等的把握上。他的形象记忆力强，记忆存储量丰富，还善于联想，创造性想象和创造性思维表现突出。他喜欢画画，而且作画速度快，在10岁那年的“六一”儿童节，一天之内共画出了176幅不同姿态的动物。

类似地，有些儿童听觉或运动觉等方面具有发展优势，显示出具有音乐或体育运动等方面的才能。而在同一种活动中，不同的孩子智力表现的特点可能也会有不同。例如，在喜欢唱歌而且唱得也很好的孩子中，当对他们的听力进行测试后，发现有的孩子对乐曲的听觉表象发展突出，有的是具有很敏锐的曲调感，还有的乐曲的节奏感很有优势。

(4) 有些儿童与人交往的能力发展较好。他们善于理解他人，体察别人的感受、情绪和行为，并能以适当的方式与他人沟通。因而善于与人团结和合作，在集体中展现出一定的组织领导才能。例如，马宇歌，她是一个全面发展、独立性强的孩子。在家长的支持下，10岁起就确立了“读万卷书，行万里路，交万名友”的志向。她在中学毕业之前，就利用每一个寒暑假，只身走遍了中国31省、市、自治区的200多个县、市、乡、村。在她去过地方的长长名单中，既有富裕的大城市，如上海、天津、重庆等，也有贫困的地区，如湖北大别山上的罗田县、青海的湟中县等；既有革命圣地，如延安、井冈山等，也有边陲要塞，如舟山群岛、西藏、新疆等。每到一处，她都与人家同吃同住，由此得到了书本上学不到的知识和本领。2005年暑假她考上清华大学建筑系，入学后每逢寒暑假，要么自己单独要么与同学结伴，跋山涉水继续到贫困地区进行访问。

3. 智力发展速度方面的差异

指智力发展早晚的差异。在我国汉代，王充就已指出：“人才早成，亦有晚就。”据《史记》记载，甘罗12岁时，被秦始皇封为上卿；初唐四杰之一的骆宾王，7岁写《咏鹅》。国外学者在这方面也进行过许多研究，如：桑戴克（美国心理学家）对331名著名的科学家和事业家进行了分析，发现这些人取得创造性成就的年龄很不相同。有的20多岁就崭露头角，如牛顿23岁提出万有引力定律；爱因斯坦26岁发表“狭义相对论”；有的却到晚年才成就卓著，如巴甫洛夫（苏联生理学家，1909年获诺贝尔奖），发表《大脑两半球机能讲义》时已经是76岁高龄了。

20世纪70年代后期以来，我国社会开始重视对孩子进行早期教育,开始重视对智力超常儿童进行因材施教。考虑到同年龄儿童中智力差异确实显著，智力超凡出众者确实存在。因此经过学校（包括小学、中学或大学）考核，把他们选拔出来，根据他们的智力潜力和实际水平允许他们提前入学。比如：学制规定儿童6岁入小学，经鉴别对智力确实超常出众的孩子，允许5

岁入学；学制规定11岁至12岁进中学，超常儿童即使不到11岁，经考核合格也可录取到中学读书。例如，1985年在北京第八中学建立了一个中学超常少儿实验班。这个超常少儿班中的学生，入学时平均年龄是10岁10个月，最大不超过11岁，最小为8岁。中学毕业时平均年龄是14岁4个月，年龄最大为15岁，最小的11岁。平均智商是138分。这些超常儿童仅以4年时间，学完小学五六年级及初中和高中共8年的学业内容。他们不仅以优异的成绩完成了小学和中学的全部学业，而且参加高考的总分还高出了本校高三班的分数。几十年来，北京八中已招收这样的超常少儿班14届。截至2007年，已毕业的学生全部被全国各重点大学录取。这些超常学生无论智力发展速度之快，或智力超常发展表现之早，都是普通同龄学生或同年级的高龄学生所不及的。

按规定18～19岁考大学，智力超常的少年进大学的年龄也可以提前，1978年中国科技大学招收了第一届大学少年班，这个班共录取了21名少年大学生，平均入学年龄不足15岁。此后，有一些大学允许13～15岁的少年大学生，通过考试合格可以被录取。由此可以说明两点：

第一，他们的智力发展早，主要原因是家长在他们很小的时候，根据他们的潜力和特点，及时提供有利于他们全面发展的条件；同时他们自身智力发展优异，求知欲旺盛，兴趣广泛，主动性、独立性强，自信、好胜、并有毅力等，具有良好的个性倾向和心理特征。

第二，涌现不少智力超常发展的儿童事实本身，表明智力发展速度方面的差异是客观存在的。这除了与一个人的环境和教育条件有关外，也与他或她智力发展的生物基础的优异不无关系。

（五）如何促进孩子智力的发展

儿童的智力是在家庭、学校和社会良好的教育条件下，通过儿童亲自的学习和实践活动而得到发展。有些老师和家长很重视孩子智力的发展,能根据孩子的年龄和个别特点顺其自然地促进其发展，取得了较好的效果。他们的做法可简略地概括为以下几点：

1. 根据孩子智力发展的现有水平，循序渐进地促进发展

一些家长学习了儿童心理学，能根据儿童智力发展的规律，考虑孩子的年龄阶段（属于婴幼儿或青少年），再结合自己孩子智力发展的水平和特点，有针对性地选择适合的教育内容和方式，从孩子智力发展的现有水平出发，促进其智力向高一阶段的水平发展，取得了较好的效果。

2. 了解孩子智力的潜力和不足，扬长补短

儿童智力的表现是多方面的，每个孩子智力的潜能不完全相同，因而表现出不同的优势，如有的孩子很小语言发展突出，有的很小表现心算能力强，还有的很小爱画画，表现具有绘画才能……家长只要认真去发现，就能了解自己孩子智力的潜能或优势所在。在教育中扬其所长，使孩子的智力潜力充分发展，展示各人智力的优势和特色。对孩子所短方面也给予适当的帮助，以奠定必要的基础。

3. 按照孩子智力的个别差异，教育因人而异

智力发展存在明显的个别差异，在相同的方面，即使年龄相同的孩子表现也不完全相同。如注意力，有的孩子注意力很集中，而有的孩子注意力则容易分散。又如记忆力，有的孩子记忆力强，有的记忆力较差……家长应了解自己孩子智力的个别特点，采取适合的教育。

4. 激发孩子多方面的兴趣，增强思考力

孩子对他感兴趣的事往往学习的积极性更高，许多家长很重视培养孩子多方面的兴趣，使孩子在兴趣盎然的学习或实践活动中动脑和动手，由此促进了孩子智力的发展。如：孩子爱提问，家长应不厌其烦地倾听，并有问必答；孩子喜欢看书，家长就应给孩子提供各类图书，并和孩子一起阅读，读完了还要听他说感想或问题，并和他讨论。如果孩子喜欢动手搞小制作，给他提供条件，并鼓励他去操作或创造，锻炼动脑、动手能力，这都有利于智力的发展。

5. 创设有利于孩子智力发展的丰富环境

家长要根据孩子的年龄，为他们安排具有丰富刺激的环境。如在一个小房间（或房间的一角），放置一些可供孩子玩弄、装拆的材料（包括废旧报纸等）或器具，还要有不同种类适合他们参考阅读的图书，……使孩子有一个良好、宽松的学习、动手制作的条件和氛围，有利于激发孩子的好奇心和学习动机，达到促进智力发展的效果。

可是，也有许多家长对儿童智力发展的知识缺乏了解，对孩子智力的开发，在认识和做法上都存在不少问题，下面列举4个方面。

（1）灌输知识，看重分数

有许多家长很重视开发孩子的智力，但是以为让孩子提早识字和计算就是在开发儿童的智力，其实这只不过是教给孩子一些知识和技能而已。孩子智力的发展主要不是表现在读、写、算等知识和技能的增长，而应是表现孩子的视觉、听觉及语言等能力的发展，尤其是孩子的思维（包括形象思维和抽象思维）和解决问题能力的发展,包括处理人际关系的能力等。如果我们把儿童早期识字和计算摆在不恰当的位置上，而又缺乏科学的教学方法，就会加重孩子的精神负担，不仅妨碍孩子的智力的正常发展，还会损害孩子的身心健康的发展。

孩子入学以后，许多家长又过于看重考试分数，以为分数高就是智力发展好，所谓“分分孩子的命根”。为了不让自己的孩子吃亏，十分重视孩子学习的考分，给孩子造成很大压力，对孩子的学习介入过多。家长不仅催促孩子做作业，并坐在一旁监督孩子做作业。孩子学习上遇到一点问题，一些家长就直接帮助解答，而不是启发孩子，让孩子学会动脑筋思考，掌握学习方法，从而提高学习能力，或直接替孩子解答，使孩子不仅在生活上，而且在学习上形成依赖心理，缺乏自信心、独立性。这不仅会妨碍孩子的智力发展，而且会影响独立生活和生存的能力。

（2）片面观点，妨碍发展

智力是多维的，发展孩子的智力应有全面观点。通过学习（文化课）发展智力仅仅是一个途径，还要让孩子在社会生活中，解决所遇到的各种实际问题，在与人交往中锻炼。

因此，爱孩子的家长，要发展孩子的智力，就不能仅让孩子能集中全部精力于文化课的学习，要鼓励孩子参加社会公益活动；不要限制孩子社会交往，如不让孩子与同伴玩等。家长还不应包下全部的后勤工作，让孩子饭来张口衣来伸手，应培养孩子生活自理能力。

（3）不顾年龄特征，期望过高

现在多数家庭只有一个孩子，在孩子刚出生，就为孩子的未来设计了美好蓝图：一定要让孩子上最好的幼儿园，上最好的小学和中学，上最好的大学，然后出国留学……为了不让孩子输在起跑线上，家长十分重视对孩子的早期教育，当孩子刚会咿咿呀呀学话，就教她/他背儿歌、学英语；孩子不到4岁就教她/他认字。孩子玩的时间被剥夺，学习又引不起兴趣，自然造成很大的压力。因而孩子对学习产生了负面情绪，这样的学习又怎么能促进智力的发展？

（4）忽视个体差异，盲目跟风

孩子智力发展既具有类型差异,又表现个体差异。然而不少家长往往不了解自己孩子智力发展的水平、兴趣或优势，而是跟风，别家的孩子参加哪些课外班（学科培训班、兴趣班），就也给自己的孩子报这些班。如有个年仅4岁的孩子，每个周末要参加识字、科学和钢琴三个班；另一个11岁的孩子周末要参加四个班：英语、奥数、作文和电子琴。当问孩子参加这些班是不是自己的兴趣时，半数以上的孩子都回答不是自己的兴趣。这种不是根据孩子自己的兴趣和潜力选择的课外教育项目，不仅难以收到应有的效果，而且还会干扰智力的发展。

还有，不少家长教育方法过于简单，批评、指责多而表扬少等，都不利于智力的发展。

二、指导学习能力的提高

学习是获取知识，掌握技能，发展能力，形成行为方式和品质的过程。学习有狭义与广义之分，狭义的学习是指在正规教育条件下，有目的、有计划、有组织、有系统进行的学习。广义的学习除包括狭义学习的内容，还包括在日常生活以及社会实践等条件下的学习。儿童一生下来就在学习，从只能躺着到学会走路，从咿呀发音到学会说话，从不知到知、从知之不多到知之较多，从不会到会……儿童入学之后，学习成了他们的主要任务。中小学时期的学习，尤其是奠定基础的学习，不仅要掌握基础的文化科学知识和相关技能，形成良好的品德，还要学会学习，培养良好的学习能力，为终身学习准备好条件。

（一）教孩子学会学习

指导孩子学习，培养学习能力，不仅是老师的重要任务，同样也是家长的重大责任。

能力（智力）是获得知识、技能和解决实际问题的心理保证，而能力又是在掌握知识技能中，在实践活动过程中形成和发展起来的。一般讲，儿童对某方面的知识技能掌握得越多，他们在这方面的能力就越强。反之，缺乏必要的知识、技能则会妨碍儿童相应能力的发展。例如儿童在学习认字、阅读和写作的活动中，掌握了基础的语文知识和技能，他们的书面语言能力便得到了发展。类似地，儿童在系统学习数学知识，反复练习运算技能的活动中，逐渐形成了运算能力；儿童在学习绘画的活动中，掌握了基本的绘画知识技能，增长了绘画才能等。通过知识技能的掌握，不仅某方面的特殊能力得到发展，而且伴随着一般能力（观察力、抽象概括能力、想象力、空间能力等）也会得到发展。反过来，一定水平的能力又是获得进一步更高深知识技能的条件。所以能力的发展和知识技能的掌握两者之间是相辅相成、相互促进的。

学习是一个复杂的活动过程。为了让孩子真正学会学习，以下涉及的一些经验和心理因素值得高度重视。一是作为学习主体的孩子对教师、家长提供的知识、技能、信息要有浓厚的兴趣，要有学习的渴求或产生内在的动力。二是学习时要集中全部心理、思维指向于所学的知识、材料上，以便通过感知、思维等认识过程，对学习的材料进行一系列的分析、综合，以及抽象、概括的加工，找到新学材料与已掌握材料之间的本质联系，把新学材料纳入头脑原有的知识观念体系中。三是新的知识技能的巩固，离不开必要的消化，只有将新学知识、材料转化为表象、观念或概念等形式，保存在自己的记忆中，并且不失时机地反复练习或实践应用，在需要时能够及时提取，用以解决实际问题，这样才能提高学习的本领，从而进入学会学习的良性状态中。作为家长只有了解孩子的学习是一个复杂的过程，才能有针对性地指导和帮助孩子学会学习。孩子学习某方面的知识或技能，尽管可以复述出来，但这并不等于已经理解、掌握了，更不等于发展了学习能力。儿童从学习知识、技能到发展学习能力是一个循序渐进的过程。为此，家长在孩子学习的过程中，要根据孩子实际的学习特点和水平，按照学习心理发展的规律，逐步引导，才能帮助孩子在提高学习成绩的同时，有效提高学习能力。

生活在新世纪，知识成倍增长，竞争越来越激烈。未来对孩子的要求，现在很难预测。一个人在一生中，随着社会需求的变化，将会不断变更自己的工作。我们的孩子对社会要有高度的适应性，才能成为新世纪的主人。儿童、青少年时期一次性完成学习任务的时代已成为过去，学习将要贯穿一个人的终身。所以，在中小学阶段，不能仅满足于掌握文化知识，更重要的是培养学习能力。只有学会了学习，才能根据社会新的变化和需求，自觉、主动地学习，创造性地学习，不断地发展、提高自己。

（二）基础学习能力的培养

孩子在学前阶段，就可以开始逐步培养她/他阅读和计算的兴趣，有条件的话，还可以让孩子尝试握笔，把想说的话写下来，为进入小学正规学习奠定学习能力的基础。下面围绕读、写、算，谈谈有关儿童时期基础学习能力和技能的培养。

1. 阅读

孩子天生爱听故事，绝大多数的孩子都是在听故事中长大的。许多家长在要孩子安静下来，或要孩子睡觉时，常使用的一个法宝就是“给你讲个故事”。于是许多孩子睡觉前养成了听故事的习惯。妈妈讲了一个又一个，一本故事书读完再读一本。慢慢地孩子不满足听，还要边听边看，先是看图，接着看字。慢慢地引起孩子认字的兴趣，自己阅读的兴趣。培养孩子喜欢阅读，并养成阅读的习惯，确实使孩子终生受益，因为从此它为孩子开启了通向知识海洋的门窗。有些孩子在入学前就能自己阅读，但是大多数孩子还是在入学之后才学会阅读。时间早晚并不重要，关键是要根据孩子的特点和条件，引导他们喜爱阅读，家长要了解孩子的阅读习惯主要是在家中培养，家庭要为儿童的阅读提供良好的环境氛围。

（1）培养孩子阅读的兴趣

① 让孩子产生对阅读的渴求。孩子都喜欢听故事，许多家长借孩子渴望听故事的心理鼓励孩子认字、自己读书。具有阅读“饥渴感”的孩子，往往看图识字的积极性很高，一边认一边读，起初自己读的少，家长帮助较多，渐渐地自己会越读越多，终于养成自己独立按兴趣大量阅读的好习惯。

② 提供孩子感兴趣的书。不同年龄阶段的孩子阅读的兴趣不同，了解他们的兴趣，及时给他们喜爱的书，这是家长应该做的事。学前儿童一般喜欢色彩鲜艳、图文并茂的故事书；小学儿童比较喜欢童话、科幻故事、科普读物；少年儿童喜欢历史故事、中外文学名著（如《三国演义》、《水浒》、《钢铁是怎样炼成的》等）和名人传记等。

③ 特定日子给孩子赠送好书。有些家长每逢节日给孩子送书，有的家长每月发工资时给孩子买一本有趣的书，有的家长每年孩子生日必送一本书。有的家长说，每逢孩子生日送书很有意义，比送好看的衣服或好吃的东西更有益于健康成长。这样不仅孩子印象深刻，无形之中也是对孩子阅读的一种鞭策。

每逢孩子的生日，我都会给他送上一本适合他年龄段阅读的好书，从小培养孩子爱读书，读好书的习惯。小磊磊一岁生日时，我送给他一本《什么是好什么是不好》的彩色图画书，利用空闲时间我反复地读给他听，当时他还不会说话呢。几个月后的一天，我读了一句，突然他说出了下一句，就这样他学会了说话。也就是他会说话就会“读”书。小磊磊不仅会“读”而且会应用：以前他上托儿所总要我抱的，自从他“读”懂了这本书后，就拉着我的手，一边走一边很有节奏地自言自语：“到托儿所，自己走，好！好！好！”……

我送给小磊磊的两岁生日礼物，是一本《自己事自己做》的彩色图画书和两个小木箱。一个小木箱放玩具，另一个小木箱放书。在我言传身教的耐心帮助下，小磊磊很快地学会了如何使用这两个小木箱了。小磊磊在使用小木箱过程中会不断地叨咕：“自己事自己做。”他还会帮我把拖鞋整齐地排列在床底下。……

磊磊三岁的生日礼物，是一本《爱迪生的故事》小人书。我送给小磊磊四岁的生日礼物，是一本没有任何插图的《少年大学生的奥秘》一书。磊磊五岁生日时，我送给他一厚本没有插图的《科学童话》。他借助《现代汉语词典》看得津津有味，他会加上自己的理解和想象给我编“童话连续剧”。每天晚上睡觉前，磊磊会向我提出一个白天他想不出答案的问题，我总是会很认真地思考他的提问，并尽量作出他能理解的正确回答。因此小磊磊六岁的生日礼物，理所当然的是一套《十万个为什么》。从此后，母子俩经常像好朋友似的，一起阅读并讨论这套丛书。（磊磊的妈妈）

每逢孩子生日送书很有意义，比送好看的衣服或好吃的东西更有益于健康成长。

④ 带孩子逛书店。有些家长平日很少带孩子逛商店，但却常常带孩子逛书店，让孩子在书店看书，挑自己喜欢的书购买。自己挑选的书，常常

是爱不释手，反复地阅读。

（2）帮助孩子掌握阅读技能

① 识字。有不少孩子在入小学前已对认字感兴趣，家长可因势利导教他们识字，家长教孩子识字的方法和经验有很多种，概括起来主要有下列方面：一是根据孩子对识字的渴求和兴趣教；二是利用读儿歌或讲故事机会，边看图边识字；三是借助汉语拼音认字，结合大量阅读识字；四是通过游戏识字。

② 培养孩子阅读技巧。许多家长在给孩子一本新书时，往往先给孩子读一个故事，以引起兴趣并给孩子作阅读示范；然后与孩子一同读，扫除生字拦路虎，也让孩子学会如何带着感情读；慢慢地过渡到家长读一段，孩子读一段；一旦孩子的阅读兴趣和能力培养起来后，就可以逐步放手，直至完全放手，由孩子自己阅读了。

③ 教会查字典。在孩子掌握一定数量的汉字后，有些家长就教孩子查字典，由于孩子对阅读非常感兴趣，如饥似渴想看书，因而乐意通过学习查字典认字。有些超常儿童四五岁就学会查字典，反过来进一步促进阅读的兴趣。

④ 指导不同的阅读方法。例如对一般的书报杂志可以泛读，对重要的书或有代表性的经典著作要精读。家长要指导孩子如何泛读，如何精读。所谓精读是先通读一遍，再逐段读，找出每段的主要意思或写下段意，再全面领会全文的主要意思。

海滨十分注意在读书方法上的科学性和灵活性，重点书籍反复阅读，一般书籍随手翻阅，无关紧要的挑着看。用他的话说，就是把泛读、精读、快读、细读结合起来。泛读，就是博览群书和有关报刊杂志。精读，从大量有关书籍中挑选其有代表性的精品反复阅读。快读，提高看书的速度，趣味之处仔细看，无趣之处一目十行。细读，对书中的重要情节、主要观点如同吃东西一样，细嚼慢

咽，力求消化，真正掌握。（海滨的妈妈）

（3）养成阅读习惯

多数孩子是在学校学会阅读的，但要做到持之以恒，培养主动阅读的爱好，还要依靠家庭的配合，使孩子由被迫读书发展到自觉地喜爱读书，养成阅读的习惯。

①家庭营造浓厚的读书气氛。爸爸、妈妈、爷爷、奶奶若都喜欢看书，互相介绍有趣的书，饭后茶余休息时经常一起议论阅读趣闻或心得，无疑对孩子会有很大的感染。

②家里购置或借阅一些图书。爸妈一般有书柜，孩子有自己的书架或读书角，对孩子会有很大的鼓舞。若再把家里的书，分门别类整理：文学、历史、传记、哲学……便于查找，孩子肯定很高兴。

③根据孩子年龄、阅读水平和兴趣的发展，给予即时适当的引导，使他们阅读的兴趣不断加深，阅读的范围逐步扩大。

平时，我们比较留心观察孩子的日常言行和特点。一旦发现他对某一方面的兴趣时，便想方设法为他发挥兴趣提供条件。海滨认字后，开始对童话、寓言感兴趣，我们就给他买有关童话、寓言的书籍。后来他又对科普读物感兴趣，就给买科普读物。以后对文学、军事感兴趣，就买文学、军事方面的书。稍大一点后，对棋类，尤其桥牌、围棋感兴趣，就买桥牌、围棋之类的书。（海滨的妈妈）

④日常生活中阅读。家人或亲朋好友来信了，说了些什么？有些可让孩子自己读；孩子对棋类有兴趣，如何下法？让他自己看说明或棋谱；类似的，买来玩具，怎样玩？买来家具或家用电器等，怎么使用？都可让孩子读说明书，坚持这样做，都能促进阅读欲望，提高阅读水平。

⑤及时解决阅读中出现的问题。发现孩子不爱阅读，要及时寻找原

因，可能是没有兴趣或是碰到困难，如生字太多、作业负担重或自信不足……要尽早找出原因，尽快有针对性地帮助解决。

2. 写作

有文学天赋的孩子，很小就能出口成章。然而，并非所有爱读书的孩子都会写。不少孩子虽然很爱阅读，而且读了大量的书，但要他写作就发愁。在家庭这个轻松的环境里，可以让孩子练习书写。首先是让孩子想写、感觉写点什么并不难，进而有写的乐趣。然后，鼓励多写、多练，有想说的话就能写出来，不必讲什么语法，为学校写作文扫除消极情绪，同时发展想象力及在头脑中进行构思的初步能力。在家里练习写作方法很多，下面提四方面。

（1）引起孩子想写的动机

把头脑中想的或想说的话写出来，使内部言语转化为外部的书面语言，需要写作的动机。

①利用已有兴趣引入。大多数孩子喜欢画画，家长不妨可借对画的兴趣来发展对书写的兴趣，比如为图画写标题、配诗或编成连环画。有的孩子有阅读兴趣，则可以借助阅读兴趣，读什么就写什么。

> 海滨在不同时期对不同的书有不同的爱好，因而常常在一定时间内把主要精力和时间集中阅读他所喜爱的书籍。有一段时间他爱读童话、寓言，为此他读了大量这方面的书，研究童话和寓言的特点、写作方法和技巧，并自己动手写寓言。小学四年级时，他对天文特别爱好，看有关这方面的书，参观北京天文馆，坚持每天记录天气变化情况。
> （海滨的妈妈）

②进行创作游戏。不会写字的孩子有时喜欢玩创作游戏，把他创作的诗歌用录音机录下来，再放给他听孩子会非常兴奋，借机激励他进行更多这样的创作，激发他书写的欲望，慢慢地过渡到写出一首诗或文章。

③鼓励写信或写留言。爸爸或妈妈出差时，鼓励孩子给他们写信；爷爷、奶奶、姥姥、姥爷如果住在另一个地方，鼓励给他们写信；对爸爸、妈妈有什么要求，写个留言，贴在冰箱或留言板上。

（2）为孩子提供写作的原料

多带孩子到大自然和社会中去感知、观察、吸取写作的营养。头脑中感性材料储存得越多，一旦要写的时候，提笔就有内容可写。

①节假日带孩子去逛公园或参观展览。节假日有条件的话，尽量把孩子带到公园、动物园……让孩子在大自然中认识动植物的生长，观察四季变化；包括带孩子参观展览了解社会，增长知识。

②到外地去旅游。这是孩子非常向往的活动。坐汽车、火车或乘飞机，从城市到乡村，爬高山游大海，可以大大开阔眼界，充实生活内容，丰富感性认识。一般孩子小的时候跟随家长出游，长大在保证安全的前提下，让他们自己外出旅游。马宇歌10岁开始利用寒暑假独自旅游，14岁生日前，已独自走访了祖国各省（除台湾外）有代表性的城市和山村，每次出访都带上日记本，每天记日记或游记，积累了大量感性素材。

③关注日常生活实践。其实日常生活的内容非常丰富，让孩子注意观察、了解、捕捉精彩的生活片断，随时留下难以忘怀的印象。

（3）创造多写、多练的机会

①写日记。送孩子一个漂亮的小日记本或用孩子喜欢的纸钉成小本，开始可以不要求每天写，而是遇到有什么有兴趣的事就写。对于所写多肯定成绩，使看到自己有写的能力，鼓励信心，少挑剔语法错误，对写错的字应指出，但不要影响积极性。随着写作兴趣的提高，逐步提高要求。

②看图写话。一幅画，可根据年龄，写一句简单的话，写成一段故事，或配一首诗。

③当小记者。小学三年级以上的小学生，有写作的兴趣，由老师推荐，通过考试合格，便可成为电视台、报社的小记者。参加采访、写稿等活动，是锻炼写作的很好机会。

④文学创作。有文学爱好的孩子，很小开始写诗歌、编科幻故事或连环画，有的入学前不会写字，家长用笔或录音机把她/他即兴朗诵的诗或写的文字记录下来，有计算机条件的幼儿园或家庭让孩子在计算机上开始创作。家长对孩子的文学天赋应及时发现，为他们的创作尽早提供条件，给予鼓励和支持。

（4）帮助孩子解决写作过程中所遇的困难

①辅导作文。孩子入学后，如何作文有时会遇到困难，需要家长的帮助。

记得小学四年级第一学期，老师让写一篇《国庆节前的车公庄大街》的作文。为此，我陪他四次往返于车公庄大街上，观察街道两旁的花草树木，建筑物装饰，过往行人的服饰表情、购物情景，启发他感受节日的气氛，细致烘托“节日”的主题。四次修改原作，让他用自己的语言写出儿童独特视角观察到的各种事物的细微末节。从而达到语言生动、层次分明、情真意切。这篇作文被评为“优好”的范文。（日天的妈妈）

②帮助有文学天赋的孩子发展。有些孩子幼年表现具有文学天赋，入学后，学校规范化的学习与她/他的自由创作的需要出现一些矛盾。这时家长应及时关心，与学校沟通，以便妥善解决。例如前章提到的小诗人金今，入小学后，整天脑中都被学校的要求，班级的荣誉，自己的各科成绩所充满，不再有诗兴和灵感。经家长与学校商量后得到了较好的解决。

3. 数学

有些孩子很喜欢学数学，接受能力很强；也有不少孩子害怕或讨厌学数学。实际上，日常生活中到处有数学，生活离不开数学，工作中需要数学，数学不仅给我们带来方便，而且它还是个纸老虎，没有什么可怕。虽然数学潜能各人有差异，但只要大脑正常，都能学会。为什么随着孩子一点点增长对数学会有不同的态度呢？原因可能是多方面的，而家庭的影响往往十分关键。

（1）让孩子对数学持正确的态度

调查表明，孩子对学数学持正确的学习态度，乃至产生兴趣，最初来自家长的积极影响和帮助。有些家长虽然自己的数学水平并不高，但想方设法帮助孩子克服困难，树立学好数学的勇气和信心，这很重要。

①要让孩子了解生活中到处有数学，数学很有用，生活、游戏、工作中离不开数学，认识数学的重要性。

②注意教学方法，避免从抽象到抽象，或要求过高，使孩子失去学好数学的信心。

③不要把自己对数学的误解或对数学的为难情绪传染给孩子。有的孩子不喜欢数学没有别的原因，而是由于受到家长不正确态度和消极情绪影响所致。

（2）从日常生活中学数学

让孩子通过实际的例子，亲身体验生活中到处有数学，建立对数学的亲切感。

①联系日常生活认数、计算。许多家长在孩子玩玩具时，让他们数一数，这儿有几个玩具？“一、二、三，有三个”；孩子看儿童读物时，让他们算一算，图画书有几本？文字书有几本？总共有几本？……

②从周围环境中学几何。家里的家具、餐具、食品、玩具等有各种形状：圆的方的长的三角形的各式各样，都可随时用来教孩子认识。有些家长让孩子指出家里哪些东西是圆形的？很小的孩子都能一口气说出许多，“圆的糖，小圆饼，圆的碗，圆的扣子……”类似地，再让他们逐一指出哪些东西是方的、长的、三角形的，一下子能列出许多。

③从吃东西中学分数。一块蛋糕切成三块，爸爸、妈妈和你每人各吃多少？两个月饼三个人分，怎样分法？

（3）在趣味活动中学数学

有一些孩子认为数学很难，怕学数学，可以开展一些有趣的数学活动，让孩子发觉数学也不难，学起来也轻松。

①在竞赛游戏中学数学。数一数，谁拍的球次数多？比一比，看谁踢的毽子次数多？想一想，一个苹果切成8块，只能切三刀，该怎样切？看谁先猜出来。

②从绘画中学数学。喜欢画画的孩子，可利用画画熟悉数学，如一张画上，画了几个人？桌上应该画几个苹果，才能保证每人有一个。喜欢剪纸的孩子，可把方块纸对折起来剪一些花样，打开来呈现对称的图案，顺便学习对称的概念。

③从玩牌中提高数学。孩子小时候都喜欢玩扑克牌，玩法多种多样：一种玩法叫“24点”游戏，即每人出四张扑克牌，要求牌面的数字通过四则运算得出“24”的结果，看谁算得快。孩子好强不服输，玩这游戏使其计算能力提高得很快。另一种叫“拍13”，要求每人每次出两张牌，通过四则运算使计算的结果为13，谁先算完并说出运算过程，就算赢了。此外还有玩“钓鱼”“凑10”等游戏。孩子对玩这种游戏十分投入，百玩不厌，通过这类游戏四则运算能力和心算能力大大提高。

（4）按照数概念形成规律，促进抽象运算

认数和运算是思维活动，虽然开始教时要从实物到实物，但不能总停留于实物计算的阶段，应该采取从感知过渡到表象，再从表象过渡到抽象思维，用抽象数字进行运算，这样反复多次通过实物-表象-抽象的过程进行运算，孩子的运算能力就逐渐形成。

①小小邮递员。用一个大硬纸盒，做成一个邮箱，拿几个用过的废信封当信，让孩子当邮递员。家长拿出两封信，一一交给孩子，让他将这两封信投入邮箱中（实物）。之后，问他邮箱里有几封信（引起孩子脑中出现这两封信的表象）然后又让孩子再投入两封信，再问他现在邮箱里一共有几封信（让他运用表象进行运算）再后，问他2加2是几？过渡到抽象运算。

②储蓄游戏。一个储蓄罐，每天投入一角硬币（看见实物），三天后

罐中有几个硬币（引起脑中出现硬币的表象），再过渡到让孩子进行抽象运算。对较大的孩子可以要求进行更复杂的运算。

③开杂货店。让孩子当小售货员，家长来买文具。买一个本子、两支铅笔、一块橡皮，都装进塑料袋，要求小售货员说出（通过心算）一共需要给多少钱。所购买物品的种类和数量，可根据孩子的年龄和已有的计算水平来确定，逐渐提高心算的复杂性。

（5）教会孩子利用数学工具

①学会用尺子和磅秤，定期测量自己的身高和体重，或给身边饲养的小动物量身长、体重。

②学习使用计算器。尝试帮助家长计算每月用的水电费是多少钱，每月全家人的副食费用是多少钱，以及预算外出旅游所需的交通费、食宿费等。

③学习观察钟表。认识一天有24小时，一小时有60分，一分钟有60秒。每节课40分钟，一天有6节课，计算一共是多少分钟？

（6）帮助孩子扫除学习数学中碰到的障碍

孩子上学后，主要是跟老师学数学。集体教学过程中遇到困难或问题是难免的，家长应当多关心，及时与学校沟通予以解决。

①发现孩子学习数学中的问题，帮助查找和分析原因，鼓励孩子树立克服困难的信心。

②有条件的家长可以指导孩子学习方法，辅导孩子学习；没有条件辅导孩子的，可及时与老师联系，请老师根据情况予以辅导，防止问题积累形成障碍。

③有些孩子数学课上吃不饱，感到数学课没意思，家长了解后应及时与老师沟通，尽可能给予个别指导，因材施教。有条件的家长可选择适合的数学材料，指导孩子超前自学，促进孩子数学才能的发展。

（三）自学能力的形成

自学能力通俗地说，包括以下三方面的能力，即：自觉学习，自己根据兴趣和需要而学习；自主学习，不需要别人提醒和监督能独立自主地学习；自评式的学习，自己检查、评价学习的结果。自学能力的高低不仅直接关系到一个人学习的好坏，还关系到他的成长、成才。尤其当前重视终生学习，从小注意培养自学能力就显得格外重要。

自学能力的个体差异很大，有一些儿童很小就表现出很强的自学能力，另一些人直到中学高年级后才逐渐形成自学能力，还有的人进入大学后自学能力也不很高。自学能力高低虽与智力有一定关系，但即使是聪明过人的儿童，也需要指导和培养。要指出，培养孩子的自学能力不能只靠学校，家长在这方面有着不可或缺的重要作用。

我女儿从小聪明过人，在她出生7个半月还没有长牙、不会走路时就会说话，能清楚地叫爸爸妈妈，1岁多就会背诵唐诗，毛主席诗词，每天坚持听孙敬修老爷爷讲故事。我是一名教师，深知依靠孩子的小聪明是不行的，决定从培养她的自学能力入手。在她3岁时，每到周末或节假日带她出门买菜，就把她送到书店看书，看完的书不全买，每次挑几本买回家，然后教她查字典，会查字典后她就可以自己去阅读，如《十万个为什么》、《智力测验大全》、《一千零一夜》等书都是在她学龄前靠自学读完的。1985年至1989年全家在美国期间，从国内带去的小学3～6年级语文、数学、珠算等课本，全部由她本人先自学，再提出问题进行分析，最后由我辅导完成的。逐步养成了一套自学方法，使她在后来的学习中获益匪浅……（可欣的妈妈）

可欣是天津耀华中学超常实验班保送南开大学国际经济系的学生，在学期间就担任天津人民广播电台“流行都市”等节目的主持人。在她18岁时，出版了她用中英文撰写的《中国女孩看美国》一书。她对自学能力有比较深刻的体会：

母亲除了教授我国内的课程外，对我最大的帮助就是培养了我很好的自学能力。我可以在拿到一个全新的内容时很快地总结并抓住重点，然后再进行理解和记忆，这对于缩短学习时间提高学习效率有很大的帮助，学习效果无疑也会好许多……我个人认为自学不仅仅是一种学习能力，它可以培养一个人敏锐的观察力，准确的归纳和全面的分析能力，它应该算是一种生存能力，因为我们更多的学习要在生存的过程中完成，教室在校园中占的只是其中明显的小部分而已。（可欣的妈妈）

把自学能力视为一种生存能力的理解是深刻的。需要补充的是，查可欣聪明过人，但她的自学能力并非与生俱来，而是与她妈妈的精心培养分不开的，由此说明，孩子的自学能力可以并需要从小培养。

根据研究，自学能力的心理构成主要包括：对学习有自觉的需要，明确学习的目标；能根据既定目标自己制定出大体的计划、步骤，并收集必要的相关的资料；能及时主动总结学习方法，改进、提高学习效果；并具有专心、执著及坚持到底的品质。自学能力的形成需要经历一个过程，家长应根据孩子的不同年龄和年级，提出不同的要求，并根据自学能力的发展阶段逐步引导，只要持之以恒就会收到较好的效果。

1. 激发自学需要

自学需要的心理成分主要包括：自己学习的高度自觉性、主动性，强烈的认知兴趣和需要感，极大的学习热情等。要培养孩子的自学能力，首先得引起孩子的自学需要，那么作为家长，怎样才能使孩子产生自学的需要呢？

（1）鼓励探索

孩子无不好奇，孩子出生后都在不断地探索着，也就是在不断地学习。这种探索驱使他们主动寻求所要认识的对象，以满足认识和学习的需要。许多家长激发孩子求知的欲望，不只停留于口头，更主要的是落实到具体的行动上。他们细心观察孩子的探索方向，及时给他们提供各种适合的精神食粮，以满足他们探索、求知的需要。家长们做的比较多的是，当他们发现孩子爱上看书时，就不失时机地给他们提供（买或借）各类喜爱的书籍，助燃孩子探索、求知的火焰。

一旦孩子对某一领域（或某学科）产生了学习的渴求，就有了自学该领域（或学科）知识的内驱力。现实生活中许多实例表明，儿童一旦对数学、语文、外语、科技、绘画或体育等某方面发自内心感到需要学习，往往能达到入迷的程度，表现出对该方面学习的高度自觉和主动性，不知疲劳，不怕困难地自觉学习。

这时有些家长便及时指导他们确立目标，制定出具体的自学计划，从而确保自学的动力得以坚持。

（2）树立榜样

许多孩子心中都有自己的偶像，随着自我意识的发展，特别是进入少年期后，抱负、理想逐渐明确，自学也有自己的榜样。许多家长也不失时机，按照孩子的年龄，通过文学的或现实的生动范例，不断给孩子提供学习的榜样。比如，不少家长将大学破格录取的少年大学生及少年大学生如何自学的故事或资料介绍给孩子，为孩子提供学习的榜样。当孩子确立了要提前报考大学少年班的目标后，家长就进一步帮助他们分析怎样才能实现这一目标，指导他们制定分阶段实现这一目标的具体计划，并为他们借（或买）学习资料，找老师（或家长自己）指导。例如陈某，提前报考大学目标确定后，在他父亲的指导下制订了计划，仅用了4个月的时间，就自学完了规定的小学数学课本。接着用两年多的时间，又自学完了初中的数理化课本。接着还自学了小学和初中的12册英语。他9岁时考上高中，11岁时如愿提前考取中科大少年班。

（3）激发进取心

良好组织的各种学习竞赛往往可以激励学生的进取心、荣誉感，促进自学的积极性。例如，从一项关于数学奥林匹克竞赛选手的调查结果可以看到：在参加数学奥林匹克竞赛的选手中，86%的选手认为数学奥赛激发了他们对数学的兴趣；80%的人通过奥赛提高了学习数学的态度。为了在竞赛中取得好成绩，学生往往自动找了许多参考资料，刻苦钻研，充分准备。竞赛中取得了好的成绩，又增强了自信，进一步加强了自学。许多家长首先关心的是孩子参加竞赛应有正确的态度，提醒孩子要胜不骄败不馁，要再接再厉，向更高目标努力，只有很少家长注意指导孩子总结提高自学能力。

（4）及时表扬

发现孩子能主动自学，并取得了初步的成绩后,家长应及时给予肯定和赞扬，一方面，可以提高孩子的自信，满足其个人的好胜心、自尊心；另一方面，可引发孩子内心的动力，激励孩子进一步独立自主地学习，再接再厉取得更好的成绩。从而启发孩子向自己提出进一步的自学目标，并制定具体措施争取实现，使他们不断获得成功的体验，促进自学能力的进一步发展。

2. 指导自学的方法

自学方法范围很广，这里主要结合中小学生的特点提出下列几点：

（1）配合学校教会孩子掌握基本的学习方法

每个学生都要能专心听课，课前会预习，课后善于复习并认真地完成作业。这是孩子入学后，在教师指导下，应学会的基本学习方法。每个孩子有各自的特点，老师要面对全班的学生进行指导，不一定每个孩子都能领会。因此需要家长配合，了解自己孩子对这几个环节学习方法掌握情况，结合自己孩子的问题和特点进行辅导，使孩子真正学会这些基本的学习方法。如何配合老师进行学习方法的辅导？下面举几方面：从旁观察孩子在家如何预习、复习和做作业，了解所用方法是否正确；检查孩子的作业或试卷，从错误类型可发现孩子学习方法上的问题；根据课文的主要内容提出问题，检查孩子掌握情况；对于低中年级的小学生，还可以通过游戏的形式，由孩子当老师给家长上课，这是小学生感兴趣的活动。通过这一活动既能了解孩子掌握学习内容和方法的情况，又可促进孩子对所学知识的复习、巩固。

记得一鸣上小学三年级时，他经常模仿老师课堂讲课、出试卷。我经常作为他的学生，参加各类考试——虽然我很忙。有些试题我也用几种不同的方法作解答，目的是开阔孩子的思路，让他把握最简单的方法。每张试卷我都认真去做，从来没让孩子失望过，有时我还能得到他奖励我的小礼品。总结前后全过程，一鸣开始出试卷，本身就是一种复习，比单纯做一份试卷要多动脑筋，要判试卷，又有利于所学知识的巩固。看来这是激励孩子学习兴趣的一种好方法。（一鸣的妈妈）

（2）锻炼合理安排时间，制订计划的能力

有些学生智力潜力较大，班级学习内容对他们太容易，不能满足他们的求知欲。对于这些学生，家长应了解他们的兴趣和优势，启发孩子课外自学点什么，指导他制订一个自学计划，对年龄较小的孩子，不必讲究计划写的形式，只要有一个简明扼要的步骤和时间安排就行，关键在于执行。例如谢某某，小学开始自学，在父亲指导下，制订了一个学习计划，安排了严格的作息时间表：每天早晨6点1刻起床，10分钟体育锻炼，然后便开始学习。上午去学校上学，下午放学回家，做完学校布置的作业。吃过晚饭休息一会儿，就开始按计划进行一小时自学，晚上8点半睡觉。这样天天坚持的结果：他在小学三年级时就学完了初中的数学；四年级时学习了高中的数理化；五年级开始学习大学的解析几何和微积分，小学毕业考取了大学少年班。随着孩子自学能力的提高，逐渐学会自己制订详细的自学计划，既有长远目标，又有近期具体执行目标和时间安排。超常少年除按照学校的计划学习外，大都还要根据自己的需要，制订一个自学的计划。有一个少年大学生是学计算机专业的，他认为学习计算机技术应有良好的抽象思维能力，为了学好计算机专业，他制订了自学《抽象代数》的计划，自学完了《抽象代数》，并做了书上的全部练习题。

（3）学会利用线索收集资料

教会孩子利用线索查找文献资料。如何指导孩子获取资料、信息？首先要明确需要查找的主题或方面，然后，根据主题或方面阅读有关工具书；从有关文献目录中查找；向有关老师、专家、朋友请教；利用因特网搜索……再就是，从已查到的资料中发现新的线索，使对某个问题的自学更深入、更有系统。

（4）指导灵活运用学习方法

学习方法不是千篇一律、一成不变的，对于不同性质的学习材料，或不同难度的学习材料，需要采用不同的学习方法。随着学习的进展，学习对象的变化，应善于总结，不断改进自学的方法，才能提高学习效果，以较少的时间，学习更多的东西。多数学习材料是有意义的，掌握的这类学习材料，主要采用理解的学习方法，对要掌握的新知识或理论进行分析、综合、抽象、概括，找出实质性的联系，从而获得对客观事物之间的必然联系的反映。自学有成效的学生，他们在学习过程中，善于对新学的材料进行分析、归纳，力求找出新学材料与已有知识之间的联系和区别，发现本质和规律，在自己的脑中使新旧知识系统化和概括化，经过消化变成自己的东西。对学习中有些材料本身无意义，需要机械记忆的，以便于记住，也可以给这类材料赋予一定的意义，如对英文单词的记忆等。有的超常儿童抽象思维能力很强，善于逻辑推理，自学高深的数学成绩出色，但外语总不及格，因为不能根据外语的特点，适当应用机械记忆的方法。按照记忆规律一般情况下分散学习效果比集中学习效果好，尤其是对难度较大的学习材料，因为分散学习的情况下，人的大脑神经细胞可以得到适当的休息。如果学习材料很容易，也可采取集中学习方法。所以要根据所学材料内容及难易程度，灵活采用不同的学习方法。

（5）学会自我评价

自学能力的提高需要孩子具有自我评价的能力。因此要重视尽早帮助孩子逐步学会对自己制订的学习目标、学习方法、学习能力、学习成绩进行分析、评估。取得了成绩应善于总结经验，有了缺点或失误应善于分析原因，找出改进方向和办法。在此基础上，逐渐养成对自学过程进行自我评价的习惯。

3. 培养三心

（1）专心

专心是学习有效果的必要保证，专心致志才能学有所成，所以专心是十分重要的品质。超常儿童对他们感兴趣的学习，都能专心致志。一般小年龄的孩子注意力容易受新异刺激的影响而分散，如果家长没有注意，孩子很容易养成分心的习惯，一旦分心习惯已经养成再矫正就难得多了。因此要从小重视培养孩子学习或做事能专心的习惯。培养孩子专心：首先要使孩子对学习感兴趣，逐渐明确学习目标；其次，鼓励孩子从小锻炼聚精会神于学习，不要怕干扰；再次，教他们与分散注意力的因素（如赶时间，过于紧张，学习中遇到挫折等）做斗争，要求自己努力集中注意力，如果思想开小差也不要气馁，再集中注意力，或适当休息或改变活动以保持学习效率。

（2）虚心

有些孩子自学能力发展比较快，有些很慢，这与是否虚心，善于学习不无关系。有些超常儿童，在赞扬中长大，滋长了自满情绪，家长找来介绍大学少年班学生的故事书给他看，让他认识“天外有天”；又找来一些古今中外名人成长的故事书，激励孩子对自己提高要求，树立理想。多数超常儿童听老师讲课，不仅能虚怀若谷地学科学知识，而且善于从老师那里学到学习方法；同学谁的成绩比他好，他就主动向谁学习,交流经验，吸取同学学习方法之所长。这样的学生，他们自学的能力一般发展很快，自学成绩也明显地好。

（3）恒心

自学能力不是自然而然形成的，自学能力的顺利发展需要意志性格的支持，没有坚强的动力，没有克服困难的毅力，没有勤学苦练的精神，自学能力难以形成。一些超常儿童自学能力发展较早，与他们上进心强、好胜、自信，学什么就非学好不可的性格品质是分不开的。他们学习中遇到解决不了的问题，坚持查阅资料，战胜一切困难，锲而不舍直至问题得到解决。如陈小峰从幼年就养成不依赖别人、独立钻研的习惯，有恒心、有强劲，凡搞不懂的问题非要弄个水落石出。上中学时，寒假作业有一道物理题，他左思右想不得其解，演算纸都用了10多张。夜很深了，天气又冷，妈妈担心儿子太累了，一再提出帮他“会诊”一下。他硬是不肯。他把学过的物理书上20多页的内容细细咀嚼，又把厚厚的课堂笔记认真核对。当他找出“症结”、解出了难题时，已是凌晨一点。侯松明参加数学奥林匹克学校学习，开始一堂课下来，如听天书，他没有气馁，向老师请教，多花时间看参考书，终于达到班级的最高水平。他们要是没有勤奋、顽强和百折不挠的品质，他们的自学能力要能进一步发展是困难的。所以，家长要从小培养儿童的自学能力，发展他们的才能，应该注意及时帮助他们克服自卑、怕苦，没有常性等不利于自学能力发展的性格特征，培养他们坚强的意志和性格。

4. 养成自学的习惯

学习习惯是学生在长期学习过程中，逐渐形成的一种稳定的学习行为或倾向。从生理机制上看，习惯是后天经过重复练习而形成的一种动力定型。“习惯成自然”，一旦学习习惯养成，就成了一种内在的需要，成为学习的一种强大的推动力，不用别人提醒和督促，也不要自己付出意志努力，是一种自动化了的学习行为，如果不这样做，反而感觉别扭、不自然了。不过，习惯有好坏，如果不良学习习惯先入为主，就会干扰良好自学习惯的形成。所以，要尽早培养孩子具有良好的学习习惯，为顺利形成良好的自学习惯奠定基础。

（1）明确规范

要培养孩子良好的自学习惯，先要让他们了解，应该做哪些，以及怎么做。不要一次全告诉他们，而是根据孩子年龄特点、可接受性及学习的进展的需要，逐步提高要求，提出新的内容，由低到高，积少成多，逐步明确，明确一项就要求做到一项。比如对低年级的小学生，应要求他们养成专心听讲、遵守课堂常规、写字端正、每天作业当天完成；中高年级应进一步要求课前预习、课后先复习再做作业、做完作业自己检查等习惯，以便他们在小学毕业前就能养成良好的学习习惯。

（2）反复实践

习惯养成不可能一朝一夕便取得成功，而是要通过反复实践、重复训练才能形成。学习习惯是在长期反复的学习实践过程中逐渐形成的。要孩子形成自学的习惯，就要尽早指导他们自学，在自学的实践过程中学会自学，并慢慢养成习惯。如前面所提查可欣自学习惯的养成，就是她妈妈有意识地让她很小就开始自学，在不断的自学实践中锻炼形成的。

（3）积极强化

孩子按要求完成了学习就应及时给予肯定，给予积极的强化，让他们知道做得对，这样学习符合要求。超常儿童也不例外，他们喜欢学，但习惯不一定好。例如，有些超常儿童领悟快，但作业卷面凌乱，丢三落四，经常出错。对小学生一般，通过语言强化给以鼓励就能达到目的。必要时也可结合特殊的许诺，比如按要求做到了，星期天就可以满足他的愿望，带他去动物园，或送他一本他渴望得到的书，以具体支持他良好行为的形成。随着学习的发展不断提高要求，做到了再给予积极强化，良好的自学习惯便可一步一步形成。

（4）榜样示范

要孩子形成良好的自学习惯，家长首先应以身示范，只要家长能做到的，孩子看在眼里，就会起到潜移默化的作用。许多超常儿童从记事起，就见父母日以继夜学习、查找资料、写报告，虽然忙却其乐无穷，从小受到感染。

> 小寅的父母都是上海交通大学67届毕业生，在文化大革命的年代中，失去了进一步深造的机会。到工厂的第二年，厂里要搞技术革新项目，为了搞懂技术关键，买了不少技术书籍，钻研，做试验，讨论。并自制五晶体管收音机，作为学习外语的工具。有一阶段，每天下午6时，电视播放英语教学片“跟我学”(FOLLOW ME)节目，这时全家人都会放下手中的活，拿小板凳坐在房门口聚精会神地跟着学。小寅也坐在我们身边和我们一起学。教学片深深地吸引了孩子，偶尔父母没有及时打开电视，他就会叫起来，“到点了，快看 FOLLOW ME”。晚饭后，儿子在两屉桌上完成自己的作业，而他的父母坐在缝纫机边各自看书，父母孜孜不倦地学习，给儿子作出了很好的榜样，养成了他自觉学习的好习惯。（小寅的妈妈）

父母和孩子一同学习，学习外语，学习计算机……，已是家庭的一个新风尚。其意义远超出为孩子树立了学习的榜样，它反映了时代的特点，必将进一步发展。

除了家长之外，老师和同学中都有孩子可学习的榜样，要启发孩子善于发现。此外，许多家长还给孩子介绍著名的科学家、文学家或其他古今中外名人，刻苦自学的故事；推荐这方面的传记让他们自己阅读，都为孩子树立了自学的良好榜样。

（5）克服不良习惯

在孩子学习过程中，稍有疏忽，不良学习习惯便会出现。如：听课不专心、做作业磨蹭；知难而退，缺乏毅力……对于孩子的不良学习习惯，一旦发现应及时制止。如何做才能收到较好的效果？首先，家长应有正确的态度，不埋怨孩子，也要看到自己的责任；不要急燥，不良习惯不是一天形成，改需要有一个过程；不作全盘否定，不说“怎么总改不了”“简直无药可救”之类的话。其次，具体讲明应该怎么做，以正面良好的学习习惯取代不良的，不要只批评、否定，而要多鼓励，积极强化、支持良好习惯的养成。再次，反复实践、练习，全家要求一致，坚持到良好学习习惯的形成。

智力指人在获取知识和运用知识解决问题所必须具备的心理条件或特征。简言之，智力就是人认识方面的能力，或学习能力。

孩子的智力是一个发展的过程。从婴儿出生到12～14岁，智力随年龄的增长而上升。其间出生至5岁智力增长最快，被称为智力发展的关键期。

由于儿童个体的遗传素质与后天教育、环境的影响各不相同，因而智力发展的水平、类型及发展的速度都具有很大的个体差异。

如何有效促进孩子的智力和学习能力的发展?

1.了解孩子智力和学习能力发展的现有水平和特点，有针对性地扬长补短。

2.启发孩子不断提高自觉性，养成喜欢自己动脑和动手的习惯。

3.关注孩子智力和学习能力的发展，及时给予鼓励、指导和帮助。

4.对孩子已形成的不良行为和学习的习惯要耐心具体帮助、坚持改正。

5.家长要以身作则，要求孩子做的自己必须先做到。

第五章　特殊才能的发展

人类社会无比广阔，有着许多方面和无数的领域。每个方面和领域有着各具特色的活动，孩子在受教育和成长过程中，为适应社会的需要，发挥所长展现各自才能。有些人成年后才能出众，成为各个领域的佼佼者，使人类社会生活绚丽多彩。

社会的发展，人类的进步，既需要一般人才，更需要能适应不同领域需求的各种专业人才。因此，研究孩子特殊才能的培养，具有重要的现实意义。

一、什么是特殊才能？

提到特殊才能，在人们的脑海里将会浮现出一些知名的艺术家的名字。例如钢琴“神童”郎朗。出生在沈阳，3岁开始学琴，5岁时参加沈阳钢琴比赛获得第一名，举行过个人首次独奏会，参加各项比赛屡屡获奖，展现了他在钢琴演奏方面的卓越天赋。9岁时他进入中央音乐学院，成为赵平国教授的学生。1995年在日本举行的第二届柴可夫斯基青年音乐家比赛时他获得一等奖。1997年进入美国著名的费城科蒂斯音乐学院。18岁时，他已经展现出了非凡的才华和超出其年龄的音乐理解力。1999年8月在里维尼亚音乐节（Ravinia Festival Gala）上，他顶替生病的钢琴家安德列·瓦兹演奏柴可夫斯基的第一钢琴协奏曲，演奏获得极大的成功，一举成名。此后，声震世界乐坛。被海外媒体誉为“难得一见的天才”、“我们这个时代的钢琴超人”、“世界级年轻钢琴家”、“这个时代最伟大的天才钢琴家”。

在书法和绘画方面：

在视觉艺术才能方面有绘画、书法和雕塑等，不少孩子幼儿时期已表现出对绘画的喜爱。在良好的教育下，绘画才能突出发展，也有一些孩子表现具有多方面的才艺。下面介绍少数民族中的一个多才多艺的孩子。

小白是一个蒙古族的孩子，他从小喜欢绘画，只要手边有纸，不论大小，不论是否用过他都在上面画画，经常是一口气画许多张。他最初画的都是生活中熟悉的事物形象，如：蒙古包、生活用具以及马、牛、羊和骆驼等；后来，他热衷于画他感到新鲜的事，如：乘火车时就画火车，到了北京参观天安门时，就画天安门，以及沿途所看到的景物；看了电影就画电影中看到的人和事，看了小人书就画小人书中的故事……他还有一种奇特的手艺，从5岁开始，他就能用手将纸片，按照自己脑中的各种形象抠出他所熟悉的动物，见过的汽车、火车，以及房屋等。他还会用树枝、柳条、木块等编造出各种玩具，真可谓心灵手巧。

在数学才能方面：

数学奇才史丰收，出生于陕西省大荔县一户农民家里。他从小特别爱动脑筋，10岁时他上小学二年级，一天在算术课上，他举手问老师，算术能不能从高位算起？老师说：多少年来大家都这么算，你如有兴趣也可以进行创新嘛。从此，他在家里开始埋头钻研从高位算起的速算法。首先他试着从高位算一位乘数的乘法，经过7个月他成功地找到了一个任何数字乘以2到9的整算规律，并编成一套口诀。他又用了3年的时间，完成了多数位乘多位数的速算。接着他又完成了除法和加减法的速算方法。工夫不负有心人，经过10年的努力，他终于打破了几千年来四则运算的传统计算法，成功地发明了速算法。创立了能够不用计算工具、不列运算程序、从高位算起、一口报出正确答案的快速计算法。

人类社会生活丰富多彩，存在着各种各样的领域，各种领域有各种专门活动，例如，艺术领域中有绘画活动、音乐活动、舞蹈活动；人从事任何的专门活动要求具有适应的特殊能力和才能，如：进行绘画活动要求具有绘画才能，音乐活动要求具有音乐才能；教学活动要求具有组织教材、言语表达、班级管理等教育和教学的特殊才能。各种特殊才能是保证顺利完成各种专门活动的重要心理条件。我们不能设想，一个没有绘画能力的人，在绘画活动中，能得心应手，运笔如神；也不能设想，一个不具备军事才能的人，在军事实战中，能运筹帷幄，指挥百万雄兵。

（一）什么是特殊才能？

那么什么是特殊能力呢？儿童出生后，在家庭和社会生活中，逐渐形成了各种能力，这些能力可概括为两大类：一般能力和特殊能力。一般能力就是每个人一般生活和活动中都必不可缺少的基本能力，包括：认识能力和操作能力。认识能力主要指感知观察力、言语能力、思维能力、想象力、记忆力等；操作能力是指通过手脑并用解决实际问题的能力。这些能力保证着人与环境的基本平衡。特殊能力是指进行某种专门活动所必需的各种能力，每一种专门活动都需要有符合该专业内容的多种能力的结合，如：从事音乐活动，需要有音乐的曲调感、节奏感、听觉表象、音乐的记忆和想象等特殊能力。一般能力是特殊能力的基础，特殊能力是一般能力在某种专门活动过程中的发展。如，音乐的感知（音调高低、强度、广度，音色、韵律等的感知）就是在音乐活动中在一般感知觉的基础上发展起来的。

人完成任何一种专门活动都不能仅靠一种特殊能力，而是需要多种能力的有机结合。所谓有机的结合是指：1.这些特殊能力具有一致的活动倾向性。例如，音乐的听觉、音乐的表象和音乐的记忆能力都是一致指向音乐活动的特殊能力。2.这些特殊能力按照专门活动的需要组合起来，保证了该活动的顺利并高质量地完成。例如，一个具有绘画才能的人，他所具有的感知观察力、记忆力、想象力等，都一致的倾向绘画对象，按照绘画活动的需要，对事物的整体构形和局部特点，对空间位置、比例、色调等的敏锐、周密的观察；鲜明的形象记忆力，以及手的灵活与视觉高度协调等；并能根据客观的描绘要求，自立新意，独创性地构思，创造出新的形象。这些特殊能力的有机组合，使绘画活动既能顺利进行，又保证了取得创造性、高质量的创作成果。

每个人都可以从事许多种活动，可是，并不是每个人都具有完成这些活动的特殊才能。例如，许多人都能从事体育活动，然而，并非能从事体育活动的人，都具有体育才能，都能成为具有特殊才能的人。体育运动健将在学校里，学生一般都要学习规定的数学课程，甚至有些学生数学学习的成绩还不错，但是他们中真正具有数学才能的人却不多见。同样，许多孩子都喜欢绘画活动，但是其中绘画才能能够高度发展的儿童还是少数。

总之，特殊才能就是在完成某种专门活动中，多种特殊能力的独特结合和高度发展，保证了该种专门活动的顺利、高质量、创造性地完成。

（二）特殊才能与智力

前面已经说明了特殊能力与一般能力的关系，这种关系对于智力也是适用的，也就是说智力与一般能力同样也是特殊能力、才能的基础，特殊能力是建立在智力、一般能力的基础上，是一般能力通过专门活动，及专业知识和技能的训练而发展起来的。人完成任何一项专门活动，既要依靠多种特殊能力，也离不开一般能力、智力，需要依靠两者的相互交织、独特结合。特殊才能是建立在一般能力，包括智力的基础之上，一般能力、智力隐含在特殊能力之中并随之得到发展。所以，特殊能力与智力之间有着非常密切的关系。

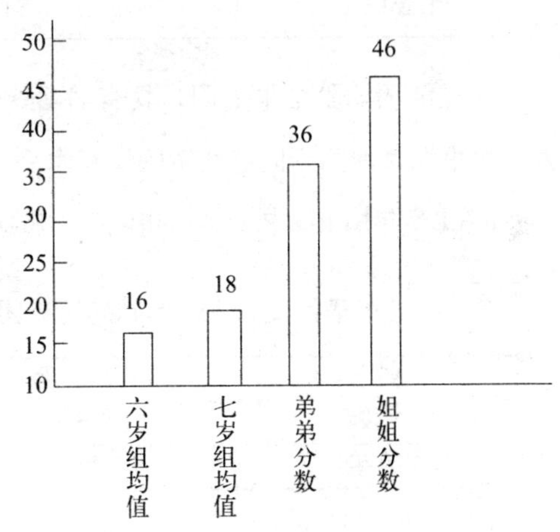

图5-1　珪珪和赫赫姐弟与常态儿童认知能力成绩比较（满分为50分）

从我国多项研究的结果可以看到，特殊才能超常发展的儿童，其智力发展的水平也比较高，表明特殊才能与一般智力之间存在着很高的相关性。

例如，前面所提珪珪和赫赫这对孪生姐弟在童年时不仅已经显露了书画方面的特殊才能，而且他们的智力发展也超过同龄儿童的一般水平。下面列举研究者对他们进行的认知测验及与一般儿童认知测验结果进行的比较：

1. 在他们5岁时，对他们进行认知能力测验，并与六七岁的常态儿童进行了比较，结果从图5-1可以看到，姐弟俩的认知能力测验的成绩明显高于六七岁年龄组儿童。

2. 在他们6岁时，采用全国超常儿童协作组编制的“鉴别超常儿童认知能力测验”，对他们的类比推理能力发展水平进行测量，并与全国部分地区50名7岁儿童的结果进行比较。测验成绩列为表5-1。

表5-1 珄珄和赫赫姐弟与七岁常态儿童类比推理成绩比较

对象＼项目 成绩	图形类推	图片类推	数概括类推	总评
姐姐	12	11	11	11.33
弟弟	12	12	14	12.67
七岁组	均值10.78	均值9.1	均值12.5 7	10.82

上述两项测验结果表明，具有书画特殊才能的孪生姐弟，一般智力的发展水平明显地高于同龄儿童的发展水平。

3.在1987年用上海中小学生团体智力测验对他们进行测试，结果见表5-2。

表5-2 珄珄和赫赫姐弟团体智力测验成绩

姓名	智　商	等　级
姐姐	139	异常优秀
弟弟	119	中　上

由此，可以说明特殊才能超常发展的一些儿童，他们的一般智力也明显高于同龄儿童的平均发展水平（有些智力达到优秀，有些为中等以上）。在良好的教育条件下，他们的特殊才能都能高度发展。这可以说明特殊才能的超常发展，与他们的一般智力较高或高度发展是分不开的。

另一方面，特殊才能的发展也会促进智力的发展。例如：具有文学、绘画等特殊才能的儿童，随着他们的特殊才能的提高，他们的观察力更敏锐、精确，想象力更丰富、活跃；具有数学才能的儿童，随着数学才能的形成，他们的抽象、概括能力，逻辑推理能力也随之得到了进一步的发展。可见，特殊才能与智力是相互联系而发展和提高的。

（三）特殊才能与个性

根据我国研究者对智力超常和特殊才能儿童的研究，总结概括出具有特殊才能的儿童具有不同于常态儿童的一些个性特点。这些特点中，比较突出表现在求知欲旺盛，兴趣广泛，有主动性、坚持性、自制力、自尊心、自信心，以及个性的某些情绪特征等。我国这方面的研究结果与国外的研究结果基本一致，说明儿童特殊才能的高度发展与他们的个性发展存在着密切的关系。

由于特殊才能是与完成某种专门活动相联系，特殊才能超常发展的儿童，他们的个性在专门活动中，往往表现出明显的活动倾向性，个性的不同方面经常是相互联系着构成统一的整体。根据对不同类型特殊才能突出发展儿童的分析，不论是文学、绘画、数学或科技等方面的特殊才能，一般都对所从事的某种专门活动，表现出特殊的兴趣、爱好，甚至达到入迷的程度。为了完成该种专门活动，他们不断进取，排除各种困难，执著地追求。前面提到一个记忆力非凡的孩子小新午，其实他的数学才华更突出，他5岁8个月能快而正确地口算两位数乘法和万以内的加减法。5岁9个月入小学，3年内自学了小数、分数、百分比、四则运算、有理数、代数式、整式、因式分解、分式、比和比例、根式、一元二次方程式、三角等。他对数学有浓厚的兴趣，把解数学题视为极大乐趣；他对从事数学活动有强烈的主动性，对别人考过他的题，无论会或不会，总用小纸条记下，回家后再誊写在练习本上，并将它们一一解答出来；他有倔强的性格和顽强的毅力，在从事数学活动上，表现出高度的坚持性、自制力和自信心。他做起数学题来，能集中注意力，小朋友的玩耍逗引、诱人的电视节目，都不能使他分心；遇到难题，他从不放弃，不向困难低头。

由此可见，在特殊才能的结构中，不只是由智力、一般能力和特殊能力组成，还有对该种专门活动的兴趣、爱好的倾向性方面，以及主动、执著、入迷、有毅力、坚持性等良好的个性心理特征，正是这些方面综合组成。

可见，一个人的积极的个性倾向和特征，在特殊才能的形成和发展中，起着不可忽缺的重要作用。同时，随着特殊才能的发展，个性特征也得到锻炼和促进。例如，一些特殊才能超常发展的儿童，由于他们对某方面活动的特殊兴趣，不断地克服困难，逐渐形成了百折不挠的坚强意志品质。所以，儿童的特殊才能的超常发展与他们的良好个性特征的发展也是相辅相成的。

二、特殊才能的种类和构成

（一）特殊才能的类型

人类社会生活的各个方面，生产劳动的各个领域，科学技术的各个专业，造就了人类种类繁多的特殊才能。人类具有多姿多彩的特殊才能，进而促进各个方面、领域、专业进一步发展。尽管人类特殊才能种类繁多，我们还是可以根据特殊才能的结构特点和它们指向的活动范围与性质，把特殊才能划分为以下几个主要的类型：

1. 语言文学方面的才能

这是人在运用口头和书面语言进行交往，对事物进行描述的活动中，所需要和表现出的特殊才能。如：迅速掌握多种语言的才能，演讲才能，文学创作才能，翻译才能，以及相声艺术家的语言模仿、语言表达的才能等，都属于语言文学方面的才能。

2. 科技方面的才能

科技方面的才能是人在从事科学技术和科学研究活动中，所需要和表现出的特殊才能。由于科学技术活动的范围十分广泛，因此，科技才能也是多种多样的。如数学才能、物理学才能、化学才能、生物医学才能，航空、航天才能，以及属于科技应用、机械制造工程、环保、养殖、种植才能和发明创造才能等。

3. 艺术方面的才能

艺术才能是人在从事某种艺术活动中所需要和表现出的特殊才能。一般的艺术才能，可分为绘画才能、书法才能、雕塑才能，音乐（演奏乐器、作曲、歌唱表演）才能、舞蹈才能、戏剧创作和表演才能等。

4. 体育运动方面的才能

这是人在从事体育运动中所必须和表现出来的特殊才能。体育运动有许多项目，体育运动的才能也多种多样。如篮球、排球、足球、乒乓球、羽毛球、网球等球类运动方面的才能；跳高、跳远、投掷、跑步等田径运动方面的才能；鞍马、吊环、体操、单双杠等体操运动方面的才能。此外，如射击、攀登、驾驶、滑冰、游泳等方面的才能都属体育运动方面的才能。

5. 组织方面的才能

组织方面的特殊才能是人在各种社会生活和社会活动中，处理人际关系和人与物的关系所需要和表现出来的才能。根据社会生活和社会活动的组织结构与分工特点，可将组织方面的才能分为各种领导才能、人际交往才能，以及管理才能等。

此外，还有人文科学、社会科学、哲学、医学、军事等方面的才能。总之，有多少领域、有多少专业就有多少种类的特殊才能。

（二）特殊才能的构成

特殊才能是多种特殊能力的有机组合，特殊才能的形成和发展，与一般智力、个性和知识技能都有密切关系。通过对许多常态和超常儿童的分析，了解到特殊才能超常发展，决定于某种活动对人提出的要求性质。

特殊才能的范围十分广泛，人类活动的各个领域，都有该领域的特殊才能。在这里我们仅就在儿童时期容易形成和高度发展的几种特殊才能，分析其结构特点。

1. 数学才能

数学是人类智慧的结晶，社会生活各个领域，都与数学有广泛联系。数学是研究现实世界的空间形式和数量关系的科学，现实世界的空间形式和数量关系，是现实世界存在的基本方式。因此，人从一出生就在接触这些现实世界存在的基本方式，处理与解决与之有关的问题。由于生活和活动中，对数学有关问题的频繁接触，从而为数学才能的早期超常发展创造了有利的条件。

根据国内外的研究，关于数学才能的组成，大体可归纳为下列相互联系和制约的方面：

（1）数学活动的倾向性（非智力个性因素）

①从事数学活动的强烈动机、兴趣爱好及稳定的热情。

②对数学活动高度集中的注意力。

③解决数学问题的积极主动性、独立性和坚持性。

（2）数学活动的能力

①获取数学信息的能力：对数学材料形式的感知，对问题形式结构的掌握能力。

②加工数学信息的能力：在数量和空间关系，数字和字母符号方面的逻辑思维能力；概括数学对象、关系和运算的能力；缩短数学推理过程和相应的运算系统的能力；力求解答的清晰、简明经济和合理的能力；在数学活动中心理过程的灵活性，迅速而自如地重建心理过程的方向，从一个思路转向另一个相反思路的能力。

③保持数学信息的能力：对题目的类型、数学的关系，解题的一般方法和原则，推理的模式、证明的基本路线等，不仅能记住并能长久保持。

④应用数学信息的能力：敏锐地识别问题，选择解决策略，安排运作步骤，解决原则的灵活应用，评价、监控解决过程，修改不合适的解决，使逐步完善；解决复杂问题过程中“灵感”、顿悟的出现，问题获得创造性的解决。

（3）从事数学活动所需要的数学知识和技能

如心算、笔算等计算技能；书写数字、符号，绘图的技能等。

例如，9岁能解高考数学题的庄成焱，7岁时，跟父亲学会了小学数学的整数四则运算，能演算12位数的乘法和5位数的除法，并表现出对数学的浓厚兴趣。只要一听到教他学数学就异常高兴，一切活动都可以暂时放下，而且学习时经常提出问题，追根究底。他在父亲指导下，一年半时间，自学了《初等数学》、《三角函数》、《解析几何》，以及史丰收编的《快速计算法》中的加减乘除部分，学习过程中做了大量习题。1980年某工学院一位教师出了6道题对他进行考查。6道题包括因式分解、三元一次方程、复数、对数，其中有两题是1980年高考的文科数学试题。成焱仅用十多分钟全部演算完毕，除一道题看错外，其余全对。

成焱在数学活动中，表现出具有解题快速和简约化的特点。如一次在口算120－76＋85－21＋8＝？的加减混合运算题时，他认为按常规从左到右逐一计算，太慢，而且容易出错，他采用了（120＋85＋8）－（76＋21）＝116的计算方法。他通过分析16和102（16＝4×4，102＝100＋2），采用4和25（4×25）的方法，很快就心算出来。在解题过程中，他不仅速度快，思维过程有比较严密的逻辑性和系统性，而且，总是力求寻求多种解题方法，特别注意寻找非常规的解题方法。例如，一道求组合图形总面积的作业题，一般同学只找出一种解题方法，而他却找出了四种方法。

他热爱数学，有很高的学习积极性和坚持性，能快速而有效地掌握数学知识和技能，他思维的推理能力和创造力特别突出，解答数学题时，善于分析，思维敏捷，灵活，并具有逻辑性，寻求多种解题方法，表现出求异思维能力较强。上述这些特点，反映了他具有早期超常发展的数学才能。

2. 绘画才能

绘画才能是在绘画活动中表现出的艺术方面的才能。根据国内外的研究，构成绘画才能的特殊能力，大致可归纳如下：

（1）善于对对象进行周密而精确的观察能力。表现为在观察事物时，既善于观察事物的整体结构，又能注意构成整体的局部特点；既能观察到事物的明显特点，又能抓住本质特点。

（2）在绘图构思中的分析、综合、抽象、概括的能力和丰富的想象力以及开阔的联想能力。

（3）对周围事物的结构、空间位置关系、色调及形态等具有鲜明而生动的记忆力。

（4）在绘画活动中，对描绘对象的结构、比例、空间位置、亮度、色调等的正确估计和判别能力。

（5）手的灵活与精确的运动能力和视觉分析器官与运动分析器官协调活动的能力等。

有个孩子叫小松，他的小手会拿东西时，首先从桌上拿的是一支笔。他拿着笔在地上、墙上到处涂鸦。刚3岁，他刷刷几笔，一辆小汽车就跃然纸上。他的想象力丰富，想到什么就画什么，在他的画本上有飞船上天，哪吒闹海，还有战士在冲杀……虽然线条简单，但构图却生动、逼真。

在他4岁时，爸爸常常带他到外面去写生，凡是看到美丽的风景，他立刻拿出画笔刷刷几下就把它们“录入”自己的小画夹里了。他最爱去动物园，那些活泼可爱的小猴、梅花鹿、大熊猫、骆驼……都是他非常喜欢的，总要仔细观看，一边看一边画，一个不落地都装进了自己的画夹里。一旁的游客看了他的画，无不称赞画得真像。这不仅表明了他观察准确，而且表明他在绘画的构思中分析、综合、抽象、概括能力也有了较好的发展。

在他7岁时，联合国教科文组织举办世界儿童绘画比赛，他创作了一幅长达4尺多的国画《我给月亮打电话》。这幅画构图非常新颖，上面的嫦娥和小朋友都栩栩如生，受到美术界行家的欣赏和称赞。他的画还被选送到美国、日本、法国等国家展出。他在10岁时，参加了中国儿童书画比赛，他的画作获得了一等奖。

1974年出生于广西桂林的李刚，5岁开始学画，仅一个月时间，所画几幅墨竹，已初步显示了他的绘画才能（见第一章第一节）。6岁学书法，一年多时间，不仅能左右手写字，并能双手同时写字。他的草书，似老树枯藤，苍劲有力。至今，他的字画已流传海内外。

我国知名的小书画家不下数百人，他们中许多人在国内外的书画比赛中多次获金牌或其他奖项，其中的佼佼者还在国内外举办个人画展。

3. 写作才能

写作是以语言文字为工具反映客观现实的一种心理活动。所谓写作才能，是指在写作活动中表现出的有关写作能力和特征的有机组合。它保证写作活动的顺利完成，并有较高的质量。

写作与语言密切相关，是以书面语言的形式进行的一种实践活动。我国五代时，王仁裕即以“生花妙笔”称赞李太白的杰出写作才能。

写作与现实生活的关系密切，有如鱼和水的关系。现实生活是写作取之不尽的源泉，因此，作家首先应深入客观现实，获得丰富、深厚的生活体验和素材，才能写出有意义的成功的作品。人们将不反映现实生活的文章，贬之为子虚乌有的一纸空文，说明脱离生活现实的文章毫无价值。

根据写作活动的特点和要求，分析概括构成写作才能的心理成分，有以下方面：

（1）动力方面：少年儿童特别是年龄比较小的孩子喜欢写作，开始往往是出于兴趣爱好。随着年龄的逐渐增长，对现实生活中的某些现象、人或事产生了歌颂或批评的需要。不论是兴趣、需要，爱憎分明的情感或激情，都可能成为引发写作的动力。

（2）认知能力方面：

①对现实生活客观而深入细致的观察能力。

②敏捷而正确、持久的形象记忆和语言逻辑记忆的能力。

③善于对客观现象，对人和物进行分析和分类，根据事物的相互关系、内在联系进行抽象概括和逻辑推理，揭示事物发展变化的规律，考虑文章结构，提炼观点，突出主题等的思维能力。

④开阔的联想和丰富的创造想象力。

（3）语言方面：

主要是指语言表达，如准确、流畅的遣词造句，生动活泼、正确深刻地描述事物、揭示哲理的能力，以及有关写作的技能等。

写作才能的早期超常发展古今中外屡见不鲜。我国初唐四杰之一的骆宾王，7岁即景吟鹅，才思敏捷，语言生动，至今《吟鹅》佳句脍炙人口；1972年出生的群天，6岁时用352个字，写出《参观北京猿人洞》的作文，语言简练，层次清楚，结构完整，将参观所见，记述得清清楚楚；另一个9岁男童倩倩，他先后写出诗歌30多首，其中《你别问这是为什么》一首，代表我国参加“世界儿童诗歌比赛”，从9万多首参加比赛的诗歌中被选出并获奖。他的这首诗歌，语言生动，感情丰富，以高度的创造性想象力，将自己的现实生活与安徒生童话中卖火柴的小女孩结合起来，表述出自己深厚的同情心。

你别问这是为什么

妈妈给我两块蛋糕，我悄悄地留了一块。你别问，这是为什么？

爸爸给我穿上棉衣，我一定不把它弄破。你别问，这是为什么？

哥哥给我一盒歌片，我选出最美丽的一页。你别问，这是为什么？

晚上，我把它们放在床头边，让梦儿赶忙飞出我的被窝。你别问，这是为什么？

我要把蛋糕留给她吃，把棉衣送给她去挡风雪，在一块儿唱那最美丽的歌。

你想知道她是谁吗？请去问一问安徒生爷爷，她就是卖火柴的那位小姐姐。

三、孩子特殊才能的发展和培养

（一）特殊才能发展的一般趋势

儿童特殊才能的发生、发展都是有规律、有过程的，不同的特殊才能发展规律、形成过程各有特点，但也存在着一些发展的共同趋势。下面是从各种特殊才能的形成过程中总结出的几点一般的趋势。

1. 特殊才能在实践活动中发生和发展

孩子出世后，他们的特殊能力和一般能力同样都是在儿童的实践活动过程中表现和发展的。儿童的实践活动包括游戏、学习、劳动和日常生活实践等方面。要了解儿童是否具有某方面的特殊能力、才能必须通过活动，在儿童的活动过程中观察、分析，才能发现。同样，要促进、培养儿童具有某方面的特殊能力、才能更离不开儿童的活动。例如，儿童的文学能力是在儿童的语言交往活动中，在文学创作中，并获得一定的生活经验、体验的基础上发生和发展起来的；同样儿童的音乐能力的表现和发展离不开儿童的音乐实践活动。

2. 特殊才能的发展以相应的生理素质为前提

生理素质包括大脑神经系统及各种感觉和运动器官。例如，绘画是手的操作、运动，婴儿的小手不会握笔，婴幼儿从不会握笔到能在纸上涂涂画画，再到画出各种形状，有待手的动作，从大运动向精细动作的发展，同时在这过程中还需要视知觉的发展，以及手眼协调活动的发展，这都离不开作为运动器官的手和视觉器官的成熟和发展；儿童弹奏钢琴不仅需要听觉器官的发展，能精确分辨音高、音强、节奏和旋律，还对学琴儿童的手指的长度有一定的要求，对小指要求能“过三关”，还要求手指的活动与视觉、听觉之间的协调发展；体育运动要求良好的身体和生理素质，不同的体育才能的发展，对身体有关部位及运动器官的条件又有特殊的要求。

3. 特殊才能的发展与一般心理的发展是相互联系的

儿童心理的发展是有规律的，不论是儿童语言的发生和发展，还是认知的发展、自我意识的发展等都是有序进行的。各种特殊才能的发展有自身的特殊规律和特点，但与其整个心理的发展也是相互联系和制约的。例如，儿童数学能力的发展，由于数学是论述客观世界数量关系和空间形式的科学，儿童学习、掌握数学，要求抽象逻辑思维一定水平的发展，同时，通过数学的学习，数学能力的发展，抽象逻辑思维能力也随之得到相应的发展。又如，心理学家加登纳探讨了儿童音乐知觉的“守恒”，了解到当旋律的特质（主调、节奏或和声）改变时，8岁儿童能够听出两种旋律在某种程度上是同样的，而5岁小孩对这种变化却不能“守恒”，说明音乐知觉的发展与认知发展的一致性。再如，在特殊才能的发展过程中，少年期的明显特点就是对自我特殊才能的形成更具有自觉性、独立性及批判性，这一特点的出现，显然与少年期自我意识的发展，自我评价能力的提高完全分不开。同时，随着特殊才能的形成，又反过来锻炼并促进了自我评价、自我完善和自我实现的能力。

4. 特殊才能都是多种能力有机结合的发展

前一节分析了各种特殊才能的心理结构，说明各种特殊才能都是由多种能力和特征组成的，大体可归为三大系统（或方面）：认知的、动机（情感）的和行为（行动）反应的三大系统（方面）。这三个系统既有各自发展的程序，又相互影响、交互作用，它们中不同优势的独特结合，形成不同的特殊才能的结构。所以特殊才能的发展不是单一能力量的增长，而是一组能力和特征的有机结合、建构成不同层次的心理结构。如，音乐才能是由听觉表象、节奏感、音乐感、爱好等有机构成，音乐才能的高度发展依赖于这些方面的协调发展，复合作用的结果。

5. 特殊才能的发展需要相应的特殊知识和技能的训练

尽管各种特殊才能表现的早晚不同，发展过程的长短不同，但特殊才能都是在相应的专业实践活动中发展起来的，是各种专长的形成。因此，在特殊才能发展过程中，还需要学习、掌握相应的特殊知识、技能、技巧。由于各种知识、技能和技巧有着各自的体系，掌握起来不可能一蹴而就，需要相应心理发展的准备，需要一定的时间和过程。例如，儿童绘画早期不要求教绘画的技能、技巧，发展到写实阶段（相当小学后期或初中）掌握绘画技巧比较迅速。有些特殊才能学习早期就需要正确地掌握相应的知识、技能，如钢琴演奏才能的形成，除需要对音乐的兴趣，一定的乐感外，一开始就需要学习弹奏的指法，以养成正确的弹奏习惯。学习任何乐器除指法练习外，还要反复练习演奏有关的技能、技巧，使达到熟能生巧的目的。

（二）特殊才能发展的过程

由于特殊才能种类很多，下面只介绍三种：

1. 儿童绘画才能的发展

国内外不少专家、学者对儿童的绘画进行了研究，有些研究者，不仅研究儿童绘画发展的过程，而且通过儿童的绘画探讨儿童心理的发展；有些研究者对一个孩子的绘画进行长期的追踪研究，有些研究者对许多儿童的绘画进行大面积研究，这些研究都为儿童绘画才能发展规律、形成过程阶段积累了宝贵的资料。

早在1887年，意大利理希（Corrado-Ricci）就对意大利儿童的绘画，进行了比较系统的研究。后来，法国卢马（Rouma）研究了六组儿童的绘画，1913年出版了《儿童的绘画语言》一书。法国鲁奎（Luquet）对他的女儿从3岁3个月至8岁半的1500张绘画进行了系统的追踪研究。德国克尔胜（Kerschen-steiner）用了七年时间研究了58000个儿童的30万张绘画，总结出儿童绘画的五个时期，即：涂鸦期、定型图式期、线与形色期、平面画期、立体画期。美国麦卡特（S.A.McCarty）主持的美国世界幼儿教育协会儿童研究会研究了3万多张儿童的绘画之后，把儿童的绘画过程概括出四个时期，即：涂鸦期、象征期、定型期、写实期。

我国著名的教育家陈鹤琴，1921年开始对自己儿子一鸣的绘画进行了系统的研究，并通过绘画研究了孩子的心理发展情况。他研究了儿子从1岁1个月起至10岁8个月的全部的绘画，共431张。他的儿子每画一张画，他都注明了日期和内容，按照绘画的时间顺序和主题分别编号，最后进行分析整理。根据他对儿子绘画发展的总结，他发现儿童绘画的发展是随着孩子的身心的发展而发展的，是一个持续不断、逐渐发展的过程。概言之,在这个发展过程中,可以划分为四个时期，而每个时期中还有过渡期。

第一期 涂鸦期 1～2岁（共21张画），在涂鸦期里，儿童的图画还可以分成三个阶段：（1）波形图：儿童开始画画时常常是一种从左到右的连续不断的弧形线条，这些线条总是略微向上；（2）乱丝图：这时期儿童试着画不同方向的直线和曲线，像乱丝似的；（3）圆形期：这时儿童能画出圆圈了。

第二期 象征期 2～3岁（共45张画），在这个时期，儿童的图画虽已渐能表达自己的意思，但看上去还不像真的，仅有象征的意义。在象征期里，又可分成三个阶段，即：（1）普遍性的象征阶段；（2）类似性的象征阶段；（3）个别性的象征阶段。

第三期 定型期 3～7岁（共241张画），这时期的画是呆板的、固定格式的，而进入定型期也有一个过程，其发展的特点：（1）从简单到复杂；（2）从正面到侧面；（3）从呆板到有生气；（4）逐渐能区分性别和年龄；（5）从无时间到有时间观念；（6）开始出现空间观念；（7）开始有动作，以及想象力、组织力发展等。

第四期 写实期 7岁以后（124张画），这个时期儿童的图画基本上已能反映客观现实了，主要有写生画、临摹画和意愿画。绘画技术（透视、明亮等）也逐渐能表现他的认识水平了。

近年来，我国一些专家和学者，对儿童绘画进行了较大范围的研究，总结出儿童绘画的基本的发展过程与陈鹤琴等前人的发现大体相同。例如，一项对儿童绘画的实验研究，总结出儿童绘画的发展过程为：涂鸦期、象征期、图式期、写实期（李文馥，1996）。另一项通过对数千名儿童绘画的教育，以及20余名儿童绘画的追踪研究，总结出儿童绘画的发展过程为：涂鸦期、象征期、图式期、拟写实期（中间期）、写实期（杜枚，1994）。从这些不同的研究看，虽然在个别分期的称呼上稍有不同，从儿童绘画才能发展过程的实质看却是一致的。

概括起来，从儿童开始乱涂乱画到绘画才能的形成，是一个连续性的发展过程，在这整个发展过程中，又表现出了几个具有不同特点的阶段：

第一阶段，1至3岁（或4岁前），一般都称为涂鸦期。这个阶段儿童握笔在纸上乱涂乱画，开始画的是一些杂乱的线，逐渐出现直线、交叉，后期出现近似圆的图形，画的内容一般难以辨认。这个时期的儿童把绘画当游戏，涂鸦的动作使他们产生快感、乐趣。通过涂鸦活动可以锻炼眼手协调，发展观察力，提高认识，以及学习握笔方法。

第二阶段，4至7岁，称为象征期或图式期。这时儿童涂画的线条已能连起来闭合成图形，如类似圆或长方形的图形，用以代表他们所画的人或物，事实上所画离真实的还有很大距离，只有象征的意义或以图示意。渐渐地他们画的人或物已初具形体，但比较刻板，好像是一个模子倒出来的，如画一个圆圈代表人的头，两条线代表两条腿，即所谓的蝌蚪人。随着儿童观察力和形象思维的发展，所画图像接近现实，并逐渐生动，富于想象，不受现实约束，表现了儿童独特的视角和绘画方法。在这个阶段，儿童开始有意识地用图形来表达自己的认识、情感，绘画是他们对周围环境的认识和情感的自我表现，具有主观色彩。在良好的教育条件下，他们绘画的兴趣更浓，创造性想象发展，组织画面的能力也得到一定的提高。

第三阶段，7至12岁，称为写实初期。以前幼儿绘画主要特点是反映自我的体验，从这个阶段开始，儿童逐渐意识到周围环境中的各种关系，开始萌生写实倾向。因此，在这个阶段儿童的绘画活动中，主观的自我表现和写实倾向同时存在。随着儿童感性认识的发展，独立性、灵活性的提高，他们对周围物体的外观、形状、颜色、结构等更加敏感，在绘画中有意性、写实倾向逐步增加，儿童画逐渐向成人画过渡，绘画的表现方式趋向多样化：意愿画、写生画、想象画、摹仿画等。

第四阶段，12至15岁及以后，为写实期。这个时期的儿童对周围环境越来越敏感，儿童逻辑思维及自我意识的进一步发展，他们对自己的作品出现批判意识，从而开始走向理性，他们从自发的、无意识的绘画方式中解脱出来，转变到靠观察客观事物的有意识的方式，这表明儿童绘画进入运用成人的表达模式。这时对美术知识和技巧的学习非常重要，如：比例、色彩、空间、透视等。通过积极的美术实践，他们发展很快，绘画的表现方式逐渐显出个性化。

15岁以后，随着孩子身心发展逐渐成熟，创造性和审美意识的发展，绘画技能、技巧的提高，他们对周围世界的感知、理解和情感体验，在他们的创作中表现得更加清晰，绘画才能逐渐趋向成熟。这时，少年儿童对绘画艺术的兴趣转化为理想，他们选择美术或与美术关系密切的专业进一步深造，作为自己终身为之奋斗的目标。

关于分期的年龄范围是相对的，各年龄阶段之间存在交叉、重叠，而且同一年龄阶段儿童绘画能力发展的个别差异是很明显的，这与儿童的绘画天赋，特别是儿童所处环境和所受教育不无关系。下面是一个小孩画人发展的例选：

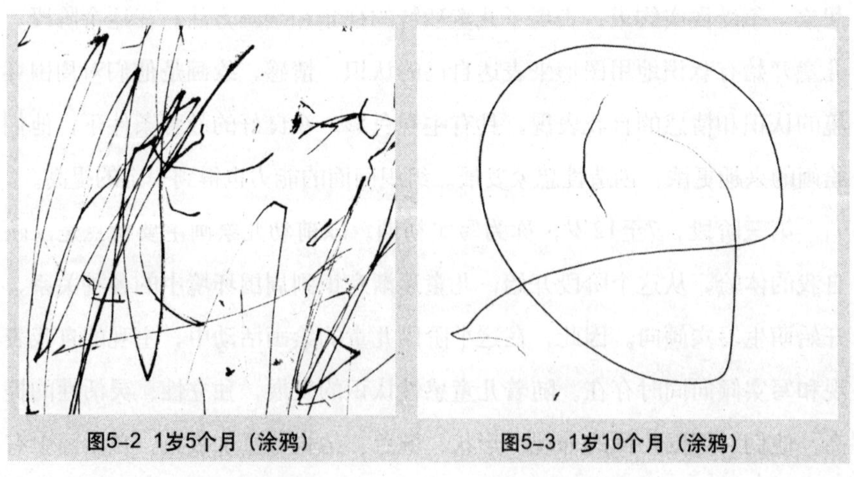

图5-2 1岁5个月（涂鸦）　图5-3 1岁10个月（涂鸦）

图5-4 2岁4个月（自画像）
问她画的是什么？答“淘淘”（她自己）

图5-5 2岁9个月（自称画的是大人）
问她画的是什么？答“大人”

图5-6 3岁11个月
问她画的是什么？
答“小淘淘”（自称是画的自己）

图5-7 4岁8个月
问她画的是什么？答“摘梨”

图5-8 5岁半，自称“跳舞”

图5-9 5岁11个月，
自称是：妈妈和淘淘还有丘比（鸭子）

图5-10 9岁8个月，自称“我小时候”

注：1.图5-2～图5-3反映了第一阶段涂鸦期的特点。

2.图5-4～图5-10反映了第二阶段象征（图式）期的特点。

3.从图5-2～图5-10可以看出，逐渐由线到形，从不全到比较全，从简单到复杂的发展趋势。

2. 儿童文学才能的发展

儿童4～5岁时已掌握大多数句法特点，儿童语言能力的出现，似乎起源于对音位结构的理解。儿童语言早熟现象古今中外都存在，苏联儿童作家朱可夫斯基对许多儿童作家进行了总结，他认为：2至5岁是反映语言创造力的阶段，这时儿童已经掌握了各种式样、节奏声音、押韵形式、形象以及一些大文学家采用过的结构。儿童会不懈地运用其语言设计，以达到掌握母语和传达自己的想法、观念及疑问。这个年龄的儿童常会拟人化，或用词不当现象。然而，儿童探索语言的强烈愿望和潜力，生动的想象，操作文字的游戏，对声音节奏、押韵的兴趣，与生俱来的诗感，这就为他们准备了创作“诗歌”的条件。

施太伦（W. Stern）也对儿童语言才能进行过研究，他提到许多儿童语言才能非常突出，这种才能表现在偏离形式与复合词形式（他们自己所创造的）中对词汇专断性增加上。他强调指出，对于那些只是为了听诗歌和在听的过程中获得新的快乐，最终同样学会了诗歌的儿童来说，重复是十分重要的，重复的阶段最终又由更积极的阶段所代替。“儿童在4岁开始，便能学习诗了，他们能读出图画书里图画中的诗句，能唱歌……能学习诗，这给他们以极大的快乐。”朱可夫斯基的发现似乎在各种文化中都得到了证实。

许多研究者、作家对文学创作才能的形成进行了探讨，试图揭示儿童文学才能发展的阶段。根据这方面可获得的材料，目前只能做到简略地概括，大体可分为三个阶段来说明：

第一阶段，幼儿期（大约7岁之前）

一般幼儿都喜欢听故事和念儿歌。尤其语言文学有天赋的幼儿，故事、儿歌对他们更具吸引力，听一两遍就能记住，并能复述。他们语言发展比一般同龄儿童快，对语言的规则、韵律、节奏非常敏感，编故事、做诗或顺口溜对他们如同游戏。在他们识字以后，开始大量阅读，操作语言能力的进一步增长，更激发了他们吟诗、写作的积极性。

许多幼儿3岁时，语言已比较丰富，便开始自编故事或吟诗。5岁至7岁是文学早慧儿童创作的一个高峰时期。这种现象古今中外都存在。我国近年来，语言文学显示天赋的幼儿已屡见不鲜。金今3岁时已能比较流利地讲故事了，她认字不多，还不会看书，但却喜欢随口吟诗。家长用录音机记下她的诗，到5岁时，录下的诗已有300多首了。5岁至7岁先后出版了三本诗集。

近年，出版了一些少年儿童写的小说，在社会上和新闻界引起了关注。其中年龄最小的叫窦某。他1岁多能听懂故事，能认五六百字，两岁半能认一些结构复杂的字了。他的爸妈在他3岁时开始教他查字典，4岁时用小学的课本开始教他系统学习。他四岁半开始写日记，5岁开始写童话，至7岁已写日记千余篇，童话63篇。6岁时开始创作的七万字的长篇童话《窦蔻流浪记》，由江苏少儿出版社出版。

语言文学早慧幼儿表现的特征：写一个人（或物）、一件事，一般有主题，有经过（展开过程），有结果。语言表达清楚，用词逐渐恰当；想象活跃，包括再造想象和创造性的想象；情感丰富，好恶、美丑、爱憎分明。随着年龄增长，从简单逐渐趋向复杂，从不全面逐步发展到比较全面，显现出文学才能的雏形。

三岁的金今，……一天，舅舅教她一首五言诗时，她的眼里突然燃起兴趣和求知的激动的火花，自已吟起诗来：“一匹大白马，挂着马缰绳，老爷来骑马，一看马儿丢。”……五岁的金今，已经开始有了诗人的感受和诗人的语言。在作的400多首诗中，有不少都具有哲理性，展现了诗的意境。下面“我的诗”就是其中的一首。

我的诗，
像蓝色的海。
但是，
它们里面有纯洁，
有善良，
也有很多的爱。
我喜欢我的诗，
因为，
我的诗很好。
是爱和那种善良的心肠来合在一起，组成的一首首诗。
我的诗，和蔚蓝的大海一样的蓝。
我是从一个童话里走出来的，
谁也想不到，
我的王国是什么样。
我的王国，充满了欢乐和光明，还有智慧，
还有一些小灯笼挂在天空。
那都是一些智慧，
那都是我作诗的智慧。
当它们灭了一个，就会增加更多的智慧。
我爱我的诗，
我的诗，
给人们带来了各种美和爱。（金今《五岁孩子的诗》）

第二阶段，儿童期（7至十一二岁）

文学早慧儿童入小学以后，他们在语言文学方面的潜力和优势得到老师的赏识，或父母的鼓励、支持，在文学知识、写作的技能、技巧方面得到指导，他们的创作能力有所提高。他们创作的成果、作品在国内外作文或文学大赛中获奖，或许被聘为小记者，作品常在报刊上发表。有些则可能没有机会获得荣誉或鼓励，但由于某个重要因素的影响，更加强化了他们对文学创作的兴趣和动力，更自觉、主动钻研，积极写作，运用语言文字的能力进一步发展。所以说这时，也就是大约十一二岁时，才能说获得真正的文学能力。

但是，在这个阶段也存在着潜伏的危险，不少幼年显示具有文学天赋的儿童，上小学后，由于班级集体学习，各种规范化的行为要求，没有自由创作的空间和时间；语文课对他们太简单，创作的技能、技巧得不到提高，写作兴趣逐渐减退，文学才华将被压抑，儿时的小诗人、小作家免不了昙花一现。儿童文艺才能形成过程中出现的这一现象，不仅我国有，国外也有论述。"9至10岁时，他们的创造性便开始衰退了……前青春期阶段也许为艺术发展构成了一个敏感的阶段。这一阶段里技巧发展的失败——如果他对自己作品持特别的批判态度——也许就会成为青春期艺术发展的障碍。"（加登纳，1988）

所以，这是儿童文学创作才能发展过程中的一个关键时期。由此看来，家长和小学的老师对孩子文学潜能的了解，给他们提供有利的发展条件，对于文学艺术人才的成长是多么的重要。

第三阶段，青春期（少年至青年初期）

少年时期是心理发展的一个重要的阶段，特别是自我意识的发展，自主性、独立性能力明显提高；人生观、世界观的初步形成；审美情感由朴素的个人体验的形式向社会、道德的形式发展，创造性想象、创造性思维进一步发展；对生活的观察能力，形象和语言逻辑记忆力等都趋向成熟。随着对传统文学的深入了解，写作技能、技巧的不断提高，对各种体裁

（诗歌、童话、散文、小说等）的文学形式的学习，为发展适合自己特点形成独树一帜的创作形式奠定了基础。这时他们的文学才能的发展逐渐趋向成熟，成为少年作家。

3.儿童数学才能的发展

儿童数学才能是儿童从事有关数学活动，学习数学知识，掌握数学概念、法则、定理的过程中，逐渐形成和发展起来的。

国内外关于儿童数学概念、数学认知的发展有过许多研究。根据皮亚杰关于儿童数理逻辑思维年龄阶段的研究；克鲁捷茨基通过对不同数学能力的学生解答一组特定的数学题目过程的实验研究，概括出儿童数学能力结构的年龄动力学；我国心理学家对儿童数学概念发展的大范围研究，以及我国关于数学才能儿童的个案分析的资料，归纳出儿童数学才能发展过程如下。

第一阶段，数概念的萌芽（5~7岁）

幼儿时期，有一些幼儿2~3岁就表现出对认数、计算有极大的兴趣。他们凭借感知动作来把握客观物体的数量和形体，借助实物和表象在一定范围内进行的数的组成与分解，较早表现了数的稳定性。他们喜欢做计算游戏，心算能力较强。最基本的数概念（如基数、序数、数的组成）初步发展，并明显优于同年龄的一般儿童。

第二阶段，数学概念系统初步发展（9~12岁）

儿童入小学后，通过数学的正规学习，初步掌握了数词及数字的计数法，他们便逐渐摆脱了实物操作，思维的概括和抽象水平明显提高。特别是“十进位”概念的掌握及十进位加、减、乘、除运算的形成，不仅数的概念大大扩展，运算方法也逐步完善。

有些儿童9岁左右，抽象思维已有相当发展，能运用归纳、演绎进行逻辑推理，能解决条件较隐蔽、内容较复杂的应用题，数学概念系统（整数、小数、分数等）逐步分化和形成。这阶段他们的三维空间思维也有了初步发展。有些儿童还喜欢概括数与数之间的规律性，能迅速从问题的具体内容、情节摆脱出来，直接抓住数量关系、认识数学类型，从个别的发展到一般，数学认知结构初步发展。

第三阶段，数学心理结构逐步发展（11～16岁）

这个阶段数学能力强的儿童，能比较顺利地从算术概念发展到抽象概括程度更高的代数概念，应用字母符号代替数字，可以克服具体数字的局限，使数的概念又一次获得了更大的扩展。随着空间想象的发展，儿童由几何图形的感知过渡到对几何概念的掌握，图形成为抽象概括的符号，使他们能更好地理解客观现实中空间形式的关系。

数学能力超常发展的儿童，这个阶段数学才能的心理结构具有以下特点：

①当他们拿到数学题（或数学材料）时，就能迅速看出问题的内在结构，能透过复杂的现象看到内涵的数学关系；能较容易地发现隐藏在各种具体细节背后的一般原则、法则，从而迅速抓住主要的、基本的、一般的东西。他们对数、形的概念系统，对复杂的数、形关系的抽象概括能力有了进一步发展。

②他们对数学的记忆出现了新的特点，记忆已从具体、特殊的材料中解放出来，迅速地将数量关系、问题的类型、概括的解答方法、推理和证明模式、证明的基本路线等清晰、牢固地保持下来。

③他们在解数学问题时，思维的灵活性进一步发展，能够毫无困难地从一种运算方式转到另一种运算方式，不受习惯解法的束缚，能迅速地找到解决问题的各种不同的解法。他们往往还能省略推理的中间环节，减少相应的运算步骤，因而在处理数学信息过程中，表现了较高的速度。他们中有些人解决复杂的数学问题时常有直觉显现，先出现直觉、顿悟，然后再进行逻辑推理运算。

④这类早年表现对数学具有浓厚兴趣的儿童，在这个阶段已逐渐发展到对数学或与数学密切相关联的某个理科的特别偏爱，并在他们的心目中逐渐形成理想，成为终身不断探索的事业。

第四阶段，数学才能基本形成（15～16岁以后）

在学习高等数学的过程中，加工数学信息的新的策略和系统进一步获得，更为复杂的运算系统，“元系统运算”的建立，以及数学知识、理论的在实践中应用，数学才能的心理结构的发展趋向完善，或基本形成。

应该说明：由于研究者对儿童数学才能的发展从过程方面进行的研究还比较少也不够系统，因而上述的概括只能说明发展的一般趋势，为今后进一步的研究提供一个基础；另外从目前积累的材料看，各个发展阶段的年龄跨度较大，这既与儿童数学能力存在很大的个别差异有关，同时也与儿童所受教育条件的不同不无关系。数学才能如何随着儿童年龄的增长而发展，是一个很有意义的问题，值得进一步探讨。

四、孩子特殊才能的培养

儿童的特殊才能是在先天素质的基础上，通过教育的培养，以及儿童亲身参加某种专门的实践活动，而逐渐发展起来的。有目的、有计划的教育和训练（锻炼），对儿童形成某种特殊才能，具有重要的意义。

（一）特殊才能培养的途径

国家建设需要各种专门人才，对儿童特殊能力的超常发展非常重视，社会上通过许多途径，为具有各种特殊才能的儿童提供了充分发展的条件，下面列举三条主要途径。

1.学校是培养儿童特殊才能的主要途径。儿童的特殊才能的高度发展，是建立在智力、一般能力发展的基础上，多种特殊能力的独特、完备的结合。小学和中学担负着对儿童进行基础教育的任务，因此，学校教育要促进儿童全面发展，包括特殊才能的发展。具体做法有三类：①建立超常儿童实验班或特长班（如外语、美术、音乐、体育等）。②在课程计划中增开多种选修课。如:开设现代小说研究,数学建模,网页制作,武术等。

③课外建立特殊兴趣小组。如：绘画、陶艺、音乐、创造发明等。

2.社会上为儿童特殊才能的发展创办的各种特长班（校），如数学奥林匹克班（校）、计算机班（组）；外语学校、舞蹈学校、业余体校，以及网上学校等。这些活动都是利用课后、周末或假期进行。

3.家庭为孩子特殊才能的发展创造各种有利条件。家长了解孩子的潜力或特长，有针对性地帮助孩子制订个别发展计划，并鼓励、监督或指导孩子坚持自学和训练。如有的儿童在家自学数学，数学才能突出发展；有的自学外语，8岁掌握了三种外语；有的自学计算机教程，学会设计及编程序等。家长还可根据孩子的潜力，提供必要的物质和精神的支持。如，聘请指导老师，联系适合的特长班（校）等。

（二）特殊才能培养过程中应注意的问题

为了帮助孩子能够有效地发展特殊才能，健康地成长，在对他们进行教育培养的过程中，应注意以下几个问题：

1. 发现孩子特殊才能的潜能所在因势利导

每个孩子都会具有某方面的超常潜力或特殊才能，每个儿童特殊才能的类型和特点又有不同，要有针对性地培养。首先，就要能了解、发现他们在哪方面或哪些方面有发展特殊才能的可能，也就是说要细心观察，深入了解孩子具有哪些方面的潜能，然后才能有针对性地为他们提供适合的条件，给予因势利导，才能有效地促进其发展。

观察什么呢？是否有一些能预示孩子潜力的指标？根据一些研究和经验，可以总结出以下几点作为参考：①兴趣是一个重要的指标，孩子对某方面特别感兴趣，常常预示了他在某方面有比较大的发展潜力。②专心也可作为一个指标，孩子如能比较长时间地玩一个东西或专心做一件事，也可能表现他在这方面有潜力。③学习某方面知识或技能比较轻松、容易，接受比较快，也可能表明具有一定的潜力。④显现出某方面的闪光点，如巧妙地解决了某个智力的或实际的难题。对于不同类型的特殊才能，识别的参照指标，请见第六章超常儿童的鉴别。

下面用一例来说明：有一个孩子叫徐敏，她从小喜欢听故事。她爸爸给她买了《娃娃画报》、《看图说话》等许多儿童读物，她爱不释手，总缠着妈妈一遍遍地读给她听。4岁时，家长发现一个故事只要给她读一两遍她就能复述。她发音准确，吐词清晰，对语言有较强的感悟能力。5岁半，她升入幼儿园中班，每周有一节英语课。老师和家长都发现小敏对英语特别感兴趣，在班上学习成绩也是最好的（符合①）。幼儿园的英语学习远不能满足她的渴求，在家里她还坚持收听广播英语和电视英语教学节目，以及家长为她买回来的英语磁带（符合②）。她还报名参加了《新概念英语》的学习班，坚持学完1～3册，获得了结业证书。经过五年多英语的业余学习，她这个小学五年级的学生却已学完了初中和高中的英语（符合③）。9岁的她参加了英语电视大赛获得了初中组的三等奖；第二年又参加了中国国际广播电台等单位联合举办的英语文艺表演比赛获得特别奖；11岁时她参加托福考试获得了653分的好成绩（符合④）。小敏是一个全面发展的孩子，在学校多次被评为“三好学生”。

有些家长主观强迫孩子学这或学那，例如孩子对音乐不敏感、没兴趣，却强迫她/他去学琴或其他乐器；孩子手巧并喜欢搞小制作，可非勉强她/他提早识字或计算。这种不是根据孩子的潜力或优势，因人而异地提供发展的有利条件，指导、促进其才能的发展，因而是不好的，不利才能的发展。

但是，发现孩子的潜力，并不很容易，往往需要一个过程，有时这过程还比较长。一方面，因为儿童不同的特殊才能发生、发展早晚不一，如音乐能力显露早，数学能力表现较晚；另一方面，不同儿童也有个别差异，即使同一种才能，例如数学才能，有的孩子早在4～5岁就有表现，有的要到初中以后才显露。而且才能表现早晚也与教育的条件、方法有关。因此，当你经过一段时间的努力，在孩子身上还看不出超常潜力时，不要轻易下否定结论，更不要轻易放弃，应该分析原因，改进教育方法，要有足够的信心和耐心。

2. 正确处理好特殊才能与全面发展的关系

具有特殊才能的人，是国家和社会十分重视的专门人才。某种特殊才能早期超常发展的儿童，具有成长为某方面杰出的专门人才的极大可能。任何特殊才能，要能充分发展，都应从小贯彻全面发展的教育方针，从小重视德、智、体全面发展。因为研究表明，儿童智力和才能的超常发展和优异成就的取得，不仅取决于他们的聪明才智，还取决于具有良好的个性倾向和品德。再从特殊才能的结构看，任何特殊才能都不是单一的能力，而是某方面的特殊能力与良好发展的一般智力、个性品德，及有关知识技能的相互关联相互制约的复杂的组合。

幼年或童年初期，在人的一生中，是发展的一个关键时期，德智体各个方面都在这时期奠定最初的基础，这个时期是否能全面发展，关系到一个人今后的全面发展，关系到他们特殊才能发展的高度，即所谓的“根深才能叶茂”。不少儿童特殊能力在幼儿时期已超常出众，如：出口成诗，或心算能力非凡，有些家长仅仅着眼于强化孩子显露的特殊才能，而忽视了一般心理，特别是良好个性品德的培养，放松了对儿童的基础教育。其结果，造成孩子兴趣狭窄，过早偏科发展，最终特殊才能的发展也受到了局限。在现实生活中，这样的实例已不鲜见。

在特殊才能儿童成长的过程中，出现心理不同方面发展的不平衡现象时常可以见到，如某方面才能突出但个性上问题不少，如：孤僻、多疑、不合群等；数学或文学超常，其他学科都学不进，不及格。究其根源，无不与家长没有从小重视孩子的全面发展有关。只要家长从孩子小时候开始，既重视发展他们某方面的特殊才能，又不忽视打好基础，更不忘培养孩子具有良好的个性品德，并能注意孩子的身体健康。毫无疑问，这样就能保证孩子身体、心理的不同方面的全面、协调地发展。

3. 鼓励孩子深入生活实践获取经验和素材

特殊才能的发展离不开生活实践，一方面，各种特殊能力都是通过实践活动表现和发展（前面已论述）；另一方面，特殊能力创作的素材无不来源于生活实践，自然和社会实践是各种艺术创作和科学创造取之不尽的源泉。

仅有语言能力未必能写出好的文章，还必须有可写的、引人入胜的生活经验。文学创作要有生活的原型，即使已成名的文学家，能创作出新的有意义的作品，与他们能持续不断地深入生活实际，去体验、获取新的经验和素材，是完全分不开的；少年儿童能写出为社会认可、称赞的文学作品，也离不开独特的生活经验；少年儿童的创作多为童话或幻想小说，这并非是脱离社会生活凭空想象出来的，而是小作者根据自己对现实生活的观察和体验，发挥独特的想象力，通过艺术夸张的手法完成的。儿童的绘画同样离不开对现实生活、对实物的观察，通过反复的写生活动广泛收集绘画创作的素材。科学技术方面也必须深入实际，在取得第一手的数据、材料的基础上，才能有所发现和创新。

教师和家长要多组织孩子接触大自然和社会，并在儿童深入社会生活的实践中，指导他们善于观察、剖析社会的各种现象，分析、了解各种人物的行为及其内心世界，从中广泛获取生活的经验和体验。只有当孩子在他们的记忆宝库中，不断储存的各种生活现实的表象、素材越丰富、深厚，一旦需要时，才能及时、灵活地提取，顺利、出色地完成任务。

4. 培养特殊才能应考虑儿童的年龄特征

儿童心理发展是有规律性的，特殊才能的形成也有其规律，在不同年龄时期表现不同特点。因此，培养儿童的特殊才能应遵循其规律，考虑不同年龄阶段的特点，不能因他们特殊能力超常，就忽略了他们的年龄特征，不然将很难收到较好的效果。

大量事实表明，儿童早期特殊能力的超常发展，与他们对某方面的强烈兴趣分不开，教育者应善于根据儿童的兴趣，为他们创造发展的良好的条件，以启发引导、鼓励为主，应当废除强制的训练。在教育方式上，对婴幼儿，应多利用实物、形象的材料；多树立榜样、多具体示范；多采取游戏、竞赛等形式；避免抽象的、说教式的、成人化的方式。

对超常的少年儿童，他们的抽象思维、空间概念、自我意识发展到了一个新的阶段，自觉性独立性明显增强，应更多尊重其主动性、独立性，指导他们掌握方法，多放手让他们自己学习和动手自己解决问题，从而发展得更好，获得具有各自的独特风格。某些才能（如写作、绘画等）的发展，在青春期前是一个关键阶段，这个阶段是掌握特殊才能的技能、技巧的敏感时期。例如绘画，7岁前如果教给孩子绘画的技能、技巧效果不会明显，而8～9岁以后则不同，他们学习、掌握技能技巧的兴趣和能力日益增长，这时如果得不到鼓励和满足，绘画才能就不能进一步提高，儿童对绘画的兴趣和信心就有可能衰退，绘画才能的发展由此可能夭折。相反，如果他们学习掌握了前人的创作方法、技巧，创作成果获得较高的评价，他们对绘画的兴趣日益增长，以至逐渐成为自己终身追求的事业。

中小学生正处于身体发育时期，有些特殊才能如体育、舞蹈才能，不同年龄儿童的生理、身体发育的水平不同，培养这类儿童的特殊才能时，还要考虑他们生理和身体的年龄特点。例如，对学龄初期的儿童，由于他们的骨骼较柔软，容易弯曲，心脏容量小等特点，要防止单调及用力过大的运动等。

5. 提供特殊才能必须掌握的技能技巧并反复训练

任何特殊才能都有需要掌握的技能技巧，不仅体育运动才能有需要训练的运动技能技巧，乐器演奏需要掌握弹奏技巧，文学创作有一套语言艺术构思和表达的方法、技巧，数学运算也要遵循数学问题解决的技能，……各种才能的技能技巧不可能自然而然地形成，而是需要在掌握这种技能技巧的实践活动中，通过大量反复的训练才能形成。各种技能的形成一般都要经历一个过程，技能形成的过程是有阶段性的，不同阶段表现出不同的特点。如何训练有利于技能技巧的形成？总结提出以下几点：

(1) 并非任何年龄的孩子都会对掌握某种技能技巧产生需要感，产生兴趣。比如，幼儿不会有学习绘画技能技巧的需要，他们不会感兴趣，即使成人要求他们掌握，也不会有多少效果。只有到了大约8～9岁以后，才会产生要求和兴趣。

（2）任何一种特殊才能都具有其形成的历史传统，有历史上形成和积累的一套技能技巧，通过对该领域传统文化、历史的了解和学习，有利于激发儿童掌握该领域技能技巧的积极性。

（3）帮助儿童掌握某种才能的技能技巧，不能只进行理论讲解或口头上的指导。如果进行口头讲解应结合行为示范，并安排儿童从事该技能技巧的活动，在应用的实践活动中掌握和提高，逐步达到熟能生巧。

（4）复杂的技能技巧一般是由许多局部动作构成的，训练时可先对局部的动作分别进行训练，各个局部动作初步掌握后，再联合成整体进行技能的整体训练。这个阶段侧重解决各个动作之间的协调，以促进整个技能技巧的完善发展。

（5）各种技能技巧的形成需要经过一定的练习，练习一般的趋势是：

①练习的成绩逐步提高，表现在速度加快和准确性提高；

②练习的进步先快后慢，开始成绩提高比较快，经过一个阶段后成绩上升趋向缓慢；

③技能发展的速度有时快一些，有时慢一些，练习的成绩出现起伏现象；

④练习的中期，往往会出现进步的暂时停顿现象，即练习曲线上所谓的“高原期”现象，但在高原期后，又会继续上升；

⑤在技能发展的最后阶段，出现成绩的相对稳定，似乎练习达到了“极限”。

因此，在特殊才能训练过程中，不能因训练成绩起伏或暂时停滞不前而终止训练，而应持之以恒。同时，注意一种技能的训练要防止时间过长，避免儿童出现训练的疲劳现象。在训练的过程中，应由简单到复杂，由单一动作到复合动作的协调发展。要指导并鼓励儿童不断坚持练习，自觉追求、精益求精。

特殊才能就是在完成某种专门活动中，必须的多种特殊能力的独特结合和高度发展，以保证该种专门活动的顺利完成。

儿童的特殊才能的发生、发展是有规律的，儿童特殊才能发展的一般趋势：1.特殊才能在儿童参加的实践活动中发生和发展。2.特殊才能的发展以相应的生理素质为前提。3.特殊才能与一般心理相互联系着发展。4.特殊才能是多种能力有机结合的发展。5.特殊才能的发展需要相应的特殊知识和技能的训练。

家长在培养孩子的特殊才能过程中，应注意：1.发现特殊才能潜能应因势利导。2.正确处理好培养特殊才能与全面发展的关系。3.鼓励孩子参加生活实践获取经验和素材。4.培养特殊才能应考虑儿童的年龄特征。5.提供特殊才能必须掌握的知识和技能、技巧并反复训练。

第六章　创造力的发展

创造能力是人类特有的一种心理功能。人人都具有创造的潜能，在儿童时期已有表现。然而，在现实社会中，人的创造力的表现却存在着非常明显的个体差异。只有少数人创造能力得到高度的发展，为人类社会做出了杰出的贡献。多数人的创造力表现平平，还有少数人创造力表现不明显。

那么，什么是创造力？创造力主要由哪些心理成分组成？儿童的创造潜能怎样才能充分发展？哪些因素能促进，哪些因素又会妨碍它的发展？老师和家长在培养孩子成为创新人才方面应该怎么做？

一、创造力和创造性活动

（一）什么是创造力？

创造力就是个人运用已知信息，进行加工改造，产生出新颖、独特并具有社会或个人价值的成果（产品）的能力。所谓新颖、独特的成果（产品），包括物质的（如：新技术、新工艺、新产品等）和思想的（如：新思想、新观念、新理论）两大方面。创造性的成果又可分为三个水平或层次：最高水平或层次，是指发明或发现了人类社会前所未有的东西，比如我国古代的四大发明，爱因斯坦的相对论等；第二个水平或层次，是指对原有的东西进行改革，增加了新的成分，对社会具有了新的价值和用途，比如各种技术革新；最低水平或层次，是指对个人来说是前所不知或不会的，现在自己发现或会了的，比如儿童在学习中自己发现了新的方法，虽然这种方法前人已有应用，而对他个人来说是新的发现，这也是一种创造，即创造性的学习。因此，创造力一般被认为是人（包括儿童）在不同的领域，以不同的水平，产生新的有价值的成果（产品）的能力。

创造力不只是某种单一的心智能力，而是多种心理成分交互作用的统一体。在多种心理成分中，创造性思维是创造力的主要成分，但是任何创造活动，创造性问题的解决或新产品的产生，不可能只是创造性思维单独作用所能完成的。富于创造力的人一般都有敏锐的观察力，他们往往能从常人司空见惯不加注意的现象或问题中有所发现。他们有良好的记忆，能有效地识记、储存和提取必要的信息。他们有高度集中的注意力，不然任何创造活动都不能顺利进行。他们还有积极的创造动机，浓厚的创造兴趣，创造的激情，并能专心致志，有坚强的意志和性格。所以，人从事创造性活动一般都是多种智能和个性特征共同作用的结果。

儿童的创造潜能从小时候起就有表现，其创造潜力应从小开发。家庭应成为对孩子进行创新教育的主要基地之一，家庭环境和教育应有利于孩子创造潜能的发展，为培养孩子成为创新性人才奠定良好的基础。

人类进入21世纪，知识经济已成为新世纪的特征。知识经济的发展主要依靠知识、技术的不断创新，依靠创造发明、发现的不断涌现。这就急切需要培养一代具有创新素质的人才。

所以，培养儿童的创新能力已日益显露其特殊的意义。这是时代发展的必然趋势，是国家建设的急切需要。传统的应试教育长期束缚了儿童创新能力的发展，不能适应时代新形势发展的需要。因而必须对这种妨碍学生创新精神和创新能力发展的教育观念、教育模式、教育体制等进行一系列的改革。

（二）什么是创造性活动？

人类的创造性活动涉及所有领域，从宏观到微观，从物质到精神。创造性活动的结果导致发现和发明。发现是指人类对客观自然和社会现象、规律和物质特性的认识和揭示，产生新概念、新定律、新理论。如牛顿发现万有引力，爱因斯坦创立相对论，达尔文提出物种进化论等。发明是指研制出以前没有的新事物、新产品和新技术、新方法。如我国古代的四大发明，爱迪生的千余项发明，弗雷德里克·桑格关于测定DNA碱基排序方法的发明等。对已有产品或技术进行改革，使功能更趋于完善称为革新。革新也属于人类的创造性活动，在革新过程中，也有可能创造出新事物、新技术，转化成为发明。客观世界不断运动发展，人类的发现和发明永无止境。“世界总是这样以新的代替旧的，总是这样新陈代谢、除旧布新或推陈出新。”

创造性活动不是成人的专利，许多少年儿童在课外热心参加创造发明活动（或创作）。例如，2001年被评为第八届北京市中学生“希望之星”十佳中学生的洪玮哲，是北京人大附中的“十佳优秀学生”。他发明了一种用于投掷器材的警示装置，并结合铁饼的特点，将该装置埋置在铁饼内，制成飞行中可发出鸣响的铁饼。该项发明于1998年第十一届全国发明展览会上获金牌奖、1998年北京市青少年发明创造评比中获一等奖，还被“王丹萍科学技术奖理事会”授予“王丹萍青少年发明奖”，1999年6月被授予中国实用新型专利权（专利权人，第一发明人），以及1999年10月获波兰第二届国际发明博览会特等奖。1999年，他又与同学合作，完成并提交了《关于机动车道分配规划的一种模型》的论文，在北京市高中数学知识应用竞赛中获论文一等奖（第一作者）。此外，关于“A Smart Alarm System Used in Throwing Sports Apparatuses”的研究项目，经中国科协选拔作为中国代表队的12个项目之一，参加了2000年5月在美国举行的第51届英特尔国际科学与工程大奖赛（Intel ISEF）。

洪晔哲同学的上述发明成绩并不是突然冒出来的，其实早在小学时他就有强烈的创造欲望和灵感，曾获北京市海淀区电子技术竞赛等奖项，进入中学后更加一发不可收。同样，在全国范围内，类似他这样利用课余时间进行创造发明活动，并取得丰硕成果的中小学生不少。而且，我国中小学生的创造性活动不限于科技方面，从一项对北京中小学生课外活动的调查看，72%的人热心文艺，21%的人从事体育，只有7%的学生投入科技活动。由此看来，在文学、艺术和体育方面，儿童、青少年的创造性成果想必更加丰富。

1. 创造性活动的过程

不论是哪种创造性活动，科学研究、技术发明，文学、艺术创作，或是体育竞技，尽管创造的对象不同，创造者所使用的方法不同，创造的成果表现形式不同，然而创造的基本过程可能有相同之处。创造的基本过程是指人从开始进行创造性活动到新产品（包括物质的和思想的）产生的一般心理历程。历史上，很早就有许多研究者对人类的创造发明过程具有极大的兴趣，对不同领域的创造者的创造过程进行了多方面的研究，尽管对创造过程的阶段划分不尽相同，有的分得细一些，有的粗一些。多数研究者把创造的过程总结为四个阶段。即准备阶段：包括发现问题、收集资料、确定选题；孕育阶段：主要是利用各种知识、经验和方法，对问题进行各种试探性的解决；领悟阶段：经过前阶段酝酿，灵感或顿悟突然闪现，新的构思或新观念豁然明朗；检验阶段：通过逻辑推理，实验或调查等方法对新构思、新观念进行验证。但也有的人更概括，认为创造过程分为三个基本的阶段，即：准备—顿悟—验证。

2. 聪明孩子创造性活动过程举例

聪明孩子从事科技创造或艺术创作活动的过程与成年科学家、艺术家们的创造活动所经历的过程是否基本相同？家长如能了解他们创造过程的发生、发展过程和特点，在必要时就能对孩子的创造性活动给予鼓励、支持和帮助。不过，由于研究儿童创造发明过程有一定的难度，因而下面只能根据两个不同类型创造活动的调查材料，来对他们创造活动的基本过程进行尝试性的分析。

［例一］小发明家徐琛，女，原来是上海和田路小学的学生。这所小学很重视启发和培养学生的创造力。她10岁开始学装半导体，12岁时已有多项小创造小发明，如活动天平秤、磁性台灯、重力奔马等都在市一级比赛中得过奖。她共获得近十个全国、市、区级的创造发明奖，其中“防触电插座”不仅在全国第二届青少年创造发明比赛中获得一等奖，而且在世界第三届青少年创造发明比赛中获得最佳作品奖。下面简单围绕她的这项发明创造，看一看其过程是怎样的。

她为什么要搞这项小创造？这涉及问题的发现和提出。起因是她的弟弟有一天用铁钉捅电插座玩触了电，弟弟虽然脱险，这件事却使她看到了现在通用的电插座不安全，必须改革，以免再有孩子出危险。接着她查找了许多资料，了解有关电学方面的知识为改革作了较充分的准备。

在学习准备的基础上，她反复思考设计，草拟了一张又一张图纸，约两星期后，搞成一个防触电插座的模型。拿到学校听取老师同学的意见，经仔细察看，发现存在不少问题，如一般插头不能使用这种插座；三相插头也插不上。怎样改进？这些问题使她困惑不解，又放不下来。

恰巧有一天，她陪奶奶上街买东西。当她经过一扇旋转门走进百货商店时，脑中豁然开朗。一个想法在脑中闪现：一扇转门只能走一个人，防触电插座能不能搞成活门绝缘？联想到自然课中学过的闸门原理：甲门关住、乙门打开；乙门关住、甲门打开。解决办法有了，她非常兴奋。于是就利用闸门原理，在插座里装上两道活门。只有当插头从两个孔同时插入，两道活门才全部打开，电源才能接通。这样"防触电插座"终于设计完成。经过实际检验，制出了第二代产品。

可见，这项小创造发明经历了准备、孕育、明朗和检验四个阶段，虽然孕育和明朗时间上交织在一起，但是这种情况在成年创造者中有时也是难免的。

［例二］小诗人田晓菲，从小爱好文学，1岁多开始学儿歌，5岁已能背诵大量的古诗词，6岁开始写诗，8岁开始在《人民日报》、《诗刊》、《儿童文学》等50多家报刊上发表诗稿几百首。11岁时出版了《绿叶上的小诗》及《快乐的小星》两本诗集。她阅读过许多文学历史名著，9岁开始记日记，3年中共记了7个大本子，其中三分之一的篇幅是读后感。她写过童话和小说，还把王力主编的《古代汉语》中的200多篇古文和诗词全部译成了白话文。她13岁时考入北京大学的西语系。

下面对她写诗的过程简单作一介绍。

准备：从她的简介中可以看到，她在开始写诗之前就大量背诵了儿歌和古诗歌，学习了写诗的基本知识和技能（格律），为创作诗歌奠定了坚实的基础。她的每一首诗的主题的产生，一般都受当时生活实际意境的启发。如创作《金黄的云》，缘于她家住城郊，秋天稻谷成熟一片金黄，呈现丰收的景象，使她浮想联翩，萌生围绕金黄题材创作诗歌的冲动。

灵感：田晓菲的妈妈曾经介绍说："她成了'诗魔'，不论在房后田野里散步，还是楼下玩耍，常常突然抽腿往家跑，急急忙忙把捕捉到的诗句记下来。"她所写的《咚咚》就是记述这种精神状态的。

咚咚，

咚咚，

妈妈呀，快开门！

快一些！

快一些！

给我笔和纸！

莫要让我，

把珍贵的诗兴，

丢到了田野，

被小麻雀衔走。

修改：她告诉研究者，小时候容易满足，写诗前只打腹稿，边写边改，写完不再修改，上大学前对自己提高了要求，写写总觉得很不满意。写时兴奋，写完了又觉得不满意，总想再改好一些。

显然，上述两个实例还缺乏代表性，不可能据此作一般性的概括，然而从这两例的具体材料中，我们可以推知：①这两例创造各有特点（如小诗人诗兴来了做诗时间短，阶段重叠不易具体划分），但是他们的创造活动都是经历了一个过程，其中顿悟和灵感的作用非常明显。②与成年科学家和艺术家的创造过程相比，聪明儿童的创造过程比较简单，但创造过程的顺序基本相同。

二、创造性想象的发展

（一）何谓创造性想象？

想象是人对脑中过去形成的形象、表象进行加工改造，从而形成新形象的心理过程。

按照想象的创造性的程度，可将想象分为再造性想象和创造性想象。

再造想象是指人根据别人的描述或图样在脑中再造出新的形象。创造想象是人依据自己的创见，对脑中的记忆表象独立地进行分析综合、加工改造，从而产生出新的形象。例如，唐朝的骆宾王，7岁时创作《咏鹅》。

鹅，鹅，鹅，
曲项向天歌，
白毛浮绿水，
红掌拨青波。

这首诗充分显示了骆宾王的创造性想象。而今日的小学生吟诵这首诗时，脑中按照《咏鹅》的描述，将自己过去感知过的有关鹅的表象，按照诗句内容重新组合，在脑中形成独具特色的画面，这就是再造想象。再造想象尽管是根据别人的描述在脑中形成的新形象，但它毕竟也是新形象的形成，也具有一定程度的创造性。

想象，尤其是创造性想象是人们进行一切创造性活动的必要条件。不仅在文学或艺术的创作中，对人物形象和情节的构想离不开创造性想象；在科学技术发明中，对新产品、新工艺的设计也离不开创造性想象。

爱因斯坦在《论科学》中指出："想象力比知识更重要，因为知识是有限的，而想象力概括着世界上的一切，推动着进步，并且是知识进化的源泉。严格地说，想象力是科学研究中的实在因素。"爱因斯坦依靠思想实验创建了相对论。列宁曾充分肯定想象的重要作用，他指出："有人认为，只有诗人才需要幻想，这是没有理由的，这是愚蠢的偏见！甚至在数学上也是需要幻想的，没有它，就不可能发明微积分。"廷德尔也列举事实说明想象在科学上的重要性："牛顿从落下的苹果想到月亮的坠落问题，这是有准备的想象力的一种行动。根据化学的实际，道尔顿富于建设性的想象力形成了原子理论。而对于法拉第来说，他在全部实验之前和实验之中，想象力都不断作用和指导着他的全部实验。……”所以，创造性想象对各种领域的创造性活动都是不可缺少的因素。

可见，创造性想象与创造性思维的关系密切，两者的作用是相辅相成的。一个人如果缺乏创造性想象，他的创造性思维也难以高度发展。联系到我们的儿童，他们在学习和游戏中也离不开想象，新颖丰富的联想或新形象的出现都离不开创造性想象的作用。

（二）聪明孩子创造性想象的特点

想象萌发于婴儿期，幼儿期时有意想象初步发展，再造想象的发展占优势；到幼儿后期，开始出现创造性想象。儿童入学后，在良好的教育条件下，想象的有意性迅速增长，创造性成分逐渐增加，想象的现实性、精确性、逻辑性也有了发展。到少年、青年时期想象进一步发展，有意性逐步占主导地位，创造想象基本上占优势，现实性进一步发展。

根据对聪明孩子创造性想象发展的研究，发现他们有三个特点：①创造性想象出现早；②想象内容更为丰富、活跃；③创造的成果多（多产）。下面列举几例说明。

在文学方面：1995年被共青团中央评出的中国10名小作家之一金今，她1岁开始画画，3岁开始创作诗歌，5岁时已经是一个有500多首诗歌和2000多幅绘画作品的小作者了，这说明她创造性想象出现早（符合①）。5岁时，她出版了两本诗集《爱世界》和《五岁孩子的诗》，收入了她4岁和5岁的诗作350多首，绘画20多幅。两年后，她的第3本诗集《一团灵感》出版，发表了她6至7岁的诗作180多首，后来又出版了第4本诗集《心的呼声》，发表了诗作190多首。她还画了600多幅造型各异的绘画作品，4岁和7岁时分别举办过两次个人画展，展出绘画作品2000多幅，其中她的绘画《公主百图》获得中国第一届儿童绘画大赛特等奖。这些不仅说明她的创造性想象内容丰富和活跃，而且还足以说明她的创造成果多（符合②③）。下面是她5岁时创作的一首诗，从中便可见一斑。

我的诗，
像蓝色的海。
但是，
它们里面有纯洁，
有善良，
也有很多的爱。
我喜欢我的诗，
因为，
我的诗很好。
是爱和那种善良的心肠来合在一起，组成的一首首诗。
我的诗，和蔚蓝的大海一样的蓝。
我是从一个童话里走出来的，
谁也想不到，
我的王国是什么样。
我的王国，充满了欢乐和光明，还有智慧，
还有一些小灯笼挂在天空。
那都是一些智慧，
那都是我做诗的智慧。
当它们灭了一个，就会增加更多的智慧。
我爱我的诗，
我的诗，
给人们带来了各种美和爱。

在绘画方面：被誉为当代东方毕加索的小画家王亚妮，2岁半开始握笔绘画，最初的画虽然只是一些别人看不懂的符号，然而每张画她都可以讲出生动的故事。这表明她在掌握绘画技能之前，就能用自己创造的符号表述她的丰富想象。她3岁开始画猴。动物园猴山的猴子引起了她极大的兴趣，回家后一遍又一遍地画，从“四不像”画到自认为满意的猴子。由此各式各样的猴子就活跃在她的一张张的画面上。在她笔下的猴子：有的会说话，会讲故事；有的会哭、会闹、会耍赖，会说悄悄话，会开玩笑；有的会拉二胡，会耍杂技，会捉迷藏；有的在偷果子，还会偷酒喝，喝得酩酊大醉……多么有趣的画呀！每张画都是一个故事，显示出她非常丰富活跃的创造性想象力。

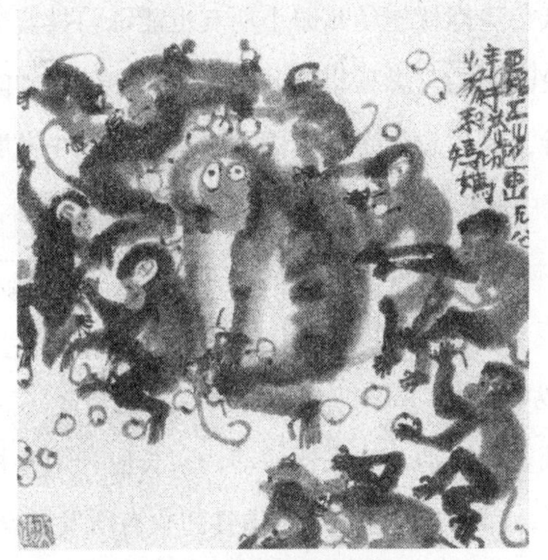

图6-1　王亚妮5岁的画

让我们再欣赏一个孩子的画，这个小画家叫谭文西，大家叫他阿西。他5岁时，画的山水已很逼真。他擅长画猫，8岁时他画的《群猫游戏图》上，一百只动作、神态各异的猫，有的在奔跑，有的在抓蜻蜓，有的在沉思，有的在打盹……同样表现了丰富的想象力。下面是《群猫游戏图》中的一部分。

图6-2 阿西8岁画的《群猫游戏图》（部分）

另外，我们从孩子们的小创造小发明活动中，也能察觉想象的重要作用。小创造发明者的脑中往往先有“想象实验”，而后才有纸上的设计，才有新产品的出现。就以不太复杂的“多用升降篮球架”为例，这项小发明是上海和田路小学五年级学生方黎设计出来的。在设计之前她就想到，如果一只篮球架上能多安装几只篮球圈就好了：一次可多几个人练习投篮，体育课上许多同学不用投一次篮要等很久。她后来又想如果既能升高，又能降低，这样就连幼儿园小朋友也能练习投篮了。经过查阅有关科技资料和一段时间的苦思冥想，多用升降篮球架在她的想象中孕育成熟，经过认真设计、制作想象终于变成了现实。这项小发明在全国青少年科学创造发明比赛中获得二等奖，引起了体育器具的改革。

（三）孩子创造性想象的培养

1. 在游戏中激发

游戏、玩耍是婴幼儿的主要活动，家长应利用各种游戏活动，促进孩子的再造想象，同时要促进孩子创造性想象有所发展。

（1）搭积木和拼图，既可以表现又可促进孩子的想象。所以，给孩子买各种积木、拼图，并教孩子玩，启发孩子拼成或建造各种形状的东西（如人、动物、交通工具、日常用品等），对培养孩子的创造想象很有好处。有的家长从来就不给孩子买现成的玩具，而是买回拼制、建构玩具的原始材料，指导孩子或让孩子按照说明或图样自己动手制作，效果十分显著。

（2）游戏是每个孩子的爱好，不仅智力游戏、创造性游戏，即使角色游戏也都可以用来表现和发展孩子的创造想象力。例如，一个3岁幼儿，自己扮演医生，把娃娃当病人，找来一支铅笔当针管，给娃娃打针，这是模仿性活动，然而模仿中有创造的萌芽。

（3）让孩子玩各种各样的棋类，跳棋、象棋、围棋……如何走才能赢，脑中先要想象。有些聪明孩子为了玩出新花样，还自己创造出新棋。如找来一张纸，画上格子，捡几个小石子当作棋子，定出棋规，同学之间对弈起来，同样激动、热烈，创造性想象在游戏中充分表现和发展。

2. 日常生活中积累感性经验

利用各种感觉器官（视觉、听觉、触觉、运动觉等），从小教会孩子细心观察，形成丰富的记忆表象，为想象积累广阔、充实的素材。

（1）有意识地引导孩子，让他们对生活的环境，包括家里各种用的东西、吃的食物、穿的衣物以及玩具等，凡是所能接触到的一切，都要仔细观察、了解，尽量在自己的脑中留下正确、清晰的表象。

（2）多带孩子到大自然和社会中去，让他们了解、感受四季的变化，各种动植物的生长；了解社会的各方面情况，包括人文历史的演变，以增长知识和经验。

3. 实践活动中发展

创造性想象不是凭空产生的，对孩子来说，重要的是通过实践活动来培养。所以不论绘画、艺术表演，还是阅读文学作品，或进行体育活动，都可以激发他们想象的积极性，促进创造想象的发展。

（1）绘画是许多孩子非常感兴趣的活动，不少孩子2至3岁就喜欢握笔画画，通过绘画孩子可以肆意展开想象的翅膀。家长应提供条件，欣赏、鼓励孩子绘画，让孩子的创造想象充分得以发展。

（2）爱听故事是幼儿的天性，对有些孩子、尤其认识字的孩子，书比玩具更有吸引力，阅读图画书会成为他们生活中不可缺少的内容。不论听故事或自己阅读文学作品，都有利于想象的发展。有些家长在指导孩子阅读时，有意识引导孩子局部改编故事情节，然后进一步启发孩子自己来编故事，会大大促进孩子的创造性想象。

（3）体育、舞蹈也是孩子喜爱的活动。鼓励孩子参加体育锻炼或舞蹈活动，不仅有利于孩子的健康和动作的协调发展，也为孩子形成各种动觉、运动表象提供可能，从而促进运动方面想象的发展。

4. 丰富联想

联想是两事物在脑中形成联系，以后便可由一事物想起另一事物。事物之间的联系有许多种，有空间和时间上的关联，事物性质上的相似或相异，以及因果关系等。大量活跃的联想是创造性活动进行的必要前提，可为创造性想象提供丰富的可选用的素材。在家庭中可以通过许多途径帮助孩子形成各种联想，下面举几方面。

（1）通过游戏的形式，启发孩子认识和发现客观事物之间存在的各种关系。例如，和孩子玩找同类物体的游戏，让孩子把家里属于同类的东西（香蕉、苹果、葡萄、橘子都是水果；桌子、椅子、床等都是家具……）指出来。类似地，还可以玩列举有对立关系或因果关系的事物等，使孩子脑中建立起事物之间的各种联系和关系。

（2）给孩子呈现各种几何图形（如圆形、正方形、长方形、三角形等），让他们从现实环境中想出形状相同的东西。可限定时间，鼓励想出的越多越好。例如让它们找圆形的东西，有的孩子一口气能说出十几种：小圆糖、小圆饼干、球、车轱辘、太阳……

（3）引导孩子发现语言的各种联系，比如找反义词（如大–小，上–下，开–关等）、同义词（学习–读书，爱–喜欢）、同音词（东–冬，笔–比，明–鸣）；或者适时进行词语接龙（成功–功课–课表–表演……）和成语接龙（一帆风顺–顺理成章……）等竞赛。

5. 鼓励幻想

幻想是创造性想象的一种特殊形式，它表现为人的向往和追求，也是一种科学预见。符合客观事物发展规律并有可能实现的幻想就是理想。积极的幻想可以成为孩子学习、工作和生活的强大动力，推动他们去迎接各种挑战，克服各种困难，实现美好的理想。

（1）2～3岁孩子已能对好奇、感兴趣的事萌发幻想，如：看见别的小朋友骑车很羡慕，期盼爸爸妈妈也给自己买一辆；看见幼儿园里有许多游艺活动，小朋友在里面玩得非常欢乐，向往有一天自己也能进幼儿园……所以，应通过幻想故事、读物、动画片等多种形式，促进他们发展积极的幻想。

（2）鼓励孩子形成积极的幻想，无拘无束充分自由地幻想。家长不必担心孩子想入非非、沉迷于空想，不要给孩子的幻想泼冷水或限定过多的框框。通常有目的地引导，对积极幻想多给予鼓励，孩子的幻想就能正常发展。

（3）小学生、中学生只要引导合理，幻想已很活跃（如向往当好学生，长大要当科学家、医生……），并逐步趋向稳定。特别进入少年时期后，自我意识进一步发展，人生观初步明确，理想逐渐形成。这时应多鼓励他们阅读适宜的文艺作品，向他们介绍各行各业先进模范、杰出人物的人生追求，帮助他们正确理解人生的价值，丰富幻想，为形成理想奠定基础。

三、创造性思维的发展

（一）何谓创造性思维？

创造性思维是以新的方式解决问题的思维过程，其基本特征为新颖性。它是在创造性活动中发生、发展和表现的思维活动。创造性思维与创造性想象不同，创造性想象是在脑中建立新形象，而创造性思维是对感知信息进行加工，在脑中形成新的概念、判断和推理。无论是科学发现、技术革新、文学艺术创作，或是儿童的发现性学习、独创性的游戏等，都离不开创造性思维的作用。创造性思维的主要成分是发散性思维和集中性思维（或聚合性思维）。所谓发散性思维，就是对问题能从各种不同方向、不同角度去思考，重组过去已经获得的知识和经验，产生新的信息，提出多种假设。因此，发散性思维具有流畅性、灵活性、变通性、新颖性等特点。所谓集中性思维即逻辑思维，就是根据已经获得的信息，力求按照事物的本质和事物之间的相互关系，寻求对问题的唯一正确的答案。集中性思维具有逻辑性、确定性、客观性等特点。这两种思维过程多层次的有机结合，构成各种水平的创造性思维。在任何创造性活动中，如果只有发散性思维，即使发散的量多质好，而没有集中性思维综合发散的结果，进行逻辑加工，以去伪存真，去粗取精，层层深化，最后也难以得出正确而新颖的答案。所以，两者之间是辩证的、相辅相成的关系。

（二）聪明孩子创造性思维的特点

我国超常儿童研究协作组的研究者，20余年前，就曾对超常与常态儿童的创造性思维进行过多项比较研究。发现超常儿童不仅创造性思维测验的成绩，显著高于对比的同龄常态儿童，他们的创造性思维发展的水平，也明显高于常态儿童，而且超常儿童的创造性思维，具有一些明显优异的特点。

有一项创造性思维测验，包括6个分测验，即：A．独创性思维测验，B．可塑性思维测验，C．流畅性思维测验，D．产生蕴含意义的思维测验，E．解决问题的思维测验，F．推理能力测验。研究人员采取个别测验的形式，对11个省市的308名7至11岁的常态儿童，及追踪研究的部分超常儿童进行比较研究。结果非常鲜明，超常儿童这6项测验的成绩，高于比他们大2～4岁的常态儿童的成绩。

另一项创造性思维测验，突出了思维的独创性、可塑性和流畅性特点。对14个省市的1398名7至14岁的常态儿童(各年龄200余人)，及部分超常儿童进行对比研究。其结果：8至11岁的超常儿童，他们的创造性思维测验的总成绩，分别为28.5分、36.5分、26分及30.5分，不仅远远高于同龄常态儿童的平均总分，而且都高于13岁组（13.3分）和14岁组（15.1分）的常态儿童的平均总分。后来，研究者又用这套创造性思维测验对两个超常实验班的60余名超常学生进行重复研究。超常学生7至11岁5个年龄组，他们的创造性思维测验的总成绩，分别为16.7分、21.6分、26.5分、29.3分及29.4分，同样也都明显高于13岁和14岁常态组的总成绩。这些结果都可以说明超常儿童创造性思维在独创性、可塑性和流畅性特点方面，确实比一般儿童明显地优异。

在超常与常态儿童创造性思维水平方面，研究者也进行了比较研究。评定创造性思维等级的标准分为四级水平：第一级（Ⅰ），能根据问题的条件和要求，独立寻求和变换解题的途径和方法，并从各方面进行思考，从而迅速地得出各种正确的答案，且有新颖性。第二级（Ⅱ），基本上能根据问题的条件和要求，努力寻求解题的途径和方法，但不能及时变换思路或解题的途径和方法。第三级（Ⅲ），不会根据问题的条件和要求，独立寻求解题的途径和方法，而是用尝试错误方法去反复尝试。第四级（Ⅳ），茫无所知，不能作答或答非所问。根据评定标准，对超常与常态儿童创造性思维测验试卷进行分析评定的结果发现：常态儿童达到1和2级水平的百分比都不高，7岁组为7.1分，8岁组为10.4分，9岁组为21.8分，10岁组为31.0分，11岁组为31.2分，12岁组为33.3分，13岁组为35.3分，14岁组为37.6分。8至11岁超常儿童达到Ⅰ和Ⅱ级水平的百分比多在80%以上，都明显超过了14岁组，也就是说，超过了大于他们3至6岁的常态儿童的创造性思维的发展水平。

超常儿童在解决问题时，一般思路灵活，善于分析并抓住问题的关键，有策略方法地解决问题。下面仅举一个例子来说明。

有一项测验要求儿童按线条把下面的图分成五个大小一样，形状相同的图形。常态儿童对完成这一项大都感到困难，因为他们都是把四个小正方形按长度或方块来排列，而超常儿童能突破习惯性的思考框框，根据条件和要求，从多方面考虑，思路开阔，因而迅速地解决了问题。一个7岁的超常儿童，先计算了小方块的总数是20。他想按照条件考虑，每个图形

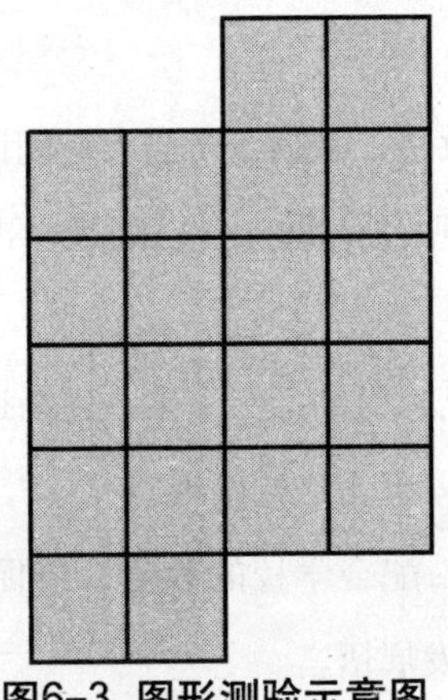

图6-3 图形测验示意图

应是四个方块，因此脑中就设想这四个小方块的排列可以是长方形、正方形、丁字形或阶梯形四种，进而逐步淘汰了不可能的三种，最后选择了阶梯式，较快正确地解答了问题。

超常儿童在平时学习活动中，思路敏捷，联想丰富，善于提出问题，遇问题喜欢追根究底。他们能主动学习新的原理或法则，举一反三，触类旁通。比如学习了加法交换律，自己就能解乘法交换律的题；老师教了一种方法，就能自动应用于解决同类问题。在做习题时，还能从多途径去思考，不满足于书本上的一种解法，能找出更简便的新的解法。不少超常儿童还能发现书本上或试题中出现的问题或错误。

（三）孩子创造性思维的培养

1. 丰富孩子的语言

语言不仅是人们交流思想的手段，而且是进行思维的工具。思维是对客观现实间接的概括的反映，把握事物的本质和内部的联系。概念是思维的基本因素，而概念是由词来表示的，有了词思维才可能对客观现实予以间接的、概括的反映。同时，人们在思考、想问题的时候，需要借助内部言语，即不出声的言语。可见，人的思维与语言关系密切。所以，在孩子语言发展的关键年龄，帮助他们正确掌握语言，尽可能大量地丰富各种形式（听、说、读、写）的语言，对思维尤其是创造性思维的发展有着重要的作用。

（1）结合孩子爱听故事，教孩子学会大量朗读，由朗读到默读，并养成阅读的爱好和习惯。从听别人读，自己朗读，再到默读，整个过程可以锻炼孩子的内部言语。

（2）鼓励孩子把自己想说的话写下来，逐渐过渡到写日记，锻炼使用文字表达思想，从而促进外部言语的发展。

（3）孩子入小学后，配合学校的教学，督促孩子学好语文及有关课程，正确掌握词汇，丰富发展语言。

2. 指导孩子智力操作

在头脑中运用分析与综合、抽象与概括、比较及分类等智力操作，对过去感知的信息进行深入的加工，运用概念进行判断、推理，从而揭示事物的本质和规律。儿童的智力操作是在学习过程中逐渐学会、发展起来的。低年级孩子，智力操作能力还很差，遇问题不会分析，有些家长批评他们不动脑子，甚至说他们“真笨”。其实孩子还不懂得该如何动脑子，家长简单化的批评不仅不解决问题，还会使孩子对自己失去信心，感到自己不行。所以面临上述情况，家长应教会他们如何动脑子，教他们如何对问题进行智力操作。智力操作的形成是一个过程：由外部的、实际的操作向内部的操作转化（内化）的过程；由简单向复杂、低级向高级发展的过程，并随年龄增长而发展。因此，指导孩子智力操作时，要采取适合他们年龄特点的方法。

（1）训练外显的动作操作。对幼儿和小学低年级儿童多进行外显的实物操作，结合孩子的兴趣，运用积木、拼图、结构模型等，让孩子自行设计和制造，进行操作性的分解和组合，通过搭、拼、插建构出花样翻新的房屋、车、船、飞机，或各种动物。儿童好奇，喜欢把玩具或家里用具，拆开（分析）探究一翻，再组装还原（综合）。对此，家长应当持赞扬的态度，因为这样既可训练智力操作，又锻炼了动手能力。

（2）结合学习学会在脑中进行智力操作。儿童入学后，通过学校的各科教学系统获得科学文化知识，其实这个过程也是学会智力操作的过程。因为老师在向学生传授科学文化知识时，同时教他们对所学材料如何进行分析、综合、概括，如何运用词语进行判断和推理等运作。随着年级的提高，学习材料的系统化、复杂化，更多应用直观动作的操作逐步向脑中操作转化，于是智力操作能力便得到相应的发展。不过，并非所有学生都能自觉地通过教学过程学会智力操作，这与老师是否有意识地教、学生是否自觉地学不无关系。因而需要家长多加关注，在检查孩子的作业时，不要只看得了多少分，成绩不错就满足，成绩不好就批评。重要的是根据现成的学习材料，提出一些问题检查孩子的智力操作是否有提高，并且有针对性地指导他们善于从学习材料中进行逐段或逐个问题的分析，找出重点或本质，再综合起来理解，以提高智力操作的能力。

(3) 利用日常事例进行智力操作。家长可以与孩子一起，围绕日常生活中的问题（如怎样节约用水或用电？）或媒体中报道的社会或科学方面的问题（如为什么要进行环境保护？如何从我做起？），进行讨论，启发孩子动脑筋，锻炼孩子分析、比较、综合、判断和推理等方面的能力。

(4) 鼓励独立进行智力操作。有些儿童对一些事情或问题喜欢独自进行分析、概括，进行归类，揭示出某事物的本质或某方面的规律。例如超常儿童侯松明，从小喜欢数学，入小学后对数学更加入迷，自己尝试对数学规律进行概括。

9岁半时，他在暑期里兴致勃勃地阅读了一些趣味数学方面的书籍，抄录了一批他所喜欢的例子（如“孙子定理”等）。在此基础上，他自己也归纳了一些简单的数学规律。下面四例都是他自己归纳出来的：

例一：10^x等于1后边补x个0。

例二：5^x的个位数是5。

例三：一个两位数，它正着写减去倒着写等于十位与个位的差乘以9。如 81−18=（8−1）×9=63。

当时他是景山学校的小学生，老师把他的第三例选去，通过学校的广播节目，播给全校的小学生听。（侯松明的妈妈）

不少智力超常的儿童，对自己感兴趣的领域，喜欢深入钻研、琢磨，常有所发现：概括出一点规律或提出某个独特的看法。不管是否完全正确，或有多高的水平，应该看到，这是孩子智力操作主动性的表现，是智力操作初步内化的标志，家长应该大加赞赏和鼓励，必要时予以指导，以便促进其进一步发展。

3. 训练发散性思维

创造性思维是集中性思维与发散性思维交互作用的结果，可是在目前学校教育的条件下，偏重于集中性、逻辑思维的训练，发散性思维训练的机会较少，虽然有的学校开始有所改进。客观世界纷繁复杂的联系和关系，要能正确认识，深入揭示其内在发展规律，仅靠集中性思维是不够的，必须加强培养孩子的发散性思维。因而家长应利用家庭条件，训练和发展孩子的下列一些发散性思维。

（1）训练思维的流畅性：流畅性也称放射性，是指在一定时间内，思维发散的量既多又快，对一个问题能迅速想出很多点子、答案。通过流畅性训练，使孩子的思维突破僵化。具体训练的方法很多，可以根据条件，利用实物、图形、词语等材料，通过游戏或学习竞赛等形式来训练。最常用的方法有用途列举法，即给孩子呈现一件东西（如砖、尺子等），让他列举其用途，在规定时间内列举得越多越好，除了一般常见的用途外，鼓励列出别人想不到的用途，表明有新意。

（2）训练思维的灵活性：所谓灵活性又称变通性，就是指思维发散的类别的多样性，能随机应变。思维灵活性的训练，可以通过日常生活、游戏、学习等活动，启发孩子发现事物之间的类似和内在关系。比如，给孩子提供：各种吃的东西（水果、蔬菜等），各类玩具（动物、交通工具、各种形状的积木等），以及各种日常用品（家具、餐具、文具等）；也可呈现实物的图片或词语，让孩子按要求或标准进行分类，从中认识事物之间的相同和不同，发现客观事物之间内在的各种关系（如同类、包含、并列、对立、因果关系等）。在做法上，先给他们举一个或两个例子，然后要求他们类推；以后逐步过渡到不给他们举例，让他们自己去概括、发现，以达到举一反三、触类旁通的目的。孩子脑中保存的各种事物的类别、联系和关系越多，在需要时提取信息的灵活性就越高，遇到要解决问题时应变能力则越强。

（3）训练思维的独创性：所谓独创性就是思维不拘一格，能独树一帜，思维具有新颖性。训练孩子思维的独创性，首先在家庭生活中，允许孩子充分发表不同的意见，鼓励他们有自己独到的见解。其次在参与各种活动时，如游戏、搭积木、绘画、编故事、搞小制作……，引导和支持孩子不受陈规旧框框的束缚，敢于标新立异、与众不同。再次，在学习中启发和训练孩子学会质疑，多问为什么，要透过现象，抓住本质，多思考是否合理，是否有根据，锻炼他们敏锐地提出一般同龄人想不到的问题；解决问题时，要指导他们学会查找相关资料，以便提出既新颖又有说服力的见解或结论。

（4）训练思维的可逆性（或称逆向思维）：在现实世界中，不论自然或社会，都存在着对立、相反的关系。因此，应让孩子认识这种关系，从小训练他们善于从实物、数量、语言等各方面，发现这种相反、对立的关系。能由一端迅速联想到其相反或对立的另一端。如白天–黑夜，大人–小孩，加法–减法，正–负，上–下，好–坏……

陈卫的家长认为，孩子的成长除学校教育外，主要靠他自学，家长只不过出出主意，当当参谋和向导，必要时给一些辅导而已。家长怎样当参谋和向导？他认为：激发孩子的求知欲，在培养自学能力上帮助孩子制订超前学习的计划，精选课外读物，训练孩子勤于动脑，灵活思考，以及思维的策略。方法是常将生活中的一些科学问题，或学生提出的疑难问题，有意识地让孩子思考解决。有时遇到难度较大的问题，就用竞赛的方式全家共同动脑筋解决。平时辅导孩子做作业，常进行一题多解、一问多答、顺向推理、逆向反证等思维训练。在家长配合学校的教育下，陈卫的思维具有如下一些特点：

看书时我总是喜欢抓住问题的本质，搞清它的来龙去脉，看清书的骨架……找出与类似概念的区别，……（分析概括能力强）

我碰上难题若用一种方法不行，就再换一种，直接不行，便“迂回包抄”。如证明题，先从条件入手，顺着用综合法去推，到某一步推不动了，便换用从结论出发，用分析法逆推。这两个过程不断交叉进行，或者再换用反证法或数学归纳法，难题总能突破。（思维流畅、灵活，并具有可逆性）

知识往往具有相关性，数学工具应用到物理之中，可以简化思路，看清本质。……另一方面，物理的形象，如流体力学中的环流流量，又可以给抽象的数学概念如曲线积分与曲面积分提供清晰的过程和完整的形象，使自己理解得更深更透。（思维灵活、有独创性，并有迁移能力）

我在思考问题时，思维常伴有直觉的涌现。（直觉是超越推论而达到快速的领悟，是创造性思维的特点）

4. 鼓励思维的批判性

批判性思维是建立在更广阔知识和经验的基础上，思维不受传统的、权威的思想的束缚，对某个问题有不同的见解，分析、判断有根据，敢于评价或否定。这是创造性思维非常重要的特征。不少超常儿童、青少年常常有这一特征，侯松明就是其中之一。

爱学习肯钻研确是孩子的优点。从小学上奥校时起就对解题有极大的兴趣，遇到难题从不放过。趣味数学题往往不止一种解法，家长鼓励他采用多种思路。在八中少儿班学习期间他经常与数学、物理老师讨论题的多种解法。奥校学习也锻炼了他审题的严谨态度。高中物理作业做某道气体性质题时，他通过逆向思维指出题目本身不成立。尽管分析得不很准确，但提出了大学普通物理课都未涉及的由于重力作用气体密度的分布梯度问题。老师肯定了他的钻研精神。（侯松明的妈妈）

思维的批判性和其他特征一样要从小培养，家长要在适当的时候，用孩子理解的语言，告诉他们许多真理都是相对的，要他们不迷信权威和书本，凡是要多问一个为什么，看是否合理，养成敢于提出质疑的习惯。

5. 锻炼解决问题的能力

思维就是不断提出问题和解决问题的过程。当人面临一项任务而又没有现成的手段、办法去解决时，就会形成问题，解决问题会引发大量的思维活动。孩子出于好奇，很小就爱提问题，如何引导他们把自发的、肤浅的发问，引向自觉的、有意的、深刻的提出问题，并坚持探索，直至问题得到解决。从发现问题到解决问题的全过程，要求集中性思维与发散性思维的交互作用。家长可结合实际需要，锻炼孩子解决问题的能力。

（1）鼓励孩子在生活学习中发现问题。结合提问，启发孩子运用集中性思维，对其进行分析、概括出问题的关键和本质，舍去无关的内容，使问题清晰、明确。

（2）根据提出的问题，启发孩子运用发散性思维。可借助已掌握的知识，寻求尽可能多的、各种可能的解决办法。

（3）面对所寻求到的办法，运用集中性思维逐个分析、推敲、判断；结合发散性思维及非智力因素，反复酝酿，直至产生顿悟（灵感），明确一种最佳的（新的）解决办法。

（4）指导孩子再运用集中性思维评价最佳的解决办法，或通过实践进行检验。

下面举一个普通工人家长的例子，看看他们是如何启发孩子发现问题，引导孩子逐步提高解决问题的能力的。他就是第三届世界青少年发明创造展览会上获得最佳作品奖的徐琛的父亲，他不是教育工作者，而是一个吊车工人，没有很高的文化，但是对日用电器有着浓厚的兴趣，他的这一业余兴趣爱好，引发了徐琛的好奇心，经常向父亲提出各种奇怪的问题。例如，徐某发现热水瓶灌开水后，盖上瓶塞，有时瓶塞会跳出来。她问父亲：“热水瓶塞为什么会跳出来？”父亲告诉她因为热水瓶内有空气受热膨胀的缘故。她又问：“怎样才能使瓶塞不跳呢？”她父亲启发她只有让热空气跑掉，瓶塞才不跳。“怎样使热空气跑掉呢？你动脑筋想一想。”（问题明确了，这是问题解决的第一步）徐琛开动脑筋想了多种方法，进行几次试验（运用发散思维，寻求各种可能的解决办法，这是第二步）。终于选出一种方法，即在瓶塞内开一条槽。当她把这种方法告诉父亲时，她父亲说：“虽然在瓶内开了一条槽，瓶塞跳的现象解决了，但是有一条槽，热水瓶内的保温作用就减低了，你看怎么办？”她又再三思索了一阵。最后，她想出在瓶塞中用一个小管子，管子上装了一个自动弹子，当热空气膨胀时，这个弹子就弹了出去，热空气跑出后，这个弹子又会自动压上，这样既能防跳又能保温，“防跳热水瓶塞”终于发明（用集中性思维对选出的方法进行分析、判断，结合发散性思维，修改和完善，再用集中性思维最后评定，第三步和第四步合并进行）。

对于孩子来说，问题不在大小。即便小问题，若能主动发现和解决就是一种锻炼。关键在于家长要善于引导孩子发现问题，启发他们开动脑筋，启发他们自觉解决问题。这样随着年龄的增长，由于所遇问题的复杂化，解决问题的能力将会随之而提高。

6. 学习借鉴有关的书籍

客观世界一切事物的发生发展都是有规律的，人的认识必须符合客观事物发展的规律才能是正确的。许多孩子在一定年龄随着自我意识的发展，不仅对自然科学或人文科学的书籍感兴趣，而且对研究人类自身的认识规律、思维规律的书籍也发生了浓厚的兴趣，主动找这一类的书来阅读、钻研，这对他们形成科学的世界观、方法论，提高创造性思维能力帮助极大。

比如逻辑学分形式逻辑和辩证逻辑。形式逻辑是研究人类推理形式及其规律的科学，辩证逻辑是研究人类辩证思维的形式、规律和方法的科学。一些超常儿童主动自学了这方面的书，受益匪浅。例如，北京八中首届超常实验班的学生海滨，他14岁考入北京大学，17岁赴美攻读生物学博士学位。

> 在美国进行生物分子蛋白实验时，发现书上有的结论与实验结果不符，经过多次反复实验，大胆推翻了书上结论，得到其导师、美国科学院院士的支持。（海滨的妈妈）

作为一个博士生，他能根据自己实验的结果，刷新书本上原来的结论。这表明他能不拘泥于前人的结论，具有敢于向权威挑战的品格，具有独创性思维，而且表明他具有正确的思维方法。

家长如何利用有关书籍，帮助孩子从小发展他们的创造性思维呢？还是借鉴海滨家长的做法吧。

> 在海滨的想象能力有了一定提高之后，开始培养他的创造性思维能力。为此，我们购买和借了许多关于创造性思维和一些科学家发明创造故事的书给他看，他从中受益匪浅，启动大脑进行思维，将学习的知识进行加工整理变成自己的知识。……海滨八九岁时，就对分析判断、综合归纳等逻辑思维问题十分感兴趣。当他看见爸爸的大学课本《形式逻辑学》这本书时，就拿过来自己阅读，看不懂的地方就问爸爸。读完《形式逻辑学》后，他又要爸爸去借《辩证逻辑学》学习。几本关于逻辑学的书籍使他增长了不少逻辑思维方面的知识，对他提高逻辑思维能力起了重要作用。从此以后，他比较注意在生活和学习的实践中运用所学的逻辑学知识。（海滨的妈妈）

家长不仅能根据孩子的需要及时提供适合的书籍，还应该指导孩子学习，海滨的家长自己能指导，有的家长自己没有条件，但带着孩子找有关专家帮助，使孩子从中得到了提高。

四、创造性个性特征的形成

为什么有些人创造力高度发展，创造成果累累，而另一些人的创造竟十分贫乏呢？这两类人的个性特征有什么不同？这个问题很早就引起了许多研究者的兴趣。他们采用多种方法，在科学、数学、建筑、文学和艺术等不同领域，选出公认的高创造者和低创造者进行比较研究，考察这两组人个性特征方面的差异。结果发现这两组人的个性特征差异显著，其中有一些个性特征是高创造者不可缺少的共同心理构成，而另一些个性特征则妨碍创造潜力的发展。下面列举几项研究的结果。

（一）杰出科学家的个性特征

一些心理学家较早就对科学家的个性特征感兴趣。1903年，卡泰尔（J．K．Cattell）曾用统计的方法研究了美国的科学家。贝尔（Bell）1937年通过传记对34位著名的科学家如牛顿、高斯等的个性特征进行了分析研究。罗安娜（Roe Anne，1953）用语言—空间—数学测验、主题统觉测验、罗夏墨迹测验等多种测验及调查方法，对杰出的自然和社会科学家的个性特征进行了研究。根据她的研究结果，概括出杰出科学家的主要个性特征如下：

1. 对获得和保持独立性有强烈的需要，大多数人在儿童时期就已有表现。

2. 好奇心成为一种内驱力，他们自己提出问题，自己钻研感兴趣的事情，甚至达到废寝忘食的地步。

3. 对职业全神贯注，这是他们较普遍的特点，一般在晚上、星期天和节假日都照常工作，多数人感到工作就是最大幸福。

4. 不受人支配，不在乎权威，富有独创性，对所倾心的领域敢冒风险。

5. 习惯于与物打交道，不关心人，对个人关系表现淡漠，许多人还有一种孤僻或优越感。

6. 在思维方式上，不同科学领域的科学家表现有差异。生物学家和实验物理学家思考时有明显依靠视觉表象的倾向；社会科学家和理论物理学家思考时则明显依靠言语或类似的符号活动。

7. 具有较高的耐受性，所倾心的工作中遇到危险、困境以及生活坎坷，能够容忍。

（二）著名作家及艺术家的个性特征

巴伦（1967）通过大学的文学和戏剧系教授的推荐，采用多种心理测量（概念掌握测验，巴伦－韦尔斯斯艺术量表等），观察评定、谈话及实验（命题写作等）方法，对56位具有高创造性及多产作家的个性特征进行了研究，并以10名学生作家及一般人的个性特征进行比较。根据这项研究的结果，将创造性作家的主要个性特征概括如下：

1. 具有很高的智力表现。《概念掌握测验》平均得分为156分，高于斯坦福天才组的得分（斯坦福天才组平均得分为137分）。

2. 尊重自己的独立性与自主性。《判断的独立性量表》测验平均得分为15.69分，一般人平均分为8.12分。《独创性量表》得分67.3分，一般人为50分。这表明创造性作家的独立性和独创性都明显高于一般人。

3. 自我期望很高。有执著的信仰、倾心创作，能经受各种磨难，坚持不懈，是作品多产者。

4. 语言流畅，能妥善地表达自己的观点和思想。

5. 爱好美的艺术印象，审美敏锐。偏爱自由流畅的、不对称的及视觉上引人注目的形象。在《巴伦－韦尔斯艺术量表》测验中平均得分高出一般人平均分的两个标准差。

6. 擅长直觉、富于幻想，有超俗的思考过程，并喜欢用独特的方式思考问题，联合各种观念。

7. 兴趣广泛，包括对哲学问题（如生命、人性、死亡、价值观等）的兴趣浓厚。

8. 内向、重情感。为人坦率、耿直，行为一贯符合伦理及个人标准。

还有一些心理学家对艺术家的个性特征进行了分析，概括出艺术家的个性特征主要为：个性内向、精力旺盛，对所从事的事业锲而不舍，具有不屈不挠的精神（Meier，1939，Roe，1946），有的研究也指出艺术家还具有焦虑、神经质及情绪不稳等特征（Roe，1946）。

（三）富有创造潜力学生的个性特征

许多研究者非常关心具有高度创造潜力的儿童和少年的个性特征。如哈尔屏（Halpin）等，在1973年，对360名初中和高中学生的个性特征，通过暑期几个星期的教育实验和观察，发现在科学和艺术上创造性高的学生具有以下一些特征：好奇心很强，有独立性，爱冒险，喜欢从事复杂的任务，能抵制传统的价值观念。

托伦斯用他编制的《创造性自陈量表》及其他方法，对中小学生的个性特征进行了研究。总结出高创造性学生的个性特征是：有强烈的好奇心；较高的成就动机；感受性高；想象丰富；独立性强；对自己的信念能坚定不移；不迷信权威，敢冒风险，对从事的工作专心致志，富有幽默感、乐观。

我国研究者通过《自我评价问卷》及《教师评价问卷》，对创造型学生的个性特征进行了研究（钱曼君、邹泓等，1988）。被试包括三类学生：全国第二届青少年科学创造发明比赛和科学论文获奖者，中学少年班学生，普通中学生，总共271人。结果发现：青少年创造发明获奖者的个性特征有着一些明显特点。综合起来如下：

1. 好奇心强、求知欲高、兴趣广泛。

2. 自信、自我期望高。

3. 有独创性、适应性强、精力旺盛。

4. 勤奋、有恒心。

上面没有列举各领域高创造性者及高创造的青少年的个性特征，虽然不够全面，但是，从中也能概括出一些有利于创造力高度发展的共同个性特征。

1. 好奇心和求知欲强，兴趣广泛。

2. 自我期望高，很自信。

3. 有较强的独立性和自制力。

4. 对倾心的事业有执著的追求。

5. 能超脱传统和习俗，不怕风险和压力。

6. 有较高的耐受性和毅力，能坚持把工作进行到底。

（四）不利于创造力发展的个性特征

有一些研究者对阻碍创造力发展的个性特征进行研究。比如，阿什（Asch，1955）对顺从性进行了实验研究。他安排了一个情境，要求受试者判断黑板右边纸板上面的三条长短不同的直线，指出哪一条与左边纸板上面的标准线等长。而且主试事先布置一些同学在判断时有意说错，以观察真正的受试者是否受其暗示。结果发现，在123名被试者中，只有1／4的人能坚持自己的正确判断，有36.8%的人受到同学错误选择的影响。经了解这些被试者有下列情况：

1. 有些人最初有自己的见解，但怕与他人（多数）判断不同，遭人讥笑，因此放弃己见。

2. 有些人自己没有主见，不自信，认为多数人说的总不会错。

3. 也有少数人知觉判断可能不正确，见别人这么说也跟着说。所以顺从性是消极个性特征，与创造性的发展是负相关。

还有人研究了刻板性，发现思维刻板的人对一套逐张变化的图片中每张的细微差异反应迟钝，知觉受先入为主的影响，有主观性，所以与创造性也是负相关。此外，还有人研究了偏狭性（偏见），发现具有这种特征的人，不能客观评价自己，这些特征都会妨碍一个人取得创造性的成就。

上面列举的研究材料足以说明：有些个性特征是高创造者所具有的，

是创造力高度发展必不可缺的心理成分，而另一些个性特征则是与低创造相联系，会妨碍创造力的发展。这些研究的结果可以供家长、老师借鉴，以便对孩子教育时，有意识地培养他们从小具有高创造者具有的那些积极的个性特征，防止形成不利于创造力发展的消极个性特征，使他们的创造潜力得到充分发展。

（五）创造性个性特征的培养

要想让孩子成长为创新人才，除了从小应重视发展孩子的创造性想象和思维外，还要重视培养孩子的创造性个性品质。作为家长首先要具有创新意识和品质，使家庭有浓浓的崇尚创造的风气，孩子生活在其中从小受到潜移默化的影响。

1. 鼓励求知欲

好奇心和求知欲是推动孩子从事创造活动的动力。爱因斯坦特别重视好奇心和惊讶感，他在《我的世界观》一文中，指出："谁要是体验不到它，谁要是不再有好奇心也不再有惊讶的感觉，他就无异于行尸走肉，他的眼睛是迷糊不清的。"他也曾经反复强调过，应重视培养和鼓励这种品质。

每个孩子很小都表现出好奇探索的天性，在不会说话之前，反映在动作上见什么东西都好奇，用手摸、用嘴咬，到处翻箱倒柜；会说话以后，则有问不完的问题："这是什么？""为什么？"对此，家长要十分珍惜，对孩子的问题耐心地倾听，启发孩子动脑筋思考；和孩子一起讨论，或动手试验；对于解决不了的问题，带着孩子一起查找资料或请教有关专家指导。有些好奇的孩子爱拆卸东西，家中的小闹钟、手电筒等，被拆坏了，不仅没有挨骂，家长还热心给他分析并教他怎么可以复原。这样好奇心才能不断发展，进而变为无穷的探索欲望。

2. 赞赏孩子的创造活动

家长要善于发现孩子的兴趣，对淘气孩子的"越轨"行为不泼冷水，而是透过这些现象，看到孩子丰富的创造性想象。对孩子的粗劣作品，应抱欣赏态度看成“创作”，肯定其积极方面。然后，再提出合理要求，鼓励孩子的创造精神，对过分“越轨”的行为做出必要的规范。

当孩子把家里的椅子、凳子接成长串，自己坐在前面椅子上，把小动物放在后面模仿玩开火车时；当孩子在床上，把被子乱堆成山，自己匍匐在“山”的一面，玩打仗游戏时；当爱绘画的孩子，不仅在纸上画，而且在地上、墙上、桌上，凡是有平面的地方，都画上了他的画时……面对家里被折腾得乱七八糟的局面，家长千万不要对孩子发火或大泼冷水，使他们扫兴，应该意识到这是孩子创造性想象的行为表现，所以要为之感到高兴，欣赏他们的“创作”，甚至和孩子一起玩一会儿。然后，再因势利导，做出必要的规范。

每个孩子都爱玩，除了爱绘画，许多孩子还喜欢剪纸、泥塑、雕刻、拼贴（用碎布、种子等贴成画），或者爱好音乐、舞蹈，或喜欢弹奏乐器……所有这些活动，都可以表现和发展孩子的创造性想象、创造性思维，家长千万不要取笑他们，不要指手画脚，相反应当满腔热情地赞赏之，促进他们的创造性想象进一步发展。

3. 鼓励孩子勇敢、大胆，敢想敢为

从小注意锻炼孩子的胆量和勇气，对的事情就应该敢想、敢说、敢做。必要的话，家长可适当鼓励、表扬孩子的勇敢行为。对胆小的孩子，尤其需要在日常生活和学习过程中帮助他们克服胆怯，培养勇敢品质。比如老师在班上提问，某学生从来不敢举手，就要帮助他、鼓励他举手勇于回答问题；如果孩子不敢走独木桥，可先牵着他走，然后逐步放手，让他自己走。类似地，逐渐培养孩子敢于对不良现象（如破坏纪律、欺侮同学等）说“不”；面对困难、失败，敢于拼搏；不怕孤立，勇于坚持真理……这样从不敢到敢长期坚持，孩子的敢想敢为、勇于创新的品质就会扎根心头。

4. 培养孩子开拓、进取、执著追求的精神

要培养孩子开拓、进取、执著追求的品质，有两个前提：第一，孩子要有崇高的理想、明确的目标，因为只有当孩子有了崇高的理想和目标，才会有强大的动力。第二，孩子要养成做任何事不半途而废的习惯，即使可能遇到很大的困难、很多的干扰，也不妥协。

五、优化影响创造力发展的环境和教育因素

影响创造力发展的因素是多方面的，本书第2章对此已有阐述。就儿童创造力的发展而言，环境和教育的作用毋庸置疑，下面围绕这个问题深入作些探讨。

托伦斯（1960年）研究了15000多名幼儿至六年级小学儿童创造力的发展趋势，发现3至5岁时创造性随年龄增长而升高，5岁以后则呈下降趋势。大约9岁或10岁的多数儿童失去了早期的那种自发性和好奇心。辛普森（R. Simpson，1961年）编制了创造性想象测验，按流畅性、独创性、变通性三项进行评定，发现小学三年级儿童得分最高，四年级后逐渐下降。我国潘洁等对3至6岁幼儿进行发散性思维的测验，结果发现6岁幼儿不论语义、符号、图形或操作，15项测验中有13项平均成绩都比4岁和5岁的儿童低。张德绣（1983年）对小学三至五年级儿童进行创造性思维潜能的测验，结果显示四、五年级学生平均成绩低于三年级学生（三年级为105分，四年级为97分，五年级为102分）。为什么会出现这种创造力下降的现象？有人认为可能与教育有关，不过还有待进一步探讨。

（一）家庭因素

许多研究都指出，家庭环境以及父母对儿童的态度和教育，对孩子创造力的早期发展具有重大的影响，它可以促进也可以阻碍其创造潜力的发展。证据主要包括以下两个方面：

一方面，来自对已经取得杰出创造性成就人物小时候家庭环境的追溯研究。如前面提过的罗安娜（1953年）对科学家家庭背景的调查，发现

家庭对儿童创造力是促进或是抑制，取决于家长对儿童要求进行探索活动（智力的或操作的）的态度。有创造性的科学家在家中一般有较多的独立和自主性。麦金能（1962年）对富有创造性建筑师的家长进行过调查，也证实这些父母对自己孩子比较信任和尊重，从小给他有探索的自由，并且对他们早期表现的兴趣（如绘画等）给予引导和鼓励。

另一方面，来自对具有创造能力儿童的家庭影响的调查。例如，达塔（Datta）和帕罗夫（Parloff）1967年对1039名在科学测验中获高分和科学才能竞赛中取得优胜成绩的高中男生的家庭背景进行调查，发现这些学生的家长在孩子幼年就注意发挥他们的主动性，对他们早期表现的科学爱好不加限制。还有的研究调查母亲与孩子的关系，发现“权威－控制”型母亲教养下的儿童表现缺乏首创性，思想和行为上显示顺从的特点；“民主－教育”型母亲教养的儿童表现较好的创造性。还有人研究了父母与孩子间创造性的可能相关，发现发散性思维测验得高分的男生，他们的母亲具有较多的创造性的追求。

根据一些资料可以概括出，有利于儿童创造力发展的家庭因素有：

1. 家庭比较民主，父母对孩子不专制；

2. 家长对儿童好奇、探求精神和行动给予积极的鼓励和支持；

3. 父母信任孩子的能力，给予引导并提供独立锻炼的机会；

4. 儿童在家里与父母之间无拘束，不怕犯错误，有安全感；

5. 父母思想行为上具有独立性和创造性，儿童受其潜移默化的影响。

与之对照，不利于儿童创造力发展的家庭因素有：

1. 父母专制，孩子凡事得经父母同意，养成听话顺从的习惯；

2. 家长对孩子过于溺爱，为孩子考虑太多，包办代替，剥夺了儿童独立锻炼的机会；

3. 对儿童的好奇心、求知欲及探索行为不支持或简单粗暴地干预；

4. 家庭缺乏民主自由气氛，儿童缺乏安全感。

（二）学校因素

学校理应是培养儿童创造力的主要阵地。许多研究者开展了多方面的研究，探讨学校促进儿童创造力的有效途径。

有些研究按照创造过程的阶段进行模拟教学，即按照“发现问题→设想假设→寻求证据→推出结论→报告结果”流程用于有关学科的教学。比如，先给学生某方面的阅读材料，让每个学生读后提出一个有启发性的问题。针对所提问题要求学生收集资料，写出自己的见解（假设）。接着组织小组讨论，补充修改各人的见解，并进行推论，然后写报告。通过这种教学过程培养学生创造性地解决问题的能力。还有些人把创造性地解决问题原则编成教材教给学生，以提高学生创造性地解决问题的能力。

有些研究者开展创造性思维的训练：通过各种发散性思维训练项目，促进儿童思维的可塑性、流畅性、独创性及精细性特征的发展。通常的做法有：改进产品（或工具）；列举物品的不寻常用途；想象特定情况下，可能出现的问题和情况；对自然、社会及道德等各方面问题想出最好的解决方法等。

还有研究者探讨儿童的创造意识和创造态度的培养，例如，有研究者把创造性思维训练编成若干课题：如何探讨深入研究的态度；如何利用跳板，借以产生新思想；如何利用机遇，引发新思路；如何向已有概念挑战；如何识别和摆脱优势想法，以产生新想法；如何给问题下定义；如何找事物的缺点；如何有意识地进行综合；如何拟定要求，及如何对想法和事物做出评价。通过思维训练儿童知道每一种思维技能的意义，了解什么时候应如何使用，及为什么应该这样。这有助于儿童加强创造意识，解除对创造力的神秘感，确信自己能具有这些能力，从而促进创造力的发展。

此外，还有提高创造力的方法、形式的研究，应用较广的有脑轰法，即用疾风骤雨似的方法，启发思路，会集思广益，以便在较短的时间内产生许多办法，达到问题的解决。

通过上述研究促进了学生的创造力，同时也改善了教师与学生的关系，这些成为有利儿童创造力发展的学校因素概括起来有以下几条：

1. 许多学校开始重视对学生进行创造性教育，在教学、管理等方面进行改革试验；

2. 越来越多的教师教学民主，尊重学生意见，鼓励学生独立思考，师生关系融洽；

3. 不少教师教学灵活，采取启发式、发现法、类比法或研究法进行教学；

4. 许多学校和班集体民主和创造气氛增加；

5. 许多学校在多种多样的课外活动中，鼓励和支持学生发挥独立性和首创性。

但是，传统的应试教育的模式要从根本上进行改革，并不容易。现行的教育许多方面还不能适应创新人才培养的需要，存在着不少不利于儿童创造力发展的因素，主要有：

1. 传统学校教育以升学率为追求目标，教师和学生过于看重分数，教师不能灵活地教，学生不能灵活地学，严重妨碍了学生创造潜能的发展。

2. 老师讲学生听是基本的教学形式，教师向学生灌输知识，学生被动接受，学生的主动性和积极性不能发挥。在课堂上虽也有一些提问和回答，但问和答往往都离不开教师所教的课本内容，学生只有力求符合“标准答案”，才能获得好的分数。

3. 学校统得过死，多年实行统一大纲、统一教材、统一考试的标准，忽视学生的个别差异，学生的个性不能得到生动活泼的发展。

4. 学校和教师一般喜欢学习成绩好，又比较听话、顺从的学生。一些具有创造力的学生，往往被看做有“越轨”的思想或行为而遭受冷遇，并缺乏安全感。这样学生为让学校和老师对自己有好的印象，循规蹈矩的行为习惯便悄然形成。

5. 创造型的学生在班上，学习或心理上得不到满足，兴趣往往转移到课余或校外。其中的幸运者，其创造力可在校外的科技或艺术活动中得到发展，然而，这类学生很难得到学校的推荐，他们的创造才能一般无法在正常组织的活动中得到表现和发展。有的长期被压抑，有的则通过歪门邪道顽强表现，对个人和社会造成不必要的损失。

（三）社会因素

人类创造力的发展受社会文化因素的制约。在倡导、鼓励创造活动的社会氛围中，儿童创造力一般发展较好。而在专制的社会条件下，儿童创造精神比较缺乏。社会因素对人的创造力的发展影响最大的是社会的需要，社会的需要是创造力发展的巨大推动力量。为什么有的历史时期创造型人才辈出，而有的历史时期人才枯竭，根本原因就在此。我国社会主义建设需要大批各类创新人才，国家对各个领域的具有重大创造性贡献者给予多方面的奖励（如科技界有国家重大发明奖、科学进步奖，文艺界有百花奖、金鸡奖等），并通过各种舆论宣传表扬。这就为儿童、青少年的创造潜力的发展，提供了极为有利的社会气氛。全国和地方为儿童和青少年组织各种竞赛（数学、物理、写作、计算机及创造发明等）；各种展览（如绘画、书法、摄影等）；各种演奏会（钢琴、小提琴等），并为青少年专门设立了各种奖励和基金等。所有这些对激发儿童内在的创造动机，鼓励他们积极投入创造性活动，实际锻炼和培养创造能力，起着重要的促进作用。

现在，重视发展儿童创造力已是国际的一种潮流。美国设有“创造教育基金会”。在科学局设立了西屋科学天才奖，每年发奖一次，鼓励中学生进行科学研究。45年来，获奖者中已有5名获得了诺贝尔奖，70%的人获得了博士学位。日本把发展独创性科学技术视为国策，把提高人的创造力作为通向21世纪的道路。1978年开始设立了培养创造性成绩优异的学校奖，以表彰科学教育卓有成效的中小学。日本发明协会在全国支持建立了70个少年发明俱乐部，吸收小学二年级至初中二年级的学生参加。可见国际上对发展儿童和青少年创造力的重视程度。

（四）营造有利于创造力发展的家庭环境

1. 创设民主的家庭氛围

让孩子在家里自由自在，无拘无束，有安全感。

（1）家长要尊重孩子：父母同孩子之间平等相处，无话不谈，遇问题展开讨论，孩子才能畅所欲言发表自己的意见，谈不同的看法。父母和孩子的言行一视同仁，对的鼓励，错的指出来，全家互相帮助。

（2）要鼓励孩子敢于标新立异：孩子在家庭中说错什么或做错什么，不取笑不责骂，要民主对待，以理服人。

（3）启发孩子找家中不方便、不合理之处，鼓励孩子动脑筋小改小革，家长也可参与，在家开展创新性活动。不可能一次成功，允许尝试错误，鼓励百折不挠的精神。

2. 给孩子自由的空间和时间

爱因斯坦指出："现代的教学方法，竟然还没有把研究问题的神圣好奇心完全扼杀掉，真可以说是一个奇迹；因为这株脆弱的幼苗，除了需要鼓励以外，主要需要自由；如果没有自由，它不可避免地会夭折。认为用强制和责任感就能增进观察和探索的乐趣，那是一种严重的错误……""无论多好的食物强迫吃下去，总有一天会把胃口和肚子搞坏的。纯真的好奇心的火花会渐渐地熄灭。"可见，给孩子自由的空间和时间是多么的重要。

（1）要给孩子活动的空间，这是指物质的空间，让孩子有自己的房间或一块属于自己的小天地。让他们可以放置自己的学习用品、制作材料和衣物等，他们可以在其中专心学习，进行创造性的或随意的活动。

（2）要给孩子思想上、心理上自由的空间，这是更重要的方面。让他们能自由想象和思考；能根据自己的兴趣、爱好去选择、参加课余活动；按照自己的理想，确定自己的专业方向。不少明智的家长，都是这么做的。

大学三年级末，日天办理了退学手续，拿到出国护照。这时李政道博士回国讲学并与中国科技大学少年班同学座谈，李政道就当时的出国热，回顾了30年前台湾地区的类似情景以及目前的发展现状。座谈会后，日天毅然做出自己的选择，退掉护照，决意留下。……

日天大学毕业后，决定不再读研究生而参加工作。我当即表示反对，在我想来，就他的年龄、他的能力和发展趋势，继续读书是再合情理不过了。当时日天问了我一句话："在这类问题上姥姥管过你什么？"我无话可说，只有深刻反思，战胜自我。（日天的妈妈）

家长要想孩子成为创造型的人才，就应该允许他们按照自己的兴趣、爱好，或经过自己慎重考虑选择自己的事业，只有这样才能全身心投入，也才能充分发挥创造力。日天几年来工作出色，后任中国光彩事业农业信息网络公司副总裁、首席技术总监，这个事实便是一个很好的例证。还应该指出，日天独立个性的形成，正是家长对他宽松、民主教育的结果。

遗憾的是，也有些家长却不给孩子心灵的空间，不让孩子有自由选择的余地，不尊重孩子的兴趣，不顾孩子的优势，而是把自己的意志强加给孩子。比如有一个超常儿童从小擅长文学，梦想长大能当一个记者，但家长认为搞新闻工作太危险让她考理工大学。遵照父母意愿，她15岁考上科大少年班。在校期间她不仅学业成绩优异，而且在繁重的理科学习之余，还经常看一些文学书籍，为校报和广播台写稿。毕业后出国深造，在美国获得生物化学博士学位。然而，为了实现"长大要做记者"这个儿时的梦，她在读博士时就选修了新闻学。最后，还是毅然放弃了为之奋斗了13年的生物学，回到祖国在中央电视台当了一名记者。儿时的梦，几经周折终于梦想成真，终于使她得到了非常适合她施展才华的舞台。

还有一个超常儿童，童年时吟诗对歌，出口成章，最后也是遵照家长的意愿学了理工。这种不顾孩子的兴趣、特长，把自己的意志强加于孩子的家长决非仅此一两例。

类似的问题还表现在，为孩子确定业余爱好活动不是根据孩子的兴趣，而是按照家长的意愿，希望在孩子身上实现自己儿时未能实现的理想。例如有一位家长小时候很想学琴，当时没有条件，自己有了孩子后，不看孩子对音乐是否有兴趣，强迫孩子学钢琴，结果不仅孩子的制作才华被扼杀，而且他的创造的火花也被熄灭了。

（3）需要给孩子自由支配的时间，在规定的学习之外，允许孩子有时间做自己喜欢、想做的事。应该让孩子学会自己安排时间，自主地有计划学习和生活，能保障他们有足够的时间自我教育、自我实现。

3. 建立家庭图书或资料室

孩子在家里要进行创造性活动，仅有创新性的想法、独特的思考，不能自然变成现实的结果，还需要有关方面的丰富知识。孩子在完成作业后，想看各种的书，想查找有关的资料，如果家里有许多自己的图书、资料，就方便多了。据调查许多超常儿童的父母，经济再困难，孩子需要的书和杂志总是尽量满足购置。大约有67%的超常儿童，他的家里有3书柜以上各种书籍，此外还备有百科全书、词典等多种工具书，为孩子进行创造性的学习和活动提供了参考。

海滨从小爱看书，为培养他的想象力，家长为他购买了大量科幻读物：《伊索寓言选集》、《世界童话选》等书；为培养他的创造性思维，家长为他购买了有关科学家、发明家的故事方面的书……他把家中的各种书籍，按政治、历史、地理、诗歌、寓言、童话、小说等，一一分类编号，井井有条地放在书架上，并把报纸、杂志按月整理，就像图书馆一样进行管理。（海滨的家长）

4. 建立家庭“实验室”

生活中处处有科学，家里许多地方都可以成为孩子的实验场所，既可以开发孩子的创造潜力，增长知识，还可以培养动手能力。

（1）厨房里的小实验：烧开水时，可观察水如何沸腾，接着如何汽化；把水装在盒子里，放进冰箱可观察水如何变成冰；把冰盒子取出来，一个放置在阴暗处，一个放在阳光下，再观察冰融化的情况……

拿一个玻璃杯，装入2/3杯的水，放进一个汤匙观看汤匙在水中的形状变化，说明为什么？用一面镜子将室外的阳光反射到室内各个角落，体验一下光线的变化。

有时做做小魔术，如在清水中加点高锰酸钾，立即变成紫红色，再加一粒维C片，紫红色马上消失又变成无色，孩子见了这些变化，天真的眼睛睁得大大的，感到非常奇妙。有时搞点科学小试验，如把镜子插入水中让阳光分解成七色，在显微镜下观察植物叶片……（周峰的家长）

（2）院子里、阳台或窗台上的试验：庭院、阳台、窗台都是可以利用的实验场所，尤其可用来种植各种植物，观察各种植物从种子发芽到开花结果的全过程，以及植物生长与阳光、空气和水的关系。例如，有个超常儿童，4岁入小学一年级，上了一课“一粒种子”后回到家里，向妈妈要了3粒黄豆，种在花盆里，观察豆子发芽生长情况。许多孩子爱小动物，养小鸡、小鸭、小鱼、小龟……观察它们的生活习性，探索动植物生存、发展的奥秘。

（3）家电小实验：手电筒为什么会发光？小闹钟为什么到时候就会闹？收音机为什么会讲故事？电视机怎么会出现人的呢？电话里为什么能传来爸妈的声音？等等，都是孩子感到奇怪并想搞清的问题。有兴趣的话，不妨开动脑筋动手试一试，探知其中的奥秘。

例如，13岁荣获全国青少年电子计算机程序一等奖的廖斌，他的父亲是中学物理老师，在家备课时，经常把一些物理仪器带回家做演示，小廖在一旁看得入迷，有时还要动手试一试。他的父亲常为别人修理收音机，他常在一旁观察，对一些元件很好奇，喜欢问这是什么？有什么用？他的父亲引导并深入浅出地一一给予解答，很小他就知道了电阻、电容、变压器等名称和用途。上小学后，除了学习好，课余还喜欢搞科技小制作，需要的各种材料，父母帮助提供。就这样，从做纸飞机、纸火箭，逐渐发展到制作小电风扇、电动赛车、电动吸蚊器等，他还热心帮助同学搞小制作，为同学修电动玩具。他的小制作不仅多次获奖，更重要的是锻炼了他的动手能力。

又如，前面提到的徐琛的父亲，由于他是一个业余电子迷，他会装半导体收音机、录音机、电视机等，常为左邻右舍、同事亲友义务修理电视机。徐琛从刚记事起，经常见父亲晚上在灯下拆、装、修，摆弄各种电器。在父亲爱好的感染下，她对电器也产生了兴趣，不断向父亲提出各种问题，她的父亲不仅耐心地给予解答，还节衣缩食为她订了《少年科学》、《少年科学画报》、《我们爱科学》等杂志，并手把手地教她使用各种工具。她从10岁开始学装半导体，到后来完成十余件创造发明，虽然与学校提倡、组织学生搞发明创造分不开，与老师的精心指导分不开，但家长的早期熏陶也是功不可没的。

5. 支持孩子参加校内/校外的文艺科技活动

学校有各种课外兴趣活动小组，校外有少年宫或科技活动中心，组织各种文艺、舞蹈、体育活动，各种科技创造发明和科学研究活动。近年来，北京大学、清华大学等一些大学和科研机构，接收一些高中的优秀学生，利用周末和节假日，直接参加国家的科研项目，在知名专家、学者的指导下，通过科研探索，发展科学思维，培养创新精神。

许多儿童和少年正是从这些活动中，进一步发展了创造性想象和思维，增长了知识和技能，发挥了创造或艺术的才华，取得了出色的发明创造或创作成果。前面提到的洪昉哲就是一例，他课余的所有时间，除参加学校和少年宫的创造发明活动外，还参加了清华大学生物系的实验室研究，这些都得到了他的父母的大力支持。

他在小学三四年级的时候，海淀区科技馆组织的课外电子制作兴趣小组征集参加成员，他自己报名参加。我们知道后，支持鼓励他参加这一兴趣小组的活动。……洪晧哲每周去2次，……他在老师的指导下学习安装晶体管收音机、蜂鸣器、发报机等。他在这个电子制作的小实验室里如鱼得水，学习了初步的电子电路知识和小电器安装、焊接的技能。临近期中考试或期末考试，他仍坚持去这个小实验室。……对他的兴趣和投入，我们尊重他和鼓励他。我们没有过多地考虑这是否会影响他的语文、数学的考试成绩；即使在临近考试时，我们也同意他把一部分时间用在他所感兴趣的“业余活动”上。

……他上初二时，老师引导他和同学一起，制作了一种用于投掷器材的警示装置。那段时间，他几乎每天下午放学后就到学校的电子制作室去做电子电路的安装实验，周末也经常在那里度过。……有那么多个夜晚，到了九十点还没回家，我们就骑车到学校去找他，看见他在实验室里专心致志地忙碌着。我们默默地在楼外等着，直到他完成了当天安排的实验工作；然后我们和他交谈，和他讨论，和他一起回家。我们告诉他，做别人未做过的事情是在做一项发明，往往要反复尝试，失败了再来。……工夫不负有心人，在老师的指导下，他和同学一起终于发明了一种用于投掷器材的警示装置，……”（洪晧哲的家长）

从洪晧哲的例子可以看到：一个孩子创造兴趣和创造能力的发展，一方面离不开老师对他们的精心指导和帮助，另一方面也与家长从小对他的鼓励、支持和培养分不开。只有像洪晧哲家长那样，充分理解创造活动的意义，思想比较开放，不过分看重课堂学习的分数，才能支持、鼓励孩子课余参加这类活动。

6. 排除来自家庭以外的不利因素

培养孩子成为创新人才，家庭虽是重要的阵地，但主要还得依靠学校和社会的力量。目前国家非常重视创新人才的培养，学校正在改革，向有利于创新人才的培养转型。但是孩子有时还会遇到阻碍创造才能继续发展的因素。家长应全面关心孩子的成长，及时发现问题，积极向学校或其他有关方面提出建议，共同研究解决办法，促进孩子的创造潜能充分发展。前面提到的小诗人金今，在她向文学殿堂攀登的途中，并不一帆风顺。下面就看一看她遇到的问题，以及她的家长是怎样解决的。

> 金今的诗歌创作也同绘画一样并非一帆风顺。她上小学后，学校严格的纪律、班级的荣誉、个人的成绩等等成为她每天生活的全部内容。她担心哪个同学不遵守纪律为班级丢分，为自己获得小红花的数量喜与忧。入学三个月后，她的头脑似乎被全盘洗过一般，不仅作不出任何诗，连面对自己过去的诗句也无从解释其含义。正在这个时候，中华百绝博览会邀请金今到广州，在神童馆举办诗画展……为了帮助她恢复感觉，我禁止她谈论学校的事，每天领着她到处玩，让她在思想上充分放松。金今终于又有了诗兴。
>
> 百绝博览会结束后，我们全家商定，让金今保留学籍，校外自学，考试升学，这个决定得到了校方的大力支持。金今每天用10%的时间学文化课，大量的时间玩，美术和诗歌创作也是玩的内容之一。我还借出差的机会带金今走了大半个中国的名山大川……小学六年的课程金今自学用了四年完成。这期间她还创作了1000多首诗和3000多幅画。
>
> 上中学后，……金今一开始很难适应，特别是很难一字不差地背一篇课文，往往开头是书上的，后面就借题发挥了。写作文也很难按老师的要求去做。金今为此经常受到批评，很苦恼。我们便训练她用两套思维方法，在学校学习知识时用规范化的思维，在家创作时用随机思维。当金今的创造力、爱心和学到的知识技巧等有效的结合起来时，金今的创作水平得到了大幅度的提高。（金今的妈妈）

孩子创造潜力、创造才能的发展的确不会都一帆风顺，不利因素可能来自许多方面。需要家长高度敏感，要像金今家长那样及时发现，与有关方面进行沟通，采取积极措施来解决。解决的具体办法可以多种多样，要根据条件和可能而定，但是必须有利于保护和支持孩子的创造才能继续发展。

7. 发挥电脑的作用

现在，学校和家庭几乎都拥有电脑，越来越多的儿童学会了使用电脑。根据对一个超常儿童实验班的调查，多数家庭有电脑，在幼儿时期开始学习电脑的人数百分比为21.7%，小学开始学习电脑的占65.2%。许多儿童被神奇的电脑所吸引，不少超常儿童不满足于学校所教，自己从书店购买大厚本的电脑教程等书籍，通过自学，很快便能运用自如。电脑对儿童不仅是一个多功能的学习和游戏的工具，而且对开发儿童创造潜力方面有着特殊的作用。

（1）电脑是一个超越时空的资料库（信息源）：家里虽有许多书，比不上这个资料库的信息丰富、新鲜，并具有多通道的感染力。儿童进行创造活动，缺少哪方面的资料，只要上网查找便可获得。

（2）运用电脑进行绘画和创作：儿童可以借助电脑绘画、制作贺卡，可以用电脑写作或作曲，这无疑对具有文学艺术潜力和兴趣的儿童，有极大的吸引力。有些超常儿童还把生活中的故事，制作成配有音响效果的电脑动画片或制作成电影，从而促进了孩子才能的发展和创造潜能的发挥。

（3）在电脑上做实验：这可以满足孩子对新事物的探索。例如，解剖青蛙，了解蛙的内部器官，用4种工具：探针、手术剪、镊子和放大镜来探查这些器官。还可以把任何一个器官用镊子移入检验盘，用放大镜来观察器官的详细情况。解剖完毕后还可以还原。此外，电脑还教孩子如何设计实验、做实验以及记录有关温度变化等。这些对孩子的探索兴趣无疑会有很大促进。

（4）编制新软件：许多超常学生一接触电脑就入迷，他们喜欢设计、编写程序。不少人在全国中学生计算机程序设计竞赛中夺冠。有些超常少年根据实践中的问题设计程序，编制出新软件，编制的过程就是他们创造潜力发挥的过程。例如，中国科大少年班学生邵某，在学习了电脑课程之后，为锻炼自己的科研及动手能力，它为学校教务处设计课程表（电脑）调度系统。接着利用节假日、寒暑假和课余时间，调查了大量国内外有关资料，结合我国大学的实际情况，经过反复试验、修订，编制出的程序可以担负全校课程表的编排和调度，操作方便，大大减轻了有关人员的工作量，受到学校的好评。在此基础上，他又为该系统增添了变动系统，使其成为既能排课又能临时变动的完整调度系统。他把这个成果写成论文《一个适用于中国大学的课程表调度法》，并参加了《首届全国青年计算机工作者学术交流会》。

（5）从网上学校选学需要的课程：许多少年在创造活动的过程中，因需要补学某方面的知识，可以从网上选学相关课程。这种超越时空限制的学习，可以解决创造发明过程中的燃眉之急。

创造力就是人运用已知信息，在脑中进行加工改造，产生出新颖、独特并具有社会或个人价值的成果（产品）的能力。它是创造性想象、创造性思维和创造个性等多种心智能力交互作用的统一体。

创造性活动涉及一切领域，它导致发明和发现，推动人类历史不断前进。

创造的基本过程是指人从开始进行创造性活动到新产品（包括物质的和思想的）产生的一般心理历程。多数研究者把创造过程划分为四个阶段。即：准备阶段，孕育阶段，领悟阶段，检验阶段。但也有人主张分为三个阶段，即：准备–顿悟–验证。

儿童很小已表现具有创造潜力，有些孩子小学年龄已有创造发明。但由于家庭和学校都不够重视孩子创造力的培养，多数孩子的创造潜力未能得到开发，甚至被扼杀。

为培养孩子成为符合新世纪要求的各级各类创新人才，家长和老师应帮助指导孩子发展创造能力。特别要：

1. 发现不同年龄孩子创造潜力表现的特点，给以鼓励和引导；
2. 激发孩子的好奇心、求知欲及对创造活动的兴趣；
3. 训练思维的发散性及解决问题的能力；
4. 培养自信、独立性、敢想敢为。

正如我国著名的教育家陶行知先生所说："处处是创造之地，天天是创造之时，人人是创造之人。"他还指出："培养儿童的创造力要同园丁一样，首先要认识他们，发现他们的特点，而予以适宜之肥料、水分、太阳光，并需除害虫，这样他们才能欣欣向荣，否则不能免于枯萎。"愿每位家长都能成为优秀的园丁，在家庭的园圃中，为祖国新一代绽放创造之花精心耕耘。

第七章　良好个性的形成

世界上人与人之间有完全相同的心理面貌吗？比如：兴趣、能力、性格……完全相同吗？俗话说，“人心不同，各如其面”，也就是人的个性是千差万别的。那么，什么是个性，它对孩子聪明才智的发展有什么作用？怎样才能帮助孩子从小形成良好的个性呢？

一、培养孩子具有良好个性的重要性

在同一所学校同一个年级中，许多孩子智力水平接近或甚至相同，然而他们的学习成绩却很不一样。有的孩子非常优异，有的一般，有的甚至过不了关；他们对待挑战或困难的态度也很不相同，有的积极应战、克服困难，有的却退缩、畏难……为什么年龄、教育条件接近，而孩子的表现却迥然不同？解释可能多种多样，然而，孩子本人个性上的差异，往往是造成上述差异的重要原因之一。

那么，什么是个性？它对一个人的成长和成才有着怎样的作用？儿童的个性是怎样发展起来的？家长怎样才能帮助孩子形成良好的个性品质呢？

（一）什么是个性？

个性在学术界又称人格。比如在《中国大百科全书》心理学卷中，关于个性的解释需要再查人格的条目。其中对人格是这样解释的：人格是“个体特有的特质模式及行为倾向的统一，又称个性。……较为综合的界说可称人格是个体内在的在行为上的倾向性，它表现一个人在不断变化中的全体和综合，是具有动力一致性和连续性的持久自我，是个人在社会化过程中给人以特色的身心组织”。这种提法强调了人格的四个方面：即整体的人、持久的自我、有特色的个人和社会化的个体。它所研究的重点是人的差异，而不是人的共同处。

在一个具体的活生生的人身上，个性是指一个人区别于他人的比较稳定的心理特征的总和。个性（人格）包括：个性倾向性和个性心理特征。

所谓个性倾向性：是指人进行活动的基本动力，以及人在认识和改造客观现实中表现的趋向和选择性的态度。它制约着各种心理活动，表现了个性的积极性。它具体包括需要、动机、自我意识、理想、信念和世界观。

所谓个性心理特征：是指人经常表现的比较稳定的心理特征，它是人的多种心理特征的独特结合。它包括性格、能力和气质等。

其实，人是社会的人，在遵从社会道德规范而行动时所表现的稳定的心理特征也就是道德品质，它包括道德意识、道德感和道德行为。

因此可以这么认为，个性倾向性、个性心理特征和道德特征，这三方面有机地结合构成了一个人的个性（人格）的整体。

（二）孩子个性的发展

孩子的个性不是天生的，而是出生后，在遗传素质的基础上，在社会生活环境和教育的影响下，借助于语言及与人的交往，通过自身社会化的过程，逐渐发展形成起来的。

在孩子个性形成的过程中：一方面，通过学习、接受所在社会的传统文化、社会规范和道德标准，逐渐发展成为符合社会要求的社会成员；另一方面，由于每个人的生物基础不尽相同，具体的生活环境和教育也不完全一样，因而又发展了不同于别人的独特性。个性品质就是在这两个方面的交互作用、紧密联系中形成和发展的，个性品质就是人的社会性和个别性的统一。

孩子出生后，个性就开始发展，婴幼儿时期是个性品质奠基的关键时期，因此，家庭和幼儿园在儿童个性形成中有着极其重要的作用。由于婴幼儿在家里的时间最多，又和父母朝夕相处，所以可以说家庭在孩子的个性形成中的影响最大，家长在孩子良好的个性品质的形成中的责任也最大。

（三）良好个性的作用

作为一个具体的活生生的人，心理的各个方面是相互联系、相互制约的统一体。个性在心理的统一体中起着定向的、调节、支撑的作用。

在我国研究者追踪研究的超常儿童中，根据他们的成长和成才的情况，我们可以看到：同为智力超常的儿童，但成长过程却很不一样。有些人发展一帆风顺，能以较短的年限、优异的成绩完成全部学业，获得博（硕）士学位，已在学术或工作上有所创新，为社会做出了贡献。而另一些人，成长的过程不很顺利甚至有的较为坎坷，走了不同程度的弯路，个别的甚至夭折。论智力都很优异，他们成长过程之所以有这样明显的差别，除了受多方面因素影响外，恐怕主要应该归因于各人的个性。例如：在同一个班级中，有一些学生求知欲旺盛、有理想、高抱负，自信、能正确评价和调控自己，对所学或所做的事很执著，不怕困难、挫折，坚毅顽强；但是有一些学生学习的动力不足，特别在遇到难以解决的困难或挫折时，失去自信，情绪消极，甚至有的走向了反面。

关于个性问题，我国的研究者用智力量表和个性心理特征问卷，对几个超常教育实验班和普通班的学生进行测量研究，并将所测得的分数与他们的学业成绩进行相关分析和比较，结果归纳出下列八种类型：

1. 智力、个性心理特征及学业三方面的测验成绩都是优等；
2. 智力测验优等，个性心理特征测验中等，学业成绩也是中等；
3. 智力测验优等，个性心理特征测验差等，学业成绩差等或中下等；
4. 智力测验优等，个性心理特征测验也是优等，学业成绩中上或中等；
5. 智力测验中上，个性心理特征测验优等，学业成绩也是优等；
6. 智力测验中上，个性心理特征测验中等，学业成绩也是中等；
7. 智力测验中等，个性心理特征测验优等，学业成绩中上或中等；
8. 智力测验中等，个性心理特征测验差等，学业成绩也是差等。

从上述结果我们不难看到：第一，在智力优等的学生中，学业成绩的好坏，主要取决于个性心理特征，即非智力个性特征优，学业成绩也优；非智力个性特征中等的，学业成绩中等；非智力个性特征差的，学业成绩也差。但也有一种例外，如类型④经对个案材料进行具体分析，发现是由于学生的学业基础差造成的。第二，智力中上或中等的学生，非智力个性特征优良的，他们的学习成绩可以获得中上或优等，但是个性特征差的学习成绩也差。由此说明，在智力相等或接近的条件下，学生优异学业成绩的取得，大都以非智力个性特征的情况为转移。

从美国心理学家特尔曼（Terman）进行的一项追踪研究的结果，同样也能说明问题。他在1922年开始对1528名天才儿童进行追踪研究。这些儿童平均智商为151，平均年龄是11岁。在这项追踪研究持续30年时，研究对象的平均年龄为40岁。特尔曼进行了总结，在他的研究对象中，90%的人进了大学，70%的人大学毕业，进大学的比率是美国加州一般人的十倍多。他们中许多人拿到博士学位，出版了许多著作，获得不少专利，这些人取得了较大的成就。但其中另有一些人却成就平平或一事无成。于是，他又从高成就者和低成就者中随机各选150人，都是男性（因为那个年代女性很少参加工作），进一步比较他们的成长资料。结果发现：在智力方面，高成就组的平均智商为155，而低成就组的平均智商为150，两组人的智力接近，都属于高智商。那么，是什么因素造成了这两组人的成就如此悬殊呢？经过对他们个性方面资料的分析，发现高成就者比低成就者更有自信、有进取心，并能持之以恒；高成就者多数人从事的是自己感兴趣的职业，而低成就者从事的职业并非自己感兴趣的；等等。不难看出，这两组人成就明显差异主要缘于个性方面的原因。

综合国内外的研究表明，一个人具有怎样的个性，不论其个性品德是积极的或是消极的，都对他的健康成长、成才产生不容忽视的作用。这是因为已经形成的个性倾向、心理特征和道德品质，成为孩子的内部因素，在受到来自外部环境和教育的影响时起着中介的甚至决定性的作用。超常儿童发展的正面和反面的例子，已经很清楚地说明了这一点。因此，关心和培养儿童具有良好的个性和品德，家长责无旁贷。

二、发展积极的需要、兴趣和理想

个性倾向性就是人对现实态度体系的个性特征。它是人的个性的核心部分，成为决定着人对社会环境的态度和行为的动力系统，包括需要、动机、兴趣、理想、信念和世界观。它支配和调节着人的个性的其他方面。

婴儿期和学前期的孩子，对周围事物还没有形成稳定的态度，没有稳定的行为方式。但是他们出生后，在和周围的环境和成人相互交往的过程中，总是以一定的态度对待来自周围的各种影响，并且这种选择性的态度会逐渐在活动中稳固下来，逐渐形成个性倾向性。

儿童的个性倾向性主要包括：需要、动机、兴趣、理想、信念和自我意识等。

（一）需要和动机的发展

1. 需要的发展

人的需要是个体的和客观社会的需求在脑中的反映，它是人的行为和活动的积极性的源泉。

孩子出生后，与成人一样为了生存和发展，要满足各种各样的需要。根据一项研究：我国中小学生需要的结构是多维度的、多层次的。具体可归纳为七大类，即：生理与物质生活的需要、安全与保障的需要、交往和友谊的需要、尊重与自尊的需要、课外活动与精神生活的需要、学习与成才的需要，以及奉献与创造的需要。每大类又有四个层次，共有28种需要（杨丽珠，1988）。所以，中小学生的需要不是单一的，而是很复杂的。

中小学生的需要是不断发展的，在发展的不同年龄阶段还表现有优势需要。例如，在安全与保障的需要上，小学低中年级的学生把自己的身体健康放在第一位，而中学生则把升入理想学校或有个好工作放在第一位；在学习与成才的需要上，小学低中年级的学生把需要好老师、好课本、学好功课放在第一位，小学六年级学生把探求书本知识、培养多方面能力和优秀品质放在第一位，高中生寻求书本和社会多方面知识，并注重把自我发展放在首位。这反映了随着儿童年龄的增长，社会环境和教育向儿童不断提出新的、更高的要求，也反映了他们自身心理的发展和成长。

孩子的需要其个体差异也是明显的，不仅表现在需要的内容上，也表现在发展的速度上。聪明儿童的一些基本需要与同龄常态儿童类似，但在求知、探索自然或社会奥秘的需要方面出现较早，表现得更为强烈。随着年龄的增长，他们对自我实现的需要表现较突出。从总体看，不论聪明孩子或一般孩子，需要的主流都是积极的，但由于受不良的影响，低级、不健康的需要也时有表现,如过多追求吃喝玩乐。这就提醒家长和老师，要多关心孩子需要上的发展，给予适合其特点的教育，指导他们沿着健康、积极的需要方向发展。

2. 动机的发展

动机是人对自己的各种需要的体验，是直接推动人进行活动的内部动力。动机对人的行为和活动具有发动、定向、强化和调整的功能。

由于人的行为的复杂性及其需要的多样性，人的动机也是纷繁多样的。一项关于我国中学生的学习动机的研究，可以看到学习动机有4种类型：①为将来能给国家作贡献，占44.3%；②为了个人前途，占23.4%；③为了入团、不给班集体丢脸，占17.6%；④为应付家长，学习动机不明确，占14.7%。

一个人也可以同时存在几种动机。一个孩子的学习动机，可能是为了听妈妈的话、做个好孩子，或者为了不给老师和班集体丢脸；还可能是源于自己的兴趣。不同的人对同一件事如学习，也可以有相同或完全相反的动机。

研究者从不同的角度对动机进行分类。按需要的种类分，有生理性动机和社会性动机；从影响的范围分，有一般性动机和特殊性动机；从内容和性质分，可分为正确、高尚的动机和错误、低级的动机；从起作用时间的长短分，还可分为长期的动机和短暂的动机；等等。

孩子动机的发展具有明显的年龄特点。有一些研究者，对小学生至大学生的学习动机进行研究，结果表明：四至五年级的小学生，学习动机发展的共同趋势是，由近景性动机向远景性动机过渡，由实用性动机向社会性动机过渡，其中正确的、近景性低水平的学习动机占主导地位。纵观十几年的学习生涯，学习动机是从小学的近景性动机占主导逐渐向大学生远景性动机占主导推进。

孩子的各种行为和活动都是由一定的动机引起，指向一定的目标。因而孩子的动机，其个别差异也是非常明显的。聪明儿童求知欲旺盛，智力潜力大，求知的动机强烈。聪明儿童学习上抱负高，不满足一般的学习，有的报考超常儿童实验班或跳级后，新的更高的学习条件进一步激发了他们的学习动机，为达到高水平的学习目标，如饥似渴地学习，排除一切阻碍，主动自学，显示了极大的学习积极性，取得了突出的成绩。

3. 如何发展儿童积极的需要和动机?

（1）了解孩子好奇和探索的需求

首先要了解孩子的好奇、好问，及探索需求表达的方面。

①在语言方面。表现出总有问不完的问题，“这是什么？”“为什么？”，打破砂锅问到底。细心的家长对孩子提出的问题，有问必答，不敷衍，或者反过来,认真、耐心地提出问题，启发孩子动脑筋思考、解答。即使孩子提出的问题幼稚可笑，也不要笑、不要泼冷水；如果所提的问题深奥，自己解答不了时，可以和孩子一起查资料、讨论，直至请教有关专家指导解决。

日天3到4岁时提出“我从哪里来？”的问题。姥姥告诉他是买菜时捡来的，爸爸告诉他是出差时带回来的，我则含混地回答是从医院里抱回来的。不一致的回答让孩子颇为困惑。当时我没有在意，以为事情可以搪塞过去。

不料过了些日子，我正在做饭，日天凑过来神秘地告诉我：“妈妈，我知道我是从哪里来的了。”我心不在焉地顺口说：“你说说看。”结果使我吃了一惊，他基本讲出了从生命萌动至出生的过程。我问他怎么知道的，他跑回房间，从书架上拿了一本《赤脚医生手册》，翻出相关的部分告诉我：“这里讲了。”他当时识字不多，他只能边看插图，边断断续续地看文字叙述，终于把自己心存疑虑的事大致搞清楚了……我由此得知，他有强烈的求知欲望……更可喜的是能通过自己的努力找到解决问题的正确途径，有克服困难找出正确答案的决心、意志和能力。

此后，我把建设家庭书架视为一项重要的家教内容。（日天的妈妈）

家长白天工作忙，回家既要学习又要处理许多家务事，对孩子好奇提出的问题，特别是几句话一时难以说清的问题，不少人可能都会随意、含混地回答。孩子的探求精神有个体差异，并不是所有孩子都像日天一样，不满足家长的回答，就自己查资料，直到解决为止。有些孩子可能将信将疑，又不知去哪再找解答，这样多次之后，他们的好奇、探求的兴趣就会逐渐减退。家长应该认真对待，根据孩子的特点和水平给予指导，如让他先查一查有关的书，最终还是应该让孩子得到满意的解答。

②在行动方面。比较小的孩子拿到什么东西常往嘴里送，用嘴咬一咬、尝一尝；在会走路后，看见什么东西就用手摸、拆开来看，翻箱倒柜。家长面对这些行动，包括看到被孩子拆卸的东西，如小闹钟、手电筒等，不仅不应责骂，可能的话，还应当和孩子一起分析，指导他怎么拆、怎样装还原。

③在表情方面。表现为"发呆"，专心观察某个现象，例如，有的孩子站在那里或蹲着一动不动约一个多小时，看蚂蚁搬家，然后兴高采烈把他的发现告诉家长。

总之，要了解孩子的探索需求，不论表现哪种形式，家长都应该尽量满足孩子好奇、探求的需要，鼓励、指导、促进他们，使之逐渐发展成探求科学、探求真理永无止尽的动力。

（2）满足和促进学习的需要

孩子都有学习的需要，正如孩子要吃喝满足生理需要一样。学习需要的表现形式及其强烈程度有个体差异，为此满足和促进孩子的学习需要有的放矢。以下仅提三点：

①了解孩子的学习需要，趁机提供学习的条件。多数超常儿童提早学

习，如认字或计算，往往是孩子先有这方面的需求，然后家长因势利导教他们，否则好的开头未必有好的结果。有些家长发现孩子精力充沛，不知课外让他学什么好，索性把他带到少年宫参观各种活动，让他们自己选择想学习的项目，而不是武断地逼孩子去学琴，或参加数学奥校。

②根据孩子的学习潜力给予满足。有些超常儿童在普通班级里感到吃不饱，家长可主动与学校商量，能否在课内外给他“加餐”，或经考核允许他们提前入学或跳级，以满足他的学习需求。

③找到厌学的原因，对症下药。没有孩子不想学新东西，如发现孩子不想学习，肯定是有原因的。多半是教学脱离了孩子的水平，孩子听不懂、跟不上，失去了学习的信心；也可能是孩子的学习目的不明确，还可能身体不好或有其他什么难处。应分析原因及时解决，重新唤起学习的需求。

（3）激发积极的学习动机

学习动机如何，直接关系到孩子的学习状况，并影响到他的成长。《国内十省市在校青少年理想、动机和兴趣的研究》中可以发现，中学生的学习动机表现有四种类型：第一类，学习动机不太明确，例如学习只是为了应付家长、老师的要求，或为了混日子，混到毕业可以找工作，这类占14.7%。第二类，学习为履行社会义务，例如学习为了不给班级、团组织或集体丢脸；学习为了入团，或不受指责等，这类占17.6%。第三类，学习为了个人的前途，例如只有学习好，才能有前途等，这类占23.4%。第四类，学习为了国家与集体的荣誉。例如想到学好文化知识就能为祖国四化做出贡献等，这类占44.3%。从这项研究可以看到，学生的学习动机的复杂性。学习动机的性质和水平不同，学习态度和效果也就不同。学习动机模糊的或错误的，学生就会缺乏学习动力，或使学习偏离正确的方向，导致错误或不利的结果。因此，家长必须对儿童进行动机教育，帮助他们明确学习的目的和意义，确立积极的学习动机。

（4）教育要注意年龄特点

儿童青少年需要和动机的发展的特点：从低级的向高级的，从近景的向远景的，从具体的、实用性的向社会性的动机的发展。因而，对不同年龄儿童的教育要考虑其特点。

①小学生的学习多从兴趣出发，许多家长从激发学习兴趣入手，从兴趣逐渐转化为学习的动机。小学生的学习动机是具体、形象的，因此许多家长通过儿童读物或故事，为孩子树立生动、具体的学习榜样；有的家长用奖励小红旗或奖给孩子想要的书等办法，使孩子有具体的、阶段性的目标，为争取做个好学生树立具体、实用的学习动机。

②少年儿童自我意识的独立性明显提高，不少家长向孩子推荐国内外科学家或其他名人的传记，帮助孩子树立高尚的理想，激发他们自我实现的需要，引导他们建立为国家、为人类需要而学习的社会性的动机。

（二）兴趣和理想的发展

1. 兴趣的发展

兴趣是人力求认识某种事物或从事某种活动的一种心理倾向，它表现为对该种事物或活动的选择性态度和积极的情绪反应。兴趣往往由需要引起，是行为动机的重要方面。它可以使儿童积极地寻求所要认识的对象，满足认识的需要。古今中外有名的科学家、发明家、文学家、艺术家等，无不被自己所从事的事业深深吸引，深厚浓烈的兴趣如同一股强大的动力，推动他们执著而锲而不舍。兴趣可以激发一个人愉快的情感，调动他们的积极性，吸引他们全神贯注地去认识某种事物，从事某种活动，不知疲劳，不懈探求，直至取得自认为满意的结果。

兴趣可分为直接兴趣和间接兴趣，直接兴趣是对活动过程本身发生的兴趣，一般是由于客观事物引人入胜，不由地让人对它产生兴趣。如孩子爱听故事，爱看动画片等。间接兴趣是活动本身并不能引起人的兴趣，但活动的作用和结果有重要意义因而导致兴趣。如有些孩子不喜欢数学，但数学在生活中很重要，于是渐渐培养起对数学的兴趣。所以，直接兴趣和间接兴趣对人的学习和活动都很重要，都是不能缺少的。

幼儿时期兴趣已有表现，如爱听故事、爱做游戏，有些幼儿还爱画画等等。幼儿的兴趣主要为直接兴趣，而且较不稳定，当引起兴趣的东西从他们面前消失，或不再感到有新鲜感，他们的兴趣就会消失，转而被另外的新异事物所吸引。随着年龄的增长，在良好的教育下，儿童的兴趣较广泛。入小学后，首先发展了对学习的兴趣，并对事物的原因和结果产生了兴趣，主动学习、探求，追根究底。这时兴趣具有一定的稳定性并出现分化，比如对有些学科特别感兴趣，对另一些不感兴趣，这时间接兴趣开始发展。到少年时期，会进一步对事物的本质和规律感兴趣，并在广泛兴趣的基础上，逐渐形成与个人理想和信念紧密联系的中心兴趣。儿童兴趣的发展和其他心理特征一样，也是从低级到高级，从简单到复杂，从不完善到完善有规律地演变。

在兴趣发展过程中，既呈现随年龄发展的趋势，也表现出明显的个体差异。超常儿童兴趣表现的主要特点，一是认识兴趣发展早。如2岁左右的孩子对阅读发生了兴趣，这一兴趣推动他们积极认字，认识许多字后，3岁或4岁就能自己独立地阅读。他们阅读面很广，不限于儿童读物，成人的书报见到也读；不论是故事或文艺书，天文、地理、医学的书，只要能拿到也会一知半解去阅读。二是兴趣既广泛又强烈。超常儿童对某方面（如绘画、识字、算术、下棋等）一旦发生了兴趣，一段时期会非常专注，内心似乎有一股强大的动力，驱使他去了解、掌握。以后还会发生新的兴趣，程度同样强烈且专注，直到学会、掌握为止。超常儿童因为有广泛的兴趣，智力发展，知识面变广，使学习成为一种乐趣。

如何促进儿童兴趣的发展？

（1）鼓励广泛的兴趣

兴趣广泛的人对一切事物都会乐于接触，乐于认识和探索。许多孩子从小兴趣广泛，很小就在知识的海洋里愉快地遨游，积极参加各种活动，善于发现新的问题，为以后的学习和才能的发展奠定了广阔的基础。但有一些孩子兴趣狭窄、单调，接触外界事物兴趣索然，这不利于孩子个性的发展，也会使学习受到限制。所以，要从小激发和培养孩子广泛的兴趣。

①利用孩子对新鲜事物的好奇、探究心理激发兴趣：如有的孩子对变幻莫测的太空非常好奇，家长趁机给孩子讲天文知识，以及有关宇航员的故事，或推荐这类读物给他们阅读，就会促使他们对天文和航天产生兴趣。

②鼓励直接兴趣：婴幼儿对新鲜事物的操作过程较感兴趣，如许多2至3岁的孩子喜欢画画，甚至对拿笔涂鸦的过程挺有兴趣，家长如果趁机对他的画（尽管画得并不好）大加赞赏和鼓励，自然而然就激发了他对绘画的兴趣。类似地，婴幼儿一般对鲜艳的色彩、悦耳有韵律的声音以及变化多端的事物特别敏感，许多家长根据孩子的这一特点，为之选购图文并茂的儿童读物，或有声有色的科幻故事录像带等，引导他们对阅读的兴趣。

③预防见异思迁：幼小年龄的孩子兴趣容易变化，针对这一特点，家长要注意避免同时给孩子儿种有趣的、新异的东西，例如买了新书，读完一本，再拿出另一本；新的玩具或其他新鲜事物也要一件一件地呈现，使培养的兴趣相对较为稳定持久。

（2）发展间接兴趣

儿童对需要学习掌握的知识或才能，不可能都与兴趣直接挂钩，或不大会自始至终感到有趣，许多时候为了达到某个较长远的目标，需要发展间接兴趣。

①激发需求：有些事如认字，儿童本来对它不感兴趣，客观上幼儿还不到认字的年龄，但是孩子爱听故事，总是缠着家长读故事书给他听，特别喜爱的故事还要家长反复读几遍。要知道，这是激发孩子认字兴趣的好时机。家长可故意忙这忙那拖延时间不给他读，孩子如果急不可待，家长可脱口说：“要是你能识字多好，不就可以自己读了吗？妈妈也是照着书上写的一字一字给你念的。”孩子说：“我不识字。”妈妈说：“我教你认。”……就这样孩子想认字的渴求被激励。

②兴趣迁移：由对某项活动的浓厚兴趣，扩展到对另一项原来不感兴趣的活动，使之也产生了兴趣，就是兴趣的迁移。兴趣迁移的具体做法，

应根据孩子学习的需要和情况的不同而异。例如：有个孩子很小就对数学很敏感，进小学后对数学更加入迷。家长为了让他对学习英语也感兴趣，送给他一本英文的《数学小词典》，发现他爱不释手，就又给他买了一本英文小学数学课本。由于他喜欢数学，对英文数学课本的内容感兴趣，因而逐渐地也对英语的学习有了兴趣。人们从事某种活动，并非整个过程都让人趣味盎然，其间单调、枯燥的阶段经常会遇到。例如有的孩子四五岁时家长就让她学习钢琴，在练指法阶段比较单调，可是又必须天天坚持练习，孩子感到枯燥乏味，每次都是被家长逼着练，家长也担心孩子是否能坚持学会。有的家长常用学会后可能得到的愉悦结果来鼓励孩子坚持练下去，如：常带孩子去参加音乐会或钢琴演奏会，请教琴的老师为孩子表演美妙乐曲，使孩子感受琴声的优美，培养音乐的情感。

③增加了解：任何事物如果不了解，兴趣无从产生，一旦对它有了了解、熟悉了，熟能生巧，巧中便产生乐趣。下面的例子生动地说明了这个道理。

> 我从东子五年级、六年级开始，激发他学习科学的兴趣。教孩子学骑自行车时问自行车的前轮、后轮同地面的摩擦力有什么不同？回到乡下时，带孩子们爬山钻溶洞看钟乳石，然后讲山、讲水、讲古迹；和孩子进城时，在公共汽车上，有位子也不坐，而是带东子站在最前面，看司机如何开车；就是平时洗衣服，洗衣机排水，水流出漩涡时，也要把东子喊过来看看，再用手指在漩涡中心的空洞处试试，告诉东子那里确实没有水，然后再给东子讲龙卷风形成的原理……身边到处都是科学，随时遇到随时讲，这样极大地唤起了东子对自然科学的浓厚兴趣。（东子的父亲）

有的家长抱怨孩子对什么都没有兴趣。其实，如果你也像东子的父亲那样，善于利用各种机会和条件，让孩子对某方面多接触、深入了解，使他感到有收获、有意思，还想更多地了解，这样你的孩子对某方面的兴趣也就会慢慢地培养起来了。

④明确意义：有的孩子喜欢数学不喜欢语文，有的相反，喜欢语文不喜欢数学，这种现象是很普遍的。语文和数学在小学和中学都是基础课，都应当学会。有些儿童凭一时情绪，不喜欢就不好好学。这时候结合生动例子，给他们讲明学习每门课的意义和作用，学习的兴趣就悄然产生出来，学习的积极性也随之提高。

（3）培养中心兴趣

有些孩子兴趣很广，对各种事物都想了解，但浅尝辄止都不专，显然将来也很难深入。所以，有必要随着年龄的增长，在广泛兴趣的基础上，帮助孩子逐步明确并形成中心兴趣。

①发现孩子的潜力优势：细心观察孩子的广泛兴趣，从中找出孩子有较大潜力的方面，积极加以引导，使之不断发展形成中心兴趣。例如，松明1岁多，既喜欢画画，又很喜欢计算，还对认字感兴趣，这些方面的兴趣驱使他积极去学习。不到4岁时，对象棋发生了兴趣，自己读棋谱，下棋技术提高很快，不久又爱上了五子棋。读小学后，不但这些兴趣继续发展，而且接触计算机后又迷上了……他的各门功课都很好，如何培养他的中心兴趣呢？家长分析发现，对数学的兴趣反映了他主要的潜力和优势，由于数学好、心算能力强，每当他与别人下棋，经常是他获胜。数学好对玩计算机也有帮助。于是，因势利导促进他数学潜力的发展，使数学兴趣逐渐成为他的中心兴趣。果然不出所料，他以后多次在数学竞赛中获奖，13岁参加“数学天才少年”的考试获得满分。

②培养兴趣的稳定性：兴趣保持相对稳定对促进能力发展极为重要。中心兴趣可以保持稳定，进而发展到迷恋程度，成为推动人不断进取，不怕困难，持之以恒的动力。幼小的孩子常常“喜新厌旧”，这就需要家长有意识地引导，适时提出新的挑战，使中心兴趣稳步发展。例如，前面提过的王丹丹1岁时对绘画兴趣浓厚，两条线交叉在顶端加一点，当家长问她画的是什么？答：“是鱼。”表明具有较突出的绘画天赋。此后家长便指导

她画简单的画，可过了一段时期，绘画的热情减退，原来简单的画她已经会了，不再具有吸引力。家长想到应给她新的刺激，当时是鸡年，便收集报刊杂志上刊登的各种鸡画，教她画鸡，她绘画的劲头来了。过了一段时间，画鸡的简单技能她已经掌握，家长索性把她带到养鸡厂去参观。各式各样鲜活的鸡，真是千姿百态，她兴奋极了，一口气写生了好几张，她的绘画兴趣被推向一个新的高潮。在家长有意识的引导下，孩子爱好绘画的中心兴趣逐步稳定，绘画才能不断提高。

③发挥兴趣的效能：有些孩子对某一领域的活动虽有兴趣，但还没有成为推动自己从事该活动的强大力量。这种兴趣效能不高，对他们来说仅喜欢而已。相反，许多儿童一旦对学习（不论数学、语文或外语等）或活动（不论绘画、书法、演奏、棋类或科技创造等）产生了浓厚的兴趣，就会自觉地、孜孜不倦地去钻研，甚至达到入迷的程度，显示兴趣是具有高效能的。不用说，家长应当培养孩子对学习具有高效能的兴趣。

2. 理想的发展

理想是指向未来，指向人的生活的远景性的想象，它是一个人生活道路的方向，并推动人去从事一切活动（动力）。根据研究，中小学生的理想反映在以下方面：一是对生活的各种向往和追求，如不少儿童近期目标是进一个好的中学，将来要升重点大学；二是对自己的学习和品德方面的要求，如许多孩子愿意自己的学习优异、道德高尚；三是对个人未来职业的设想，如将来想当科学家、企业家、教师或医生等；四是对国家和社会的希望和设想，如希望社会安定、国家富强、世界和平等。

孩子的理想是逐渐发展起来的，根据一项研究，青少年理想形成过程和发展顺序为：理想的准备、萌芽时期──→理想开始形成时期──→确立理想时期。也就是从没有理想到开始有理想，从模糊的理想到逐渐明确，从易变动摇到逐步坚定。大体上，多数小学生处于准备、萌发时期，多数初中学生处于从萌芽到开始形成时期，多数高中学生从开始形成到逐步确立（未完全确立）。总的趋势是：①从外在性、他律性理想（模仿别人）向内在性、自律性理想（自我设想）逐步发展。②从非现实性理想向具有现实性的理想发展。③从具体形象理想（多为低年级学生），到综合形象理想（多为中年级学生），再到概括性理想（多为高年级学生）。④从个人理想向社会理想发展。

超常儿童理想的特点：一是理想出现较早：有的早在3岁就开始出现幻想，长大要当个诗人、画家……大多数超常儿童入小学后，理想逐渐明确，如将来要成为数学家、科学家、医生等。二是理想多，抱负高，这与他们的兴趣广智力高分不开，有这样一个学生小时候喜欢小动物，向往今后当个生物学家；接触了计算机之后，就迷上了计算机，想将来要成为计算机专家；上初中后学习了物理学，对物理产生了浓厚的兴趣，又向往要像牛顿、爱因斯坦那样，当大物理学家，尤其当得知我国内地至今还没有人拿过诺贝尔奖，更是信誓旦旦了。三是能自觉联系国家或社会的需要，较早确立社会性理想，如从小对神秘的夜空感兴趣幻想将来要当个天文学家，入初中后，从报刊杂志了解到，国家经济还较落后，就立志要当个企业家，为祖国的经济腾飞贡献力量。

如何从小培养孩子确立高尚的理想呢？

（1）理想教育要早开始，并随年龄逐步加强：将来长大了做怎样的人？这是每个孩子常要面临的，有时是被人问起，有时是受儿童读物中古今中外伟大人物的感染，受到触动，立志要当一个科学家、文学家、艺术家、老师或医生……理想与人生观、道德价值观相互联系，教育要从小开始，先入为主地让孩子逐步树立正确的、高尚的理想。教育要注意适合孩子的年龄特点，对于幼儿和低年龄小学生，适宜采用讲故事、阅读、看电视等具体、生动、形象的形式；对于少年和青年，可让他们阅读有关伟大人物的生平事迹接受教育。

（2）从兴趣发展为理想：根据对青少年理想形成的调查，小学阶段主要受家庭和学校的影响，随着年级升高、社会影响的增加，儿童本人的兴趣在理想的形成中会起着较大的作用。据调查，大多数超常儿童的理想都是根据自己的中心兴趣确立的。例如，冯珑珑从小喜欢天文气象，对天文气象方面的读物爱不释手，还学做过不少科普实验，参加过课外天文小组，听过专家有关天文方面的科普报告，从那时起他就对天文气象产生了浓厚的兴趣，进大学少年班后，他的这一兴趣更加坚定，最后决定了他的专业选择，成为南京大学天体物理学的博士研究生。

（3）理想的分阶段实现：理想是指向未来的，许多孩子树立长大后要当科学家等崇高理想后，在家长的启发下，制订出实现这一理想的阶段目标和具体计划，包括切实可行的实施日程表，一步一个脚印地实现。

例如，出生在小村庄的施展，父母是民办教师，他酷爱学习，11岁时看到关于谢彦波事迹的报道，心久久不能平静，他想：谢彦波和我都是小学生，都是11岁时读五年级，可是他怎么就能上大学呢？施展苦苦思索，终于明白了，谢彦波没有什么神秘的，不过就是提前自学了中学的课程，我要是自学，为什么就不行呢？他能做到的，我也一定能做到！于是他到学校借来了初中的代数和几何，父亲又给他买回数学自学丛书，制订了每天自学的具体计划，即做完学校作业就自学数学。自学中遇到不会的问题就问父母，父母解答不了的，就坐在爸爸自行车后架上，到26里外找老师求教，每星期去一次。就这样，7个月他学完了初中全部数学课程、高一代数和部分几何，同时以优秀的成绩从小学毕业。跑到百里外的镇海中学应考，结果数学高中入学考试成绩突出，被破格录取到高一学习。两年后施展以优异的成绩从高中毕业，13岁终于如愿考上中国科技大学少年班。

许多超常少年树立了崇高的理想，都是提出报考大学少年班作为近期努力目标，大多数采取超前自学，锻炼了自学能力。到大学后接触面更广理想进一步发展。

（三）自我意识的发展

1. 什么是自我意识及其发展？

自我意识是意识的一种形式。简单地说，自我意识就是人对自己的认识，包括对自己的思想、情感、行为、个人和他人关系等的认识、感受、调控的能力。正如人能认识外界客观事物，支配、改造客观现实一样，人也能认识自己，给自己发指示、做决定，对自己的心理和行为进行调节，实现自我完善，使自己作为一个能动的主体与客观现实相互作用。因此，自我意识是一个人个性倾向的核心，对个性的发展起着动力的作用。

自我意识的具体表现形式有认识的、情绪的和意志的三种。其中属于认识的形式有：自我感觉、自我观念和自我评价等；属于情绪的形式有：自我体验、自爱、责任感、义务感等；属于意志的形式有：自制力、自我控制、自我纪律等。

自我意识不是天生的，刚出生的新生儿没有自我意识。儿童的自我意识是出生后在与周围人相互交往的关系中，在学习和社会的实践中逐渐形成的。教育在儿童自我意识的发生和发展中起着主导的作用。

儿童自我意识的正常发展，对于培养儿童自觉的学习和劳动态度，正确认识自己的优缺点，进行自我教育，形成符合社会道德标准的思想品德，都具有重要意义。

儿童自我意识的发生和发展是一个复杂的过程。一般讲，儿童认识自己比认识外界的客观事物要困难一些，但认识自己与认识外部事物的基本过程还是一致的，都要经历从感知过渡到表象，再过渡到抽象的发展过程。

婴儿出生后，第一年没有自我意识，不能认识自己身体的存在，例如不知道自己的手脚是自己身体的一部分。表现在把自己的手或脚，当玩具来玩弄，或送进嘴里吮吸。大约1岁半，婴儿开始学会走路，自己的手脚不再是玩具或能吃的东西，而是行动和活动的工具了。他可以自由走动，用手拿想要的东西，用脚踢球或踢其他的东西，从中认识到球滚是因为自己用脚踢了造成的。就这样，他逐渐把自己的动作与动作的对象区别开来。认识到手和脚是自己身体的一部分，认识到自己的存在，认识到自己和外部事物的关系，以及自己的力量。这就产生了最初的自我感觉，也就是自我意识的最初表现。

随着婴儿言语的发展（大约1岁半至2岁），婴儿知道了自己的名字，开始用自己的名字称呼自己，表明婴儿开始能把自己作为一个整体与自己的动作区别开来。当儿童掌握了代词“我”之后（大约2至3岁），自我意识的发展进入了一个新的阶段。这时婴儿不再把自己当作一个客体来认识，而是转到把自己当作一个主体的人来认识，即从用自己的名字称呼自己到用“我”来称呼自己，表明孩子从关于自己的表象发展到关于自己的思想的过渡。

学龄前儿童，他的自我评价能力是逐渐发展的。学前儿童的自我评价发展主要有如下的特点：①学前儿童还不会自我评价，主要是重复家长和老师对自己和自己行为的评价，到学前后期，即5至6岁以后，才逐步发展了独立评价的能力。②学前儿童基本上只能评价自己的外部表现的行为，还不会分析评价内心状态或道德品质，6岁以后只有很少的孩子能对自己某个具体品质进行初步的评价。③学前初期幼儿往往根据自己的情感体验进行评价，带有主观片面性。学前后期，幼儿依据行为规范、道德标准来进行评价的能力逐渐发展，表现出初步的客观性。④学前初期幼儿自我控制能力较差，5岁以后多数幼儿对自己的情感和行为具有了一定的控制能力。

儿童入小学后自我意识有了明显发展，到少年时期自我意识的发展进入了一个新的阶段。少年自我意识的发展出现了质的变化，表现了一些新的特点：①少年开始意识到自己的个性，对认识“自我”表现兴趣，关心自己精神世界和个性品质。②少年认识和评价自己的自觉性和独立性日益增强，从以成人的观点认识和评价自己，逐渐转到以“自己的眼睛”看自己。③少年开始意识到自己是认识和活动的主体，逐渐学会独立地调节和支配自己的情感、行为和活动，开始出现自我教育的兴趣和能力。

在良好的教育条件下，孩子的自我意识呈正常的发展态势。儿童青少年的自我评价、自我体验和自我控制这三个方面，都会随年龄的增长而发展，到高中阶段会先后接近或达到成熟水平。

2. 如何促进儿童自我意识的正常发展

（1）客观地认识和评价

儿童对自己的认识和评价都是从成人那里学来的，成人对他们如何看待、如何评价，孩子对自己就怎样看、怎样评价。所以，家长和老师对孩子的认识和评价，会直接或间接地作用于孩子自我认识、自我评价能力的发展。因此，家长首先应该做到如下两点：

①客观认识孩子：家长对孩子要有正确的了解和认识，有些家长很多时候对孩子的想法和做法并不了解，就自以为是、主观武断地发表对孩子的看法或评价，使孩子困惑、反感，甚至产生对立情绪，这对孩子自我意识的健康发展不利。

②正确进行评价：家长如果经常给孩子过高或过低的评价，就会潜移默化地影响孩子对自己的正确认识，不能正确进行自我评价。经常被过分夸奖的孩子自以为什么都好，会过高估计自己，产生骄傲自大等消极性格特征。而经常被训斥为“笨蛋”“糊涂”的孩子，往往对自己缺乏信心、自卑、不主动或对什么都漠不关心。所以不论自我评价过高或过低，都可能是儿童消极性格特征形成的根源。这都不利于儿童个性的健康发展。

由此可见，家长客观地了解、正确地认识孩子，慎重、实事求是地对孩子进行正确的评价是多么重要。

（2）明确行为规范和道德标准

在儿童自我意识发展的过程中，如何掌握行为规范和道德标准很重要。因为当客观的社会行为要求和道德标准内化为他们自己心中的行为准则时，孩子就有了对事、对人、对自己评价的标尺。

①要早开始：有些家长以为孩子小不懂，不给孩子明确行为的对错，显然对孩子估计过低。孩子会走路之后，为孩子安全起见，就要针对孩子具体表现，开始不断地给他明确什么行为允许或什么行为不允许，明确对或错……事实上，婴幼儿已能初步理解一些简单的要求，比如：“水烫不能喝，冷一冷再喝”“不是自己的东西不能拿”等。对孩子进行行为规范

的教育要从婴幼儿开始。

②要具体形象：对幼儿和小学低年级儿童进行道德和评价教育，要采取具体形象的方式，用他们能理解的语言，结合孩子表现出来的问题进行，有的放矢，使他们逐步明确什么是对什么是错，知道什么是好什么是不好，初步了解行为规范和道德标准。

③逐步加深和提高：不同年龄的孩子能从不同的水平上认识和掌握行为规范和道德标准，所以要针对实际情况，帮助他们逐步提高评价和自我评价的水平，反复指导，促进自我意识的正常发展。

（3）在集体活动中发展

人在认识自己的时候，一般是拿自己和别人比较，通过别人来认识自己。集体活动好像一面镜子，从中可以观察到别人和自己的表现，提高认识自己的能力。

①学习是孩子最主要的集体活动，在班上每个孩子的学习表现和成绩，老师经常会在班上评价，同学之间可以相互了解。家长应关心了解，及时提醒孩子从中学习如何评价，提高自我评价的能力。

②鼓励孩子参加学习以外的集体活动，关心孩子在各种集体活动中的表现和感受。在集体活动中孩子之间有时会产生矛盾，引导孩子要善于学习别人的优点，学会正确的评价与自我评价。

③要以表扬为主：对孩子在集体中所表现的积极因素，要充分肯定。这不仅有利于孩子正确评价别人，也有利于正确评价自己，并引导孩子从正确认识自己的具体行为，过渡到正确认识自己的内心品质，促进自我意识逐步从初级向高级发展。

（4）发挥榜样的作用

树立榜样是孩子认识自己的途径之一。通常孩子爱模仿，所以榜样的教育作用是巨大的。榜样可来自各种渠道：文艺书籍、电影、电视中展现的艺术形象，古今中外各类名人的传记，现实生活中最亲近的人（家长和老师），以及同龄人中的榜样都能给孩子提供参照，从而更好地认识自己，促进自我意识的发展。

①家长要根据孩子自我意识发展的不同时期，及时提供适合孩子年龄和需要的文艺书籍、影视或传记作品。例如，有的家长在孩子幼年时为他们提供图文并茂的儿童读物，随着孩子年龄的增长，根据他们的需要，及时购置有关书籍，促进孩子自我意识的健康发展。

②经常向孩子介绍现实生活中的先进、模范人物，为孩子树立思想、行为和品质等方面的良好榜样。

③家长和老师在评价、自我评价、自我教育等方面以身作则，对孩子自我意识的发展具有潜移默化的影响。

(5) 培养自我教育能力

在良好的教育下，孩子到少年期，通常开始出现自我教育的愿望，并表现出自我教育的能力。这时能严格要求自己，自觉地调节情感和行为，进行自我塑造，以实现崇高的理想和目标。自我教育能力是自我评价、自我体验和自我控制三方面较好发展的结果。

①激发自我教育的需求：首先要启发孩子自己意识到有自我教育的需要，产生积极的动机，这样才能自觉、主动地进行自我教育。随着儿童自我意识的发展，少年时期对认识自我产生兴趣和要求，积极思考自己应成为怎样的人，萌生自我教育的需求。然而，教育启发要早开始，家长要善于利用各种途径：阅读、观看电视、参观历史名胜和展览，以及参加学校和社会活动，促进他们逐步提高自我评价、自我体验和自我控制的独立性，激发他们对高尚理想和情操的向往和追求，使自我教育逐步成为孩子的自觉要求和行动。

②提供知识、指导方法：让孩子学习有关的心理学知识，了解人有能力进行自我教育以及自我教育能力是怎样形成的等；阅读各种伟大人物的传记；学习一点哲学、伦理学、行为科学等的初步知识。这些对帮助孩子提高自我教育的能力，掌握道德规范，形成正确的人生观、世界观，都会很有益处。不少超常儿童在家长的指导下（有些通过自己摸索），总结了一套自我教育的方法，根据自己的理想和长远目标，针对自己的优点和

不足，制订出自我教育的分阶段执行计划，定期自我检查、小结，通过日记、周记或阶段小结等方式鞭策、提高自己。

③锻炼自我调控能力：有了好的自我教育计划，关键在于坚持，要能坚持，最重要的一环就是提高自我控制能力。自我控制能力就是善于掌握和支配自己的情感和行为的能力。自我控制能力较强的儿童，能按社会道德要求较好地克制自己，并善于克服困难，抵制内外各种诱因的干扰。反之，自控能力缺乏或较弱的人，面临外界不良诱因的影响，不能正确把握自己，往往容易滑入错误的泥潭。所以，家长要善于利用或甚至给孩子创设一定的困境，磨炼孩子的毅力，锻炼孩子的自控能力。

④监督执行：制订出了自我教育的良好计划，要能付之实行，也是一个复杂的过程。在执行过程中，就是成人有时也需要监督，何况孩子，家长从旁监督和帮助是必不可少的。尤其遇到下面情况时，更需要家长关心，如：出现了新的情况，需要根据变化了的情况对原计划进行适当修订；执行过程遇到了困难、阻碍，需要帮助分析，找出解决办法；孩子本身出现自满，不求进取，或自信不足，需要启发反思，鼓励再接再厉……以防计划的流产，影响自我教育的信心和能力。在儿童成长过程中，实际上就是家长对孩子的教育和孩子的自我教育交互的过程，从家长监督为主逐步过渡到孩子自我监督为主，再过渡到由孩子自我监督，这时才能说孩子的自我教育的能力已经形成。

三、形成良好的性格特征

性格是指人对现实的态度和行为方式上比较稳定的心理特征的总和。例如：对集体，有的孩子一切以集体利益为重，而有的孩子只顾个人；对工作，有的孩子总是认真负责，有的却粗心、马虎；对他人，有的孩子热情关心，有的则比较冷淡；对自己，有的孩子自信、谦逊，有的自卑或自负；有的孩子独立、自主，坚毅顽强，有的却依赖性重，意志薄弱；等等。这些就是在不同儿童身上表现出来的不同的性格特征。

性格是个性的核心特征。它是人的基本的内部条件，对来自外界的影响起着中介的作用。这就是说，同样的外部刺激作用于人，不同性格的人由于有不同的态度就会有不同的反应。古今中外闻名后世的科学家、文学家、艺术家，他们对人类社会做出了杰出的贡献，如果没有对事业的高度热情，没有不畏劳苦、长期坚持、尽心竭力，战胜一切艰难险阻的性格，他们取得卓越的成就是难以想象的。在超常儿童中，那些智力发展高、特殊才能显露较早的孩子，之所以健康发展和成才，主要是因为他们勤奋努力，遇到困难、失败和挫折能百折不挠坚持完成，否则任何才能的发展都会困难重重。

性格的各种特征是相互联系、相互制约的，彼此不是相等的并列关系，其中对集体的态度是最基本的，它影响着其他特征。一个集体利益高于一切的人，对工作一定认真负责，也会关心他人，严格要求自己。了解了性格的这一特点，在教育儿童时，我们就应当既要有针对性，又要深入解决基本问题，如教育不遵守纪律的儿童，不能仅仅要求他们守纪律，还要向他们进行关心集体的教育，才能从根本上解决纪律问题。

儿童性格的形成经历着一个从量变到质变的复杂而长期的过程。一般讲，幼儿期是性格开始形成的时期，在各种活动中，幼儿对集体、对他人、对事物、对自己的态度，已表现出明显的差异。由于稳定的性格还未形成，还存在很大的可塑性。童年期(小学阶段)，稳定的行为习惯逐渐在形成，不良性格的改造已有一定难度。到少年期（初中阶段），由于其行为已受内心制约，处于习惯形成的时期，性格的改造就更加困难。所以，家长、教师要重视从小培养儿童具有良好的性格，及时帮助他们克服消极的性格特征如自卑、懒惰、粗暴以及没有常性等，培养他们积极的性格特征，如自信、责任心、独立性、坚持性等。

（一）自信心的培养

自信心是对自己的能力有比较正确的认识，面临一个任务感到自己能完成，也就是感到“我行”。智力高、能力强，而且又能正确认识自己的能力水平，这样的孩子一般自信心都比较强。他们有强的自信心又成为他们能力发展的有力支柱，促进能力的进一步发展。与之相反，有些孩子对自己的能力估计过低，遇事总感到自己不行、表现自卑，另一些孩子对自己估计过高、表现很自负。这两种极端的情况都反映对自己缺乏正确的认识，因而对能力的发展、对学习、对人际交往、对儿童的健康成长都会有消极影响。那么该如何培养孩子的自信心呢？

1. 信任孩子

孩子的自信心表现不一样，可听其言，观其行。有些孩子遇事常说：“我行”“我会”“我来干”“我能做好”，有些孩子却相反，遇事总爱说：“我不行”“我不会”“我不敢”“我害怕”。表现在行动上，前者常常积极、主动，后者常常犹豫、退缩。有的孩子做事比较谨慎，有的却有些腼腆。不论孩子属于哪种情况，家长都应相信他们有上进心，并要具体分析情况和原因，有区别地热情帮助。

2. 培养孩子的自尊心

（1）通过讲故事、看电视等多种途径，让孩子心中树立先进榜样，激发自尊、自爱，产生积极进取的动力。

（2）家长应尊重孩子，不可动辄粗暴训斥，批评压制，使他们稚嫩的自尊心遭受摧残，而是要从爱护出发，多加鼓励，促进自尊心的发展，使孩子对自己有高要求，积极向上，遇到困难能努力克服，从而进一步体会自己的能力，从自尊走向自信。

3. 帮助孩子建立自信心

让孩子在完成任务的实践中，感到自己行、有能力，取得积极的经验和体验。

（1）善于发现孩子的积极方面，帮助他们分析，使他们能正确认识自己，看到自己有能力完成某件事或任务。

（2）创造条件指导和鼓励他们去做事，起初做一些力所能及的事，之后一点点逐步增加难度，使他们取得成功的经验和体验，从中建立自信心。

（3）创造机会让孩子完成有一定难度或比较复杂的任务，开始时和孩子一起做，第二次指导孩子自己去完成，然后，再放手让孩子独立去完成。这样逐渐帮助孩子增强自信心。

4. 正确对待孩子的错误

俗话说："人非圣贤，孰能无过。"何况孩子，在成长过程中，犯错误有时是难免的。如同孩子学走路，总要经历一个跌跌撞撞的学步阶段，才能走稳。犯错误不可怕，关键是要处理好，通过错误使孩子充分吸取经验教训，逐渐走向成熟，否则处理不好也有可能影响终生，因此应十分慎重。

（1）对孩子的错误首先要有正确的认识和态度。孩子犯错误总是有原因的，原因可能是多方面的，不要简单批评指责孩子，看看家长的教育有没有问题。如果家长面对孩子的错误不冷静，批评不当，甚至打罚，就会加重孩子的心理压力，使他们失去信心，或造成自暴自弃，极可能断送孩子的志气和前程。有些家长发现孩子犯下错时，首先反思自己，做自我批评，再帮助启发孩子认识错误，这样做教育效果就较好。

（2）帮助孩子解决具体问题或困难。孩子犯错误往往不仅是认识问题，也会涉及具体的困难不能克服，采取了错误的做法。所以仅仅帮助孩子提高对错误认识还是不够的，同时还要帮助孩子克服困难，使问题真正得到解决，保证孩子不再重犯。

（3）信任孩子能改正。告诉孩子认识错误也是一种学习，况且错误在一个人一生的旅程中只是暂时的，只要善于从中吸取经验教训，就能"吃一堑，长一智"，要鼓励孩子拥有自信心，或帮助孩子重树信心。

有些家长在发现孩子犯有错误后，处理得很好，下面举一例：

有一天，我到学校找班主任了解情况，顺便说到很久没看到雁儿的成绩册了。老师说："不可能吧？每周都发呀！还都有家长的签名呢!”她顺手找出雁儿的成绩册，我一看果然有我每一周的签名，不过是雁儿冒签的。苦笑之余，我不得不承认，她模仿得很像。回家路上，我的心情很沉重。孩子如果不是不堪压力，怎会出此下策？晚上我和丈夫一起找雁儿谈话。她承认了修改成绩单和代妈妈签名的错误。我们语重心长地对她晓之以理：诚信是立身之本；一个人，才智不足，至多是个次品；倘若品行不端，则可能是危险品。我也检讨了自己的问题：对她要求太多，理解太少；训斥太多，帮助太少……那天，雁儿哭得很伤心，学习已经让她压力沉重，撒谎又让她损害了自尊。这对于一个在赞扬声中长大的孩子来说，实在是一种难以承受的残酷。

后来的日子里，雁儿虽然不再撒谎，但仍然不快乐，因为她的学习压力还是很大。为了让雁儿赶上少儿班的脚步，我们开始了全家“总动员”的奋斗。首先让雁儿从学校搬回家住，由她爸爸每晚辅导功课，指导学习方法。晚饭后，父女俩在餐桌旁相对而坐。她爸爸观察她写作业的全过程，以发现她学习方法上的薄弱环节。完成作业后，具体指导她预习和复习。要求她讲出每一节课的重点和难点，明白听课时着重解决的问题，以及与前后章节在知识上的关联。雁儿自己也很努力，学习渐渐入门。很快，爸爸就不用采取全过程紧盯的方法了，雁儿自己写作业复习功课，有问题时问爸爸。爸爸陪着雁儿度过了一个又一个的夜晚，雁儿的学习成绩开始提高。……回忆这一阶段的经历，我感到雁儿最大的收获不单是学习成绩的提高，学习方法的改进，更重要的是她心理承受能力的增强，以及从低谷中顽强奋起的意志的磨炼。(雁儿的家长)

雁儿的妈妈面对孩子的错误，没有恨铁不成钢地给孩子一味批评，而是语重心长地开导，并作自我批评，使孩子动情认错。接着全家一起帮助雁儿解决了学习上的具体困难，使她恢复了自信，19岁从大学毕业，成为最年轻的建筑设计师。

5. 恰当地使用比较

每个孩子有各自的特点，各有所长各有其短。幼儿和上小学的孩子由于自我意识没有很好发展，对自己的优缺点还没有认识，还不会使用比较或评价，家长和老师应当不失时机地教他们学会比较和评价，培养孩子的自信心。顺便要指出的是，并不是每个家长都会正确运用比较和评价促进孩子的自信心，如果用得不对头，不仅效果大不相同，而且还会直接影响孩子的自信心。

（1）有些家长喜欢拿别家孩子的所长，比自己孩子的所短，比如说："你看某某数学成绩这么好，你怎么总学不好？"或者说谁的作文写得如何好，你这方面怎么也不行。这样比是片面的，会使孩子看不到自己的优点和长处，久而久之产生自卑，会影响孩子的自信心。

（2）有些家长按照学校（幼儿园）的要求，结合孩子的情况，给孩子提出要努力达到的具体目标。然后，不忘拿孩子的现在与自己的过去相比，让孩子看到自己取得的进步，看到有哪些优点还有哪些不足，以及下一步应该如何努力。这样一比，使孩子从中学会用一定标准全面分析、评价自己，增强了自信心。

（3）在一个集体中，孩子之间相互比较是时常发生的，有些孩子喜欢看别人的缺点，家长应指导孩子正确地与他人比较，学会如何客观、全面地评价他人。启发孩子善于学习他人之所长，并善于从别人的缺点中学习，使自己进步更快，这也是自信心强的表现。

（二）责任心的培养

责任心（责任感）是人对自己所在集体（包括家庭、学校、国家、社会）具有的责任的认识、体验和态度。有责任心的孩子，一般表现出关心集体，遵守纪律，做事认真负责，严格要求自己等积极的性格特征。

当一个孩子认识到自己是家庭（学校、社会等集体）中的一员，意识到了自己与集体的关系，就会想到自己应有的责任，这时就会变被动为主动，把客观要求变为自觉自愿。一旦孩子为家里、为父母承担了一份责任，而且任务完成得不错，感到自己有用，便能产生自豪感，进而增强了责任心。随着年龄的增长，参与学校和社会活动的增多，这种对家庭的责任心，就可能扩大，迁移到对国家和社会的责任心。

从小培养孩子具有责任心，既可帮助孩子形成良好的性格，又可促进他们发挥更大潜力，使智力和才能得到充分发展。那么该如何培养责任心呢？

1. 学会对自己负责

（1）孩子很小的时候，玩具和儿童读物是他们心爱的东西，安排一个供他们收放玩具、读物的地方，要求他们玩完了或看过了放好，自己妥善保管好，从中体验自己的力量和责任。

（2）上学之后，在学习的过程中，要让他们逐渐体会：学习是自己的事，努力完成学习任务是自己的本分，比如从收拾、管理好学习用品，到自觉、认真完成作业，逐步启发孩子对学习的责任感。

（3）让孩子从小养成说话算数的习惯，家长不仅要向孩子说明理由，更应以身示范，比如：对孩子的承诺不食言，要求孩子做的事一定得坚持等。让孩子学会答应做的事一定要兑现，做到言行一致。

2. 为家庭承担一份责任

（1）根据孩子的年龄，适当分给他们做力所能及的家务，让他们参与家庭事务的讨论，使他们感到自己是家庭中的一分子，了解自己在家中的地位，体验对家庭尽责的愉快和满足。

（2）通过承担一定的家务和参与家庭事务的讨论，了解父母为这个家庭和孩子的默默操劳和任劳任怨，了解父母对家庭和孩子无私的责任心，让孩子心中树立榜样，鞭策孩子也为家庭尽一份责任。小时候学会为家庭承担一份责任，可以为今后树立对社会和国家的责任感奠定基础。

3. 为集体尽一份责任

（1）要帮助孩子认识自己与班级集体（少先队、青年团等）的关系，理解遵守集体的纪律，维护集体的荣誉，是自己义不容辞的责任。

（2）要让孩子认识班级集体（少先队、共青团）的事是大家的事，大家都应该关心。鼓励孩子为班级集体服务，从中牢固树立为集体尽责任的意识。

4. 培养社会责任感

（1）引导孩子关心社会，深入社会、了解社会，体验个人和社会的关系，培养为社会尽责的意识。

（2）支持孩子为社会出力，如：为希望工程、灾区孩子捐钱、捐书；参加社会义务劳动（为某项社会活动做义务宣传员、服务员）等，通过社会实践活动，激发、培养孩子的社会责任感。

（3）父母对国家和社会的态度和关心程度，对待自己的工作的责任心是否强，都是培养孩子责任感最现实的教育。父母要关心国家和社会，对自己的工作认真负责，为孩子树立良好的榜样。

（4）通过文艺作品，颂扬具有责任心的人物；现实生活中（学校里、社会上）各种英雄、模范人物高度负责的生动形象，应当用来作为培养孩子社会责任心的好教材。

小宇的父亲认为：培养一个孩子，应首先注意培养他的社会责任感和公民意识，注重全面发展，以适应未来社会的需要……小宇在家长指导、帮助下，从小全面发展，在学校一直是“全优生”“三好生”“优秀生”，为学校或班级的干部。她课余爱好广泛：绘画、舞蹈、诗歌朗诵、演讲、作文等方面多次获得过各级奖状；1997年被评为“北京市百名优秀红十字青少年”。（摘引自《中小学生素质教育家长读本》）

小宇在8岁时，经考核被中央电视台录取为年龄最小的记者，她独立采访、写稿，参加节目主持、演出……从她10岁开始，就利用寒暑假，独自下江南，到山区，赴边疆。不满14岁，她的足迹已踏遍我国31个省、市、自治区的有代表性的城市、山区和乡村，深入了解社会，广交朋友，并给贫困地区的小朋友送去爱心、友谊和温暖。

小宇第一次得到30元稿费时便给邻居唐爷爷买了两支毛笔，因为唐爷爷爱好书法；给老师买了一个日期戳，以减轻批改作业时书写日期的负担；给爸爸妈妈买了一个小蛋糕。后来，稿费多了……她把300元稿费寄给了“希望工程”……1998年寒假她二下江南，到湖北省大别山区的罗田县看望贫困地区的儿童……给他们带去了自己的稿费500元钱、穿剩下的小衣裳、旧文具和书报刊物。（摘引自余顺文《我们怎样做父母——访“小小社会活动家”马宇歌的父亲马弘毅》）

……小宇的家长对自己的工作的高度责任感，是最现实、最生动、最鲜明的教材。……邻居唐爷爷年纪大了，家里有什么重活，上街买东西等，父母带着她总是热情去帮助，日复一日……潜移默化，小宇渐渐地养成了良好的品质。（摘引自《中小学生素质教育家长读本》）

通过这些社会实践活动，小宇不仅了解了社会，增强了对社会的责任感，还锻炼了她的自主独立、勇敢、沉着，以及善于与人交往等品质。

（三）独立性的培养

独立性是按照自己的认识、判断、意愿去行动，不受环境和他人的左右，不屈从别人的强迫，有主见、独立地发现和解决问题。独立性是积极的性格意志特征，独立性强的人一般具有明确的行动目标，并能克服各种困难、排除一切干扰，努力去实现目标。与独立性相反的是顺从性，这种人没有主见，对自己的决定是否正确常常把握不定，容易受暗示影响，甚至人云亦云。如果从小形成了这种消极的性格特征，将很难有理想的发展。

研究者对中小学超常儿童实验班与同龄对比班学生的独立性特征进行

过比较研究，结果表明超常班学生在智力活动的独立性方面明显优于对比班的常态学生。比如：超常学生在学习和解决问题时，喜欢独立思考，不满足书本上现成的解题方法，独创地提出新颖解法。超常儿童独立学习的能力强，他们不满足老师所教的，经常找参考书自学。有的小学还没有毕业，已将中学的数学教材自学完毕。那么该如何培养独立性呢？

1. 鼓励独立活动的积极性

有一项关于3到6岁幼儿独立性发展的研究（李长岷等，1987），其结果告诉我们：在家庭和幼儿园的环境影响下，3至6岁幼儿日常生活行为上的独立性发展正常。其中3至4岁幼儿生活自我服务能力发展迅速，5至6岁幼儿在作业、游戏等的自主活动中独立性发展较快。他们还发现，家长对幼儿独立性的评估明显低于教师的评估。这说明家长对幼儿独立性的发展潜力估计不足，如不改变将不利于幼儿独立性的发展。

据有经验的家长回忆，事实上，3岁上下的孩子常有独立的愿望，表现为成人（或大孩子）干什么他们也跃跃欲试，虽然带有出于好奇或玩耍的成分。因而只要注意安全，凡是力所能及的事，就应该让他们做，暂时无法独立完成的也可带着他们干，贵在参与，这样可鼓励他们独立的意愿和积极性。让他们做力所能及的事，做好了，不仅增长了能力，而且可从中体会到自己的力量，增强自信心，有利于促进独立性的进一步发展。他们能做的事不允许做，不仅剥夺了孩子实践的机会，而且会使他们形成依赖、懒惰、怕困难等消极的性格特征。

2. 让孩子学会独立思考

孩子小不善于独立思考，家长要利用日常生活、游戏和学习等活动教他们如何思考，让他们从小学会动脑子。

（1）在游戏和玩耍中锻炼独立思考。游戏有模仿游戏、主题游戏、智力游戏、创造性游戏等许多种，玩的工具（除各类玩具外，生活用品、食品等都可充当玩的东西）和玩耍场所（家中、公园、游乐场、大自然等）则更广。家长在孩子游戏和玩的时候注意：一是要让孩子自己主动、独立地玩，以免养成离开家长自己不会玩的依赖性；二是激发孩子玩的兴趣，由简单到复杂，在玩中提出问题，开动脑筋，并能玩出花样来，促进独立思考的发展。

(2) 学习过程中发展独立思考。孩子到了上学年龄，学习成为他们的主要活动，在学习中，启发孩子学会多动脑筋，总结家长的一些做法：①结合检查孩子的作业，启发他们对书本和老师所教的内容，要善于提问，多问几个为什么，以便真正理解；②做习题时，启发他们动脑筋想，找出与书上不同的解法；③发现疑难问题后，指导他们学会利用工具书，或查找其他有关资料，锻炼自己找根据、判断对错；④鼓励孩子自学（有些孩子有自学要求或兴趣），在自学过程中，开始是先让孩子自己看书，然后向孩子提问，检查孩子对主要内容的理解，答对了就给予表扬，如果有理解不正确的地方，就通过问答方式，一步一步启发，直至完全理解、掌握。经过一个阶段的自学，孩子独立思考能力提高了，就不再需要家长提问，而是当孩子遇到解决不了的问题时，就主动找家长问。孩子的独立思考发展了，又进一步促进了对自学的更大兴趣。

小冯智力发展的最大的特点是勤于思考和善于思考，因而使他的推理思维、分析与解决问题能力，以及创造思维发展比较突出。……升入中学后，不满足于对定理、公式的一般理解、背诵，比较注意发现知识的相互联系。如三角函数中的和差公式、倍角公式等，他通过思考、归纳，只记住最基本的三角函数公式，遇题推导求解。……在学习中遇到问题，他从不轻易求师请教，总爱通过看参考书和自己思考来解决，有时为了一个问题，要苦思几天，甚至十几天。……学习因式分解后，在进行总结性练习时，他创造性地总结出八九种解题方法，既简便又准确。（摘自朱源等编《少年大学生的足迹》）

自学是发展孩子独立思考的一个有效途径，应尽早鼓励、指导孩子学会自学。

（3）锻炼孩子遇事有主见。不论家里或社会上的事，应给孩子发表自己看法、意见的机会，尤其是关于孩子自己的事（如：选择课外学习、业余爱好，升学选什么专业等），都要和孩子讨论，倾听孩子的意见，家长可以帮助分析有利或不利方面，最后鼓励孩子学会自己拿主意、作决定。不要以孩子小、不懂事，或为孩子着想等理由，一切家长说了算。这样只会养成孩子遇事不动脑子，没有主见。

3. 锻炼动手能力

孩子动手能力差，原因往往在家长，一是家长没有认识培养孩子动手能力的重要性，不重视孩子的动手能力的培养；二是对孩子的动手能力估计不足，担心动手（如使用剪刀等工具）会出问题或累坏了，不让孩子动手，不提供动手工具。事实上，手与脑相通，动手促进动脑，动脑帮助动手，应该把孩子培养成心灵手巧的人。

（1）给孩子提供需要动手组装的玩具。有些家长为了从小培养孩子动手能力，不给孩子买现成的玩具，而是买回组装材料，教孩子自己动手制作成玩具。

在小祥很小的时候（大约3～4岁时），我就教他用纸叠玩具小船，他心灵手巧，看两遍自己就会叠了。他饶有兴趣地跟我学叠带篷子的小船、会蹦的小青蛙、会飞的小鸟、能吹起来拍打的纸球……他越叠越熟练，比我叠的还快还好。折纸玩具，既经济，又训练孩子的动手能力，促进他们的大脑发育。还有七巧板、魔方、魔棍等，这类玩具价格不贵，孩子们也很爱玩。他的一套小七巧板，他爱不释手，玩了很多年。用它可以拼出许多有趣的图形，开发孩子的智力，培养孩子的想象力和思维能力。（小祥的妈妈）

教孩子从小学会自制玩具，既可培养动手能力，发展独立性，还有利于开发孩子的智力、想象和创造潜力。

(2) 鼓励和支持孩子在家里搞科技或艺术制作活动。如：自制简易幻灯筒，学摄影、学放电影，组装半导体；自制贺卡、日历；编书或连环画等。

(3) 家长自己动手修理家具、家用电器、自行车等，让孩子帮忙或参与，为孩子做出榜样，并在家备有工具箱或工具抽屉，让孩子自由使用，为孩子从小锻炼动手能力提供了条件，培养了孩子动手的兴趣和习惯。

(四) 坚持性的培养

坚持性是做事善始善终，也就是有毅力。在实现既定目标过程中，遇到困难、问题或障碍，能自觉调节自已，抑制消极的情绪或冲动行为，坚持克服困难、排除障碍，坚持到底，表现出坚毅顽强的性格。

研究者对超常儿童从幼儿至中学生的坚持性特征，与同年龄常态儿童进行过比较，结果超常儿童明显优于对比的儿童。许多超常儿童一旦想学什么或想做什么事情时，经常表现出一股不达目的不罢休的倔劲，不怕困难、失败坚持实现。例如，有些中学生决定要考上少年班，第一次没有如愿，并不气馁，再接再厉，直至达到目的。那么该如何培养坚持性呢？

1. 培养做事有始有终的习惯

孩子玩什么东西或做什么事时，兴趣容易转移。如果不注意，久而久之就会养成没有常性的毛病，做什么事都浅尝辄止。因此，要从小让孩子学会坚持并养成习惯。

(1) 家长对孩子的要求要适当，一旦提出就要坚持。家长首先应该说话算数。比如，家长规定孩子放学回家，先做完作业才能玩，孩子同意了就要做到，即使有同学来邀他出去玩，也不破例。逐渐形成习惯后，孩子独自在家也能坚持做到。有的家长在孩子很小的时候就采取“君子协议”的形式，培养孩子说话算数的习惯。

小磊磊3岁那年得了淋巴结核。病愈后，厂托儿所领导以“淋巴结核是传染病”为理由，拒绝小磊磊入托。当时老公长期在外出差，没有家人帮忙照顾，更没有经济实力请保姆，我还要上班，怎么办？为了不耽误我的工作，并要保证小磊磊能休息好，我在万般无奈的情况下，只能和3岁的儿子签订了一份口头“君子协议”。其内容是：“一个星期有七天，星期一到星期六妈妈要上班，故在这六天中他要听我的安排（留一本小人书，2～4道算术，及认两个生字的作业）。星期天妈妈不上班，这一天我听从他的安排（到公园、动物园等处玩耍）。如果六天中只要有一次他不听我的安排，那么星期天我也不听他的安排。”小磊磊欣然同意。……就这样，小磊磊的体质一天天地好起来了。1982年全家在北京团圆后，……也有个口头“君子协议”：平时每晚只看“新闻联播”，饭后孩子们做作业，我们看业务书，星期六可以看一晚电视。这个“协议”，一直执行到孩子们上大学后就自动终止。（磊磊的妈妈）

（2）鼓励孩子做事不半途而废：孩子在学习、玩或在做什么事时，不要轻易让他们中断去干其他的事，要支持他们坚持完成。如果发现孩子做事半途而废时，一定要帮助孩子坚持完成，并养成学什么或做什么，一定坚持学好、做完的习惯。

小昂很小便喜欢听音乐、唱歌，3岁多开始接触电子琴，4岁正式学琴。通过学习他能够准确地把握节奏和旋律，理解音乐形象。然而，练琴有时很枯燥也很苦，一学期下来，班上少了一半的孩子，我们觉得这是一种意志的锻炼，也是智育和美育很好的结合，因此，我们启发他对音乐的喜爱，引导他将幼儿园学到的歌曲变成手下美妙的音乐，使他乐此不疲，在上学前顺利通过了5级考试。（小昂的家长）

（3）家长自己做事要有坚持性，以身作则为孩子做出榜样。

2. 在克服困难、战胜失败中锻炼

让孩子了解学习或做事都要付出努力才能很好完成，在学习、工作和生活中，困难、挫折、失败都是难免的。世界上没有常胜将军，何况孩子。帮助他们正确对待，最重要的是不要气馁，要学会分析失败、挫折的原因，善于从中总结经验吸取教训，找出改进办法，并坚持就能转败为胜，即所谓“失败是成功之母”。

(1) 通过文艺作品，让孩子了解革命家、科学家以及英雄、模范人物的成功无不通过艰苦努力，克服无数困难和失败而取得。启发孩子以伟大人物为榜样，学习他们的百折不挠的品质和经验，结合自己的实际，“千里之行，始于足下”，从现在做起，培养自己不怕困难、失败或挫折的品质。

(2) 让孩子在战胜困难和失败的磨炼中，体验坚持成功的乐趣和满足感。体会“贵在坚持”“坚持就是胜利”的道理。

(3) 让孩子锻炼耐心，学会等待。完成任何事都需要有一个过程，有时需要经历相当长的曲折的过程。很多事往往不是一次就能成功。例如，不少超常儿童立志报考大学少年班，并非都是一次成功；在获得国际各种学科竞赛奖牌的学生中，有些也不止一次失败过。他们善于总结，把失败或挫折看做另一种形式的学习，从中获得一般学习中难以得到的收获，最后终于获得了成功。

在进取的过程中，只有经过挫折、失败甚至是多次磨炼获得的成功才是牢固的、有意义的精神。记得小千在8岁那年，我们陪伴他跑了不少商店，买来木板、塑料片、小发动机等必要的材料以及教材，虽然花的钱不比直接买飞机少，但这更值得。在狭窄的卧室里小千“造”起飞机来了，锯、刨、贴等，他废寝忘食地干了好几天。困难比想象的大得多，飞机总也动弹不了，家中乱得大家都想打退堂鼓。到后来大家都憋着一股劲，协助他找原因，小心又耐心地折腾了好几次，飞机终于在屋子里旋转起来。纵观整个“造”飞机的过程，其中

所经历的失败使孩子更执著，也从中学到了更多的自然科学知识。后来他还自制了天文望远镜，拆装钟表，修理收音机等。对于小千所想干的，只要可行，不仅是我而且是全家所有成员都给予极大的鼓励和支持。（小千的妈妈）

3. 不断增强动力

要战胜各种失败、艰难、挫折，要能百折不挠、坚持完成任务，必须具有强大的内在动力。强大的动力来自崇高的理想、远大的目标、浓厚的兴趣。在孩子成长过程中，在完成艰巨的任务过程中，动力要不断充实、加强，使孩子永远进取、始终坚强。

（1）不断确立可实现的目标：崇高的理想是逐步树立起来的，并要结合不同阶段的实际情况，确定可实现的阶段目标，一步一步实现的。在孩子成长过程中，要不断地给孩子提供现实的榜样或传记文学的生动形象，使他们不断明确努力的目标和方向。

（2）不断提出新的挑战：孩子的成长过程就是战胜一个又一个的挑战，要启发孩子乐于迎接新的挑战，把挑战作为进步和提高的阶梯，让每一个新的挑战（艰巨的任务、困难或失败），成为自觉激起自己积极战斗的强大动力。

（3）不断给予鼓励和支持：不论是语言的或行动上的鼓励和支持都很需要，特别当孩子遇到困难或挫折时更为需要。例如：上面提到的小千“造”飞机，多次失败，在全家人的支持下，终于完成了，失败使他更执著。有时一个提醒就足以起到鼓励和支持的作用，有些孩子有过战胜困难、失败的经验，只要家长几句话一提醒，他就眼前一亮，动力大增。

四、培养高尚的道德品质

道德品质包括道德认识、道德情感和道德行为三种心理成分。它们相互独立、相互联系、相互作用地形成对立统一的关系。道德品质在儿童健全的个性、人格的形成中起着基石的作用，对儿童的健康成长有十分重要的意义。儿童的道德品质是在社会化的学习过程中，逐渐形成、发展起来的。品德的发展是一个复杂的、有规律的过程，总的趋势是：婴儿从非道德的向道德的发展；随着年龄的增长，儿童少年由他律的道德逐渐过渡到自律的道德。道德品质各种心理成分的发展，也有各自的规律性。儿童的道德认识，是由个别到一般，由具体到抽象，由现象到本质的发展。儿童的道德情感，是由简单到复杂，由初级到高级，由易变到相对稳定地发展。儿童的道德行为，也是由简单到复杂，由初级向高级的行为发展。

家庭对孩子的影响很大。我们曾经对超常儿童实验班的毕业学生进行一项调查，让他们回忆，自己在成长过程的不同时期，对他们才能发展影响最大的人是谁？结果发现影响最大的人：在学前期100%为家长；在小学时期78%是家长，22%是教师；在中学时期64%是家长，34%为老师。可见，家庭对孩子的影响之大。家长思想上是否重视对孩子的道德教育，能否按照儿童年龄特征，遵循品德发展的规律，进行品德教育，这关系到孩子能否健康成长的大问题。据了解不少家长对这一点没有足够的认识，有些家长虽有一定的认识，但在家庭中如何进行德育，则不知具体从何处着手。但也有一些超常儿童的家长，他们非常重视对孩子的道德教育，并且取得了较好的效果。

> 我一向认为，德育重于智育，一个孩子道德品质优秀，智力不一定优秀，将来也会成为社会有用人才，也可以成为造福人类的人；如果道德品质败坏，智力再好，那也不能成为有用的人，反而会成为社会的祸患。重德育应该从小开始。（小梅的妈妈）

（一）道德认识——分清是与非、对与错

儿童出生后，在成人的教育下，逐渐掌握社会行为规范。1～2岁

的孩子就能初步理解家长提出的最基本的行为要求。什么是对的、什么是错的，什么行为允许、什么行为不允许。如：“打人不好”“不能打人”“要和小朋友一起玩，友好相处”……随着孩子年龄的增长，行为规范的内容逐步发展，具有道德的性质。

儿童行为规范的掌握是一个过程：第一步，认识是非、对错标准；第二步，形成道德观念、道德概念；第三步，行为规范内化为自己内在标准，对他人和自己的行为进行道德判断，对自己的行为进行自我调节。

那么，该如何提高道德认识呢？

1. 明确是非

要想孩子学会按道德规范自我约束，首先，要让孩子清楚认识：什么是对的、什么是错的；知道什么可行，什么不可行，以及为什么的道理。

（1）结合日常生活和活动给孩子提出明确的行为要求，给以正确行为示范，并要说明为什么必须执行的理由。比如，“把玩具拿出来和小朋友一起玩”，为什么应该这样做？以后别人有玩具也就会和你一起玩，大家都玩得高兴，也就是有乐与人同享。对于不同年龄的儿童，要用适合他们理解的语言，结合适当的行为示范，帮助他们提高对行为规范的认识，并说明道理，不同年龄的儿童是能在不同水平上接受的。

（2）孩子对是非、对错的认识，并非一次就能完成，行为规范需要反复明确，尤其当孩子违反规范时，要深入了解原因，有针对性、耐心地一次再次地明确行为要求。比如，有一次有小朋友来玩，孩子不愿拿玩具出来与他一起玩，了解原因，原来这个小朋友的玩具没有给他玩。问他这个小朋友做的对吗？他做的不对我们不跟他学。

（3）要坚持一致性，提出的行为规范，一定要求孩子做到。家长之间不能要求不一致，或说话不算数，或以自己的情绪为转移，要求不一致，会给孩子思想上造成困惑，行为规范难以内化为孩子自己的行为标准。

（4）对于道德是非中的特殊情况，在适当的时候，应给孩子作必要的讲明。例如，一般情况下“不能打人，打人是错的”，但是如果别人先打你，为了自卫不受别人的欺侮，可以回手打他，以便制止对方的侵犯行为，这种情况下打人不是错误。又如“要诚实，不能说谎”，但是对敌人或坏人不能说实话。

2. 激发情感

对儿童行为规范、道德标准的教育要能动之以情，加深印象，使规范和标准的执行能得到情感体验的支撑。儿童的行为符合道德规范时产生愉快、满意感，不符合道德规范时产生内疚感。

（1）家长对孩子做到了行为规范要求，应给予热情赞美，通过语言、行动（亲亲他）或其他多种形式来表达，使孩子受到积极、愉快的情绪感染。当孩子违反了道德规范，家长应以很惋惜的心情，对错误行为进行分析，指出为什么错，有什么危害，以引起儿童为错误的行为感到羞愧。

（2）选择生动的道德故事或儿歌，用富有感染力的语言，给孩子朗读，使孩子对道德要求印象深刻，从而提高认识，明辨是非，形成道德观念或概念。

（3）对大一些的孩子，可以常和他们一起议论、评价传媒报道的人物行为，歌颂他人的高尚行为，谴责社会上出现的违反道德标准的不良行为，以提高道德判断能力。

3. 锻炼道德判断

道德判断是客观的行为规范、道德标准转化成儿童自己内心的标准，并能用以对别人和自己的行为和事件进行评价、判断的能力，它是检验道德认识是否掌握的一个指标。

（1）促进道德概念的发展：儿童道德判断是随儿童道德观念、概念的发展而发展的，儿童道德概念的发展与思维的发展相联系，是从具体逐步发展到抽象的。幼儿和低年龄的儿童能掌握生活经验范围内的一些具体的道德观念、概念。例如，“好孩子”，2～3岁的孩子只能从“不打人”“不抢别人东西”等具体行为上来理解；小学生对“好孩子”的观念有了新的发展，他们能从学习好、守纪律、听老师的话来衡量；少年期儿童除学习好之外，还能进一步从思想、品德好更本质、抽象的方面来理解。因此，教育要结合不同年龄儿童道德概念发展的特点，逐步提高要求，才能有效地促进其发展。

（2）在道德判断的实践中锻炼：道德标准的掌握不能只停留在口头上的理解，而要应用于对人的行为和事件进行正确的分析、评价。经常联系现实生活或书本中的道德难题，让他们判断解决，是一种较好的锻炼方法。例如，一次考试小强的好朋友偷看了同桌同学的数学答案，由于对小强的信任，把这事告诉了小强，叫小强不要告诉老师。小强觉得好友的行为不对，但说不清错在哪里；是不是应该给好友指出（或告老师），又怕说自己背叛友谊，不再跟自己好了；不指出好友的错误够得上真正的友谊吗？小强感到很困惑。回到家里妈妈发现他闷闷不乐，关切地和他谈心，他把遇到的两难问题告诉了妈妈。妈妈启发他思考：考试的目的是什么？自然是检查学习掌握情况；偷看别人的答案能说明自己掌握了吗？显然不能，分数好也是虚假的；偷看是什么行为？欺骗行为，还启发他理解真正的友谊，应是互相帮助共同进步。经过妈妈的启发，小强思想明确了，后来，他帮助好友认识了问题，建议好友自己找老师承认了错误。孩子在学习生活和与人交往中，常会遇到一些难题，家长要善于发现，并引导他们正确地判断和解决。通过对实践中遇到的一个个道德问题的判断、解决，社会道德标准就逐渐内化成儿童自己内在的行为标准，孩子道德判断的能力也将随之不断提高。

（3）道德判断与自我意识的发展密切联系：年龄小的孩子对他人和自己行为的评价和判断主要依据成人（家长、老师等）的标准，也就是外部标准判断的时期，少年期儿童自我意识发展到一个新水平，自觉的内在的判断出现。所以，家长要在孩子小的时候，就开始教会他们正确地进行道德评价和判断，为他们少年期自觉判断的形成奠定一个正确的基础。

（二）道德情感——爱心的培养

道德情感是伴随着某种道德认识或道德需要而出现的内心的体验，

也是对事物及人的行为是否符合道德标准，产生的好恶、爱憎的态度。道德情感包括爱心、同情心、义务感、荣辱感等。其中爱心是最基本的，可是以往在对孩子的教育中，没有给予足够的重视，下面着重谈孩子爱心的培养。

爱心是人类的高级情感。爱的教育是道德教育的基本内容，要教育出有道德的孩子，应从小在孩子的心中播下关爱的种子。有研究表明，孩子出生后不久，便对母亲或照看他们的人产生依恋，小时候由于爱的缺失，长大后可能导致人格的扭曲。一项对小学至中学生需要的调查，要求学生将自己认为最重要的前五项需要勾划出来。调查的结果是随年龄增长，各年龄阶段的优势需要发生了变化。然而，“对父母和老师爱的需要”，从小学一年级直到高三的学生，都保留在前五项优势需要中。这一方面说明，孩子多么需要父母和老师的爱，另一方面也说明，对孩子进行爱的教育的重要性。

一些有远见卓识的家长，在发现孩子智力超常之后，不仅注意满足孩子智力发展的需要，同时也非常重视从小培养孩子的爱心。从爱父母、爱老师、爱小朋友、爱集体，逐步发展到爱祖国、爱人类。

小千曾对我说，他很怀念小时候，有那么多亲人爱他、疼他，而他也是那么爱他们。与他们同苦、同乐，与他们交谈玩耍，是他最亲切的回忆。使孩子感受到被爱和学会爱是家庭对孩子教育最重要的方面，这是孩子身心健康成长的保证，从一生的长远利益来说，超过对孩子智力开发的作用。善良的情感是良好行为的肥沃土壤，是做人的基本素质。

我认为家长要关注孩子的心中不但有自己，更要有他人，只有具有这种情感才会培养出今后的爱祖国、爱事业的情操。情感不是天生的，是后天形成的，是孩子与世界交往的结果。今天，小千已成为一个大小伙子，他有很多的朋友。古稀老人称他为小兄弟，愿意把自己的人生沧桑向他倾述；同龄伙伴视他为好兄弟，酸甜苦辣愿与他分享。这是因为他能热

诚地为别人着想，在帮助别人的过程中也同时体验到内心的快乐和完善自我。（小千的妈妈）

那么，该如何培养孩子的爱心呢？

1. 满足孩子正当爱的需求

各年龄的儿童都有被爱的需要，家长应给予适当的满足。

（1）对婴儿要多给予亲吻、抚爱及触摸，使孩子产生愉快、满足和安全感，这对他们健康发展很重要。

（2）对大一些的孩子，可通过各种途径：不仅表现在给他们好吃的东西，带他们出去玩，买喜欢的玩具和书籍等物质方面；更表现在精神方面：对他们理解，尊重他们的兴趣爱好，为他们的成长提供可能做到的最好条件。

（3）区分爱和溺爱，溺爱是无原则的过度宠爱，不论孩子的要求是否合理，有求必应，百依百顺，溺爱是孩子自私、懒惰、贪婪、专横等不良性格的根源。由于溺爱毁了孩子，造成家庭悲剧的例子已屡见不鲜。家长应该给孩子的是理智的爱，符合道德原则的爱。

2. 让孩子感受到被爱

要培养孩子具有博爱心怀，从小就要让他们感受被爱，体验到从小生活在关爱之中，真正理解父母和师长对他们的深厚的爱及期待。

（1）要让孩子了解父母对他们无微不至的爱以及其意义：孩子出生后，父母日日夜夜为他们的健康成长不辞辛劳，为孩子的点滴进步而兴奋，为他们的身体不适而焦急。随着孩子成长，父母不惜一切，为他们创造最好的条件，发展他们的兴趣和才能，要让孩子体验到父母对他们的一切无私的爱及其意义。

传统上中国家庭对子女的爱是博大无比的，爱是孩子身心健康发展的“精神乳汁”。但是应该注意，家长在爱孩子时要教育孩子懂得爱、能感受到爱，使孩子体验到爱的意义。要使孩子随着年龄的增长知道父母在

给予爱时所付出的辛劳，从而产生感激之情，从中体验到爱的力量。（小千的妈妈）

（2）通过送给孩子某种纪念物，来表达父母对孩子的爱和期望，随着孩子年龄的增长，用他们了解的语言，不断帮助他们加深对其意义的理解，使成为伴随孩子健康成长的座右铭。

我们在女儿刚会下地走路时起，就把两枚胸章（一枚刻着“博爱”，另一枚刻着“天下为公”），一直轮换地佩戴到了她胸前的衣襟上。至今12年过去了，孩子自己每次换穿外衣，都会自觉地给自己别上其中一枚心爱的胸章。她懂得：“博爱”和“天下为公”有爸爸、妈妈对孩子的疼爱之情与衷心期待；不辜负父母，就要把“仁慈博爱、心胸开阔、乐观向上”的内涵，融入到个人的理念及其行为之中。（小宇的父亲）

（3）帮助孩子了解学校、老师、社会和国家对下一代的关爱和期待，启发他们看到关爱的具体表现，以及对他们成长的意义。

孩子每有一些成绩，都带她去向老师说“谢谢”，告诉她：你很幸运，遇到许多宠爱你的老师，给了你知识，这是你取得成绩的原因。

长期坚持演出，是孩子将才能奉献社会并从中获得体验，这对她世界观、社会观、责任心的形成很有好处。家长常教育她：在你的成长过程中，社会和师长们付出了许多无私的爱，你也应用这样的爱去对待别人。你有特长，学校老师肯定你，承认你，你就应该付出，用你的能力回报社会和师长对你的关心和爱。（小夏的母亲）

3. 激发同情心

引导孩子逐渐学会设身处地为他人着想，乐他人之乐，忧他人所忧，对他人的感情如同亲身感受，从而激发孩子的善良和同情心。

（1）从小培养孩子爱小动物及玩具：婴幼儿和小动物（包括动物玩具和活的小动物）玩，小动物和玩具陪伴着婴幼儿成长，成为他们的好朋友。有的幼儿从电视中《动物世界》看到老虎咬伤小花鹿，会大哭起来；有的孩子自己饲养的小鸭，长大了也不准杀了吃，对小动物倾注了爱心。

> 全家人都非常注重培养金今的爱心——爱自然、爱生命、爱人类、爱真善美、爱祖国。我们首先让她从爱身边的玩具做起，我们把那些玩具说成是有情感、有灵魂的，都是她的好朋友。六个月的金今漫不经心的把玩具熊扔到地下，我说："小熊是你的好朋友，你把它摔疼了，它多伤心啊。"不会说话的金今似懂非懂地眨着眼睛，以后不再把玩具扔在地下。（金今的妈妈）

（2）培养对小朋友的同情感：许多家长从小注意要求孩子，有玩具或吃的东西与小朋友分享；小朋友有困难要帮助，如摔倒了扶起来等；与小朋友产生矛盾时，要求学会自己解决，这也是锻炼孩子使用所学的行为规范。

（3）通过文艺作品：孩子爱听故事，喜欢阅读，家长根据孩子的年龄，及时提供适合的读物，使他们从广泛阅读的书中，受到生动、形象的爱的教育，从而激发同情心。

4. 支持关爱他人的行为

爱心的核心在于心中有他人、有集体，许多家长让孩子在多种实际活动中，培养对他人和集体的关心，在利他行动中巩固、发展爱心。

（1）启发孩子关心他人，支持孩子献爱心的活动：如，给希望工程捐款，为灾区人民捐款、捐物等。

在孩子懂事以后，我们经常给他讲农村的贫困，失学儿童的痛苦和渴望，带他到希望工程办公室，看记者拍摄的照片和有关资料，他经常热泪盈眶。在幼儿园时，有一次老师教幼儿认识人民币后，问小朋友长大以后有了钱干什么？小朋友们有的说买变形金刚，有的说买好吃的……只有小昂说他要把钱给农村的小朋友，好让他们像自己一样过幸福的生活，……我们就因势利导，让他积攒自己的零花钱为希望工程捐款。从此以后在他幼小的心灵里，就养成了一种关心他人的品德，连续几年参加希望工程捐款。到了春节，他还把自己喜欢的学习用品寄给受助同学，体现一份爱心。对此，我们及时给予鼓励和支持。（小昂的父母）

（2）支持孩子关心身边有困难的人，或参加志愿者服务：定期帮助邻里的孤寡老人打扫卫生、买东西，到敬老院给老人慰问演出，以及参加社会其他公益活动等。

（3）为班集体做好事：如开展学雷锋活动，有的孩子悄悄地维护班上的清洁卫生，有的孩子主动帮助班上学习困难的同学等。

5. 家长的榜样作用

家长自身的言行、情感给孩子深刻的影响，起着潜移默化的作用。许多家长要求孩子有爱心，自己首先身体力行。

我们在日常生活中，比较注意自己的修养，以自己尊老爱幼、团结友爱、文明礼貌的行动来影响孩子。海滨的祖母在北京居住期间，我们尽力为老人在生活、医疗方面精心照料，有病卧床时端屎端尿，喂水喂饭。海滨的二姨夫部队在一个山沟中，附近山村小学教育质量不高。为此，我们把他们的孩子接到北京上学，直到初中毕业。我们老家在一个较穷的农村，在当时我们工资较低、经济比较拮据的情况下，从多方面资助孩子多、家境贫穷的弟弟与妹妹和上学的侄儿侄

女。所有这一切，都在海滨心灵中留下了深刻的印象。赴美留学第一年春节，就把节省下来的钱寄给我们。（海滨的妈妈）

6. 及时强化

对孩子关爱他人的行为及效果，给予及时表扬、肯定，鼓励点滴进步，使孩子及时得到反馈。

（1）孩子表现的爱心、同情心即使是微不足道的，也要及时肯定，并使之看到取得的效果，以促进孩子爱心的进一步发展。

（2）对于有关爱的动机，但没有取得好的效果，应及时肯定其良好的愿望，保护孩子的积极性，然后帮助孩子分析受挫的原因，使孩子感受家长随时关心着自己，增加克服困难、排除阻碍的力量。

（三）道德行为

道德行为是合乎社会道德规范的行为。它是在道德认识、道德情感的基础上，通过反复的道德实践逐渐形成的道德行为习惯。年龄小的儿童最初形成的大多为比较具体、比较单一的道德行为，随着年龄的增长，活动范围的扩大，知识的增加，自身心理的发展，逐渐形成综合性的、更加概括的、更高级的道德行为。道德行为是一个社会所有成员都应该遵守的，是评价一个人道德品质的高低的主要指标。

那么，该如何促进道德行为的形成呢？

1. 要从婴幼儿开始进行道德行为的训练

道德品质要从小培养，品德是逐渐形成的。早期教育中忽视了道德教育，不良影响乘虚而入，先入为主，一旦孩子的不良行为不知不觉形成，虽然并非不能改，但改造起来就困难多了，还可能造成无穷的后患。

（1）婴儿已初步能理解简单的道德要求：1岁多的孩子生活中，就会遇到需要明确的是与非，对与错的问题，他们已能表现出一些符合道德要求的行为。幼儿道德判断已初步发展，有研究表明，5岁幼儿已初步能根据公共财物损坏的情况，正确做出判断。还有研究认为，经过短期训练可以促进5～7岁儿童道德判断水平的提高。这些都说明了婴幼儿接受道德教育的可能性。

(2) 要重视耳濡目染：婴幼儿年龄小，对语言的理解还很有限，早期的道德教育特别要重视，父母及孩子身边最亲近的人的身教，家长为人处世是否符合道德行为规范，如果家长富有爱心、有同情心，诚实、公正、善良，给孩子潜移默化，耳濡目染，就容易收到效果。

(3) 要在日常生活中渗透：小孩子抽象思维还没有很好发展，道德认知具有很大的具体性和情绪性。因此，对他们进行道德教育时，要避免单纯向他们讲解道德标准，或向他们提出抽象的要求，而要把道德教育渗透到儿童日常生活、学习、游戏以及各种实践活动中去进行。使他们不仅知道行为准则，还要激发相应的道德情感。

2. 在实践中进行道德行为训练

儿童道德行为在实践活动中表现、形成和发展。要形成儿童怎样的道德行为，就要让他们在相应的实践活动中，反复实践这种行为举止，逐步达到自动化，并形成行为习惯。

(1) 明确要形成的行为方式：要求儿童形成某种道德行为，先应向儿童说明这种行为包含的内容和特点，这种行为的意义。

(2) 组织丰富多彩的活动反复实践：例如，要儿童形成关心集体的品德，就要在日常生活中，让幼儿多为集体做好事，并体验到愉快，产生集体荣誉感，形成行为方式。如果要使一个做事没有常性的幼儿形成坚持性的性格特征，就要通过给他力所能及的任务（包括游戏），采取各种方法吸引他坚持完成。开始是在成人督促下完成，逐步过渡到没有成人督促也能自动坚持完成。久而久之便养成坚持性的行为习惯。所以要多组织实际活动，在活动中使良好的行为通过反复的练习，逐步达到自动化的程度，稳固为习惯的行为方式。

(3) 要求言行一致：道德行为的形成，不能停留在认识水平上，知道应该怎样行动，就能在行动中体现。儿童、青少年中言行脱节的现象经常可见，要分析性质和原因，有针对性地解决，使孩子言和行达到一致。年龄小的孩子有些对道德行为规范能说不能做到，不是有意说一套做一套，而是反映了他们的年龄特点，对道德规范认识不深，认识与自己的行为还没有形成联系。但有的也反映了教育的问题，如有的家长习惯于向孩子讲大道理，不了解道德品质靠讲道理仅能提高认识，只是第一步，还要进一步通过行动、反复的行为操练，才能逐渐形成稳定的行为方式，进而发展成行为习惯。从认识到行动，再到品德的形成，需要经过一个过程。在言行脱节的教育影响下，久而久之会把孩子教成只会说不会做的人。这就要求家长改进对孩子的教育。这个过程有时较顺利，但很多时候不很顺利，如果孩子在某方面已经先入为主形成了不良品质，改起来需要经过较长的过程，在改的过程中有时还会有反复。

3. 建立科学的世界观、价值观

世界观是人对自然、社会和人生的根本观点，它是一个人的行为的最高的调节器。中学阶段是学生世界观形成的关键时期，随着世界观的初步确立，少年理想具有道德水平，并逐渐趋于稳定。科学的儿童世界观主要依靠学校教育，但家庭教育也具有特殊意义。

(1) 学生世界观的发展受许多因素影响：学校通过各科教学以及政治思想教育和社会实践活动，使儿童对世界和人生逐渐形成比较全面正确的认识，为他们科学世界观、人生观的形成奠定基础。然而，社会上各种不良的思想、错误观念，通过各条渠道（媒体、书籍等）侵袭而来，造成孩子思想上的困惑或混乱，需要家长及时发现与学校配合，进行一致的教育。

(2) 家长本人应具有正确的人生观和健康的价值取向：为孩子树立正确的榜样，从爱孩子出发，要警惕自己的旧观念或错误思想，如：“人不自私，天诛地灭”“要实惠”等对孩子的影响。支持孩子关心集体和他人的思想和行动。

(3) 把自己的家庭营造成一个有利于孩子正确人生观、价值观形成的小环境：让孩子能自由思考、选择崇高的理想、追求和实践正确的人生价值。

4. 改造不良品德

儿童不良道德品质有不同表现，如：违反纪律、说谎、偷窃等。不良品德的形成，往往既有客观原因（如：家庭或学校教育不当，社会的不良影响等），又有儿童本身的主观原因（如：是非不分，意志薄弱等）。为有效帮助孩子矫正不良品德，应深入了解情况，具体分析原因，有针对性地解决问题。

(1) 提高辨别是非的能力，这有两种情况：一为年幼儿童，由于道德的无知或认识模糊，看见特别好玩的东西，非常喜欢便悄悄拿了回家，家长发现后给孩子指出，别人的东西未经同意拿回家是错误的，家长带着孩子亲自送还，认错、道歉。经过这样的教育，孩子分清了是非，后来一般不会再犯；另一为年龄较大的儿童，具有某方面不良品德，在他们的思想上，往往还有着某方面的错误认识，例如，有个超常儿童升大学后，受一些大同学的影响，也认为"学习没意思，大学毕业后还不如个体户挣的钱多"，因而整天不是看小说，就是沉迷于游戏机，荒废了学习，一学期几门课不及格。对这种儿童，只告诉他们正确和错误还不够，还要给他们分析，从认识上把被颠倒了的是非拨正过来，才能提高辨别是非的能力。

(2) 激发改正的愿望：当孩子认识上初步有了提高，应进一步让他们了解错误行为发展下去的严重后果及危害性。同时，耐心开导、帮助他们端正态度，消除疑惧及对立情绪。激发他们产生想改的意愿，并成为推动他们非改不可的动机。这样才可能产生改正错误的自觉性，主动去反思过去，进一步提高认识，积极地进行自我教育、自我改造。只有这时，才可能变家长或老师要求他改为自己要求改，变被迫为自觉自愿。动机和动力不同了，效果显然也会不同。

(3) 培养道德意志：改造不良道德行为，是一个破旧立新的复杂过程，要抑制、克服原来已经形成的错误行为和习惯，形成新的道德行为习惯。在这一转变过程中往往会出现反复，特别是当原来的诱因又出现时，意志薄弱的孩子，不能抵制不良的外部诱因，再次犯下错误。例如，有个超常儿童，从小家长忽视对他的品德教育，在他离家住校后，缺乏家长监督，由于是非不分，跟随个别大同学，偷别人的菜饭票，出去换汽水和零食吃。休学回家一学期，在家长的教育下取得了效果。但复学后出现反复，这时家长和老师没有对他失去信心，没有批评他“不可救药”，继续对他热情关怀，解除他思想上的压力，耐心地帮助他分析反复的原因，鼓励他发挥意志力，战胜外面的引诱。学校还采取一些措施，如把他调到纪律好、班主任强的班级；又让他参加了课外数学小组等。加上他自己反复的努力，最后这个孩子终于战胜了自己，改正了不良行为。

(4) 扶持正确行为，使转化为习惯：在孩子改造不良行为的过程中，需要对他们的点滴进步给予热情的鼓励和肯定，以便使孩子树立能改好的信心和信念。首先要及时发现点滴进步，通过语言的（口头表扬）、行为的（交给任务、吸收进团队组织或兴趣小组）、精神的（鼓励）、物质环境的（如调换班级等）多种形式给予肯定，使他们感到家长和老师还是信任他们的，从而获得更大的力量，“再接再厉改正错误”。当不良行为反复时，对不良行为应进行否定强化（批评或其他措施），抑制不良行为的再出现，使不良行为逐步减弱，直至完全消退。经过一个反复实践的过程，正确的行为、新的行为习惯才能逐渐形成。

(5) 及时发现，防微杜渐：在孩子成长过程中，由于教育的疏忽，出现这样或那样的行为问题，有时是难免的，关键是家长要能及时发现，及时制止或矫正。这样再教育的过程可以短一些，见效快一些。如果不良行为任其发展，养成了坏习惯，造成严重后果才发现，改造起来就困难得多。所以，家长要把关心孩子的道德发展放在重要的位置，最好能预防，使道德行为问题不发生，或能及时发现，杜绝发展，使孩子不仅智力好，有才能，而且成为一个道德高尚的人。

道德品质的形成是一个长期的过程，由对道德标准的认识，到形成道德观念、概念，再到发展道德情感，然后道德行为习惯才能形成。因此，帮助孩子形成高尚的道德品质，不仅需要从小开始，还要一步一步地引导，使认识逐步转化为行为习惯，品德才真正形成。

在儿童个性特征和道德品质的形成中，应特别强调：家长个性品德的榜样作用，家庭的主导思想、价值观等的潜移默化的影响；家长和孩子相互学习的重要性。在孩子小的时候家长无疑应该是老师，给孩子提出行为规范要求，指导和鼓励他们形成良好的个性品德。以后，随着孩子的成长，自我意识和道德意识的发展，在学校受到新思想、新风尚的教育。回到家里就有可能发现家长有陈旧的思想，不合道德标准的言行，这时，家长就应接受孩子提出的意见和监督，真心拜孩子为老师，才是对孩子良好品德的支持，学校的教育效果才能巩固。只有家长和孩子之间相互学习和鼓励，共同进步，孩子良好个性品德才能顺利形成。

个性是人比较稳定的心理特征的总和，它包括个性倾向性和个性心理特征。个性倾向性是指人进行活动的基本动力，是人在认识和改造客观现实中表现的趋向和选择性态度，它是个性的核心部分，包括需要、动机、兴趣、理想、信念、世界观和自我意识等。个性心理特征是指人经常表现的比较稳定的心理特征，它是人的多种心理特征的独特结合，包括性格、能力和气质等。人遵守社会道德规范而行动时同样表现为稳定的心理特征，称道德品质。事实上，道德品质与个性倾向性、个性心理特征交错、渗透、结合在一起，构成了一个人的个性（人格）的整体。

人的个性对人的成长、成才具有不容忽视的作用。因为已经形成的个性倾向、心理特征和道德品质，作为个人特有的活动动力、态度和行为方式等内在因素，对来自外部环境和教育的影响起着中介的作用。研究还表明，儿童形成中的个性对其学习和聪明才智的发展，具有积极或消极的影响。因此，从小培养孩子具有积极、良好的个性显得十分重要。

个性的形成经历着一个过程，孩子出生后，个性就开始发展，婴幼儿时期是个性发展奠基的关键时期。因此，家庭和幼儿园对儿童良好个性形成有着极其重要的作用。特别是家长对孩子良好个性的形成更是责无旁贷：

1.要重视尽早开始，让孩子明确是非、对错，从小先入为主培养孩子积极的个性品质。

2.要启发、鼓励孩子好奇和探索需求，引导孩子自觉学习，自觉培养良好个性的主动性。

3.个性品德的形成要遵照：提高认识（从感性到理性）→激发情感→训练行为→形成习惯的过程，逐步促进稳步发展。

4.教育方法要根据孩子年龄的特点和个性发展的实际情况，家长的行为示范榜样作用更为重要。

5.对不良品德要及时发现，耐心地帮助，坚持改正。

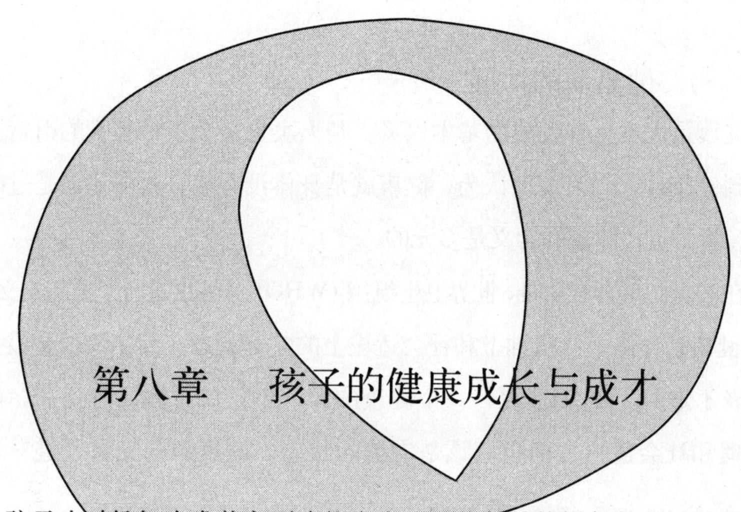

第八章　孩子的健康成长与成才

孩子小时候智力或某方面才能出众，随着年龄的增长是否继续优异发展？孩子小时候聪明过人，长大后是否必定能成才？古今中外的许多事例说明：不一定。“小时了了，大未必佳”的现象，古时候有过，现代同样也存在。怎样才能保证孩子健康成长，长大一定能成才呢？

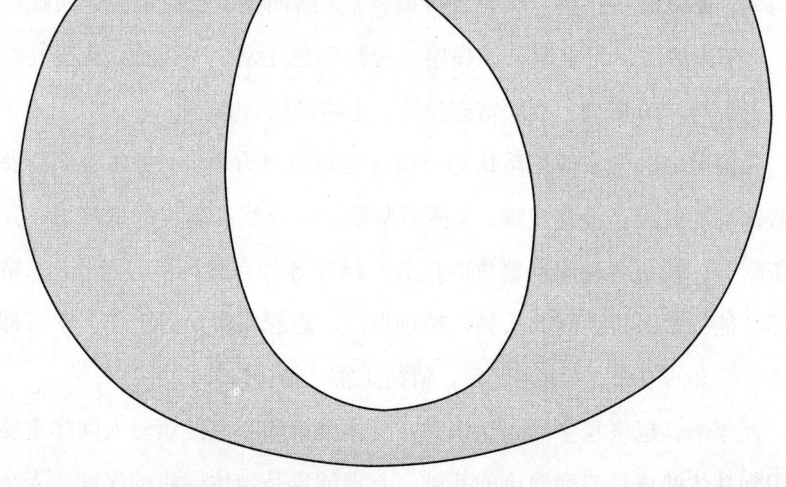

一、关于健康成长

（一） 健康观的扩展

健康是人类生存发展的基本保障，是人类也是个人最宝贵的财富。以往提到健康，人们习惯地认为，健康就是身体没有病，其实这已是过时的看法。要知道，健康的含义是多元的。

在20世纪80年代中期，世界卫生组织（WHO）对健康进行了重新定义，提出："健康是身体上、精神上和社会适应上的完好状态，而不仅仅是没有疾病或者不虚弱。"这就是说，一个健康的人，不仅仅身体没有疾病，而且在心理和社会适应方面也应该是完美的状态，健康的含义有了进一步的充实。

世界卫生组织提出了健康的十条标准：1.精力充沛，能从容不迫地应付日常生活和工作的压力而不感到过分紧张。2.处事乐观，态度积极，乐于承担责任，事无巨细不挑剔。3.善于休息，睡眠良好。4.应变能力强，能适应环境的各种变化。5.能够抵抗一般性感冒和传染病。6.体重得当，身材均匀，站立时头、肩、臂位置协调。7.眼睛明亮，反应敏锐，眼睑不发炎。8.牙齿清洁，无空洞，无痛感；齿龈颜色正常，不出血。9.头发有光泽，无头屑。10.肌肉、皮肤富有弹性，走路轻松有力。

我国著名医学家傅连璋认为健康应包括以下方面：1.身体各部分发育正常，功能健康，没有疾病。2.体质坚强，对疾病有高度的抵抗力，并能刻苦耐劳，担负各种艰巨繁重的任务，经受各种自然环境的考验。3.精力充沛，能经常保持清醒的头脑，精神贯注，思想集中，对工作、学习都能保持有较高的效率。4.意志坚定，情绪正常，精神愉快。

近年来，越来越多的人认识到，身体健康和心理健康对人同样重要，认识到身体健康是心理健康的基础，心理健康是身体健康的保证。人是大脑统帅下各生理系统协调活动的有机体，生理活动与心理活动是互相联系、互相影响、互相制约的。积极健康的心理状态，有益于身体健康；消极不良的心理状态，容易使人体弱多病。只有身心两个方面都健康，才是一个健康的人。

（二）心理健康的问题

根据一些报道，现在的儿童、青少年当中心理健康方面的问题不少。例如，卫生部2002年儿童、青少年心理健康问题座谈会上公布的调查统计显示，我国儿童、青少年行为问题的检出率为12.97%，有焦虑不安、恐怖和抑郁情绪等问题的大学生占学生总数的16%以上，而世界卫生组织的调查显示，只有不足1/5的患者得到了适宜的治疗。

根据北大精神卫生研究所的资料，我国17岁以下未成年人约3.4亿，保守估计，有各类学习、情绪、行为障碍者3000万人。其中，中小学生心理障碍患病率为21.6%至32.0%，突出表现为人际关系、情绪稳定性和学习适应方面的问题。大学生中，16.0%至25.4%的有心理障碍，以焦虑不安、神经衰弱、强迫症状等为主。近几年，儿童、青少年的心理问题有上升的趋势。

另外，一个儿童心理门诊，从就诊的病例中了解到，儿童心理的问题主要有三方面：1.学习能力障碍，从就诊的孩子中发现有80%属于学习能力障碍，即感觉统合失调。2.情绪、性格问题。3.心理障碍和疾病。另外据一些教育和研究者对青少年的调查，目前中小学生在学习活动中，厌学的情绪还是比较突出的问题，不仅学习差的学生不愿学习，就连成绩好的学生也有这种倾向。在学生中人际关系方面反映的问题也比较多。

分析造成的原因，可能是多方面的。大体上说：一是缘于社会方面。随着社会的发展，信息时代的来临，生活节奏的加快，竞争更加激烈，人际关系的问题，使得青少年的心理压力加大、心理的问题增多。

二是缘于学校、学习方面。学校应试教育的问题长期未能妥善解决，学生学习压力重，厌学情绪不同程度地存在……

三是缘于家庭教育方面。家庭环境是每个孩子成长的第一所学校，家长是孩子的第一任教师，家长的品德修养、文化水平、教育方法以及家庭环境条件等，对孩子心理健康发展都会产生直接的影响。

家庭教育牵涉面很广，存在的问题形形色色，有的带有一定的普遍性，有的则具有特殊性……不管属于哪种情况都值得认真思考，有则改之，无则加勉。

（1）家长对孩子的期望值过高，家长过分重视孩子的学习，过分关心孩子的知识获得，甚至只着眼于孩子学习的成绩或考试的分数。不重视孩子个性和道德品质的发展，也不关心、不了解孩子的心理发展是否健康。

（2）家长对孩子教育方法也有问题：有的百依百顺、溺爱迁就，使孩子从小就形成了骄傲、自私、任性等不良性格；有的打、骂粗暴，使孩子胆小、冷漠；还有的父母教养态度有矛盾，更易使孩子产生复杂的心理问题。

（3）家庭不和睦或父母离异，使孩子不知所措；或孩子失去了应有的爱抚，形成自卑、抑郁、古怪、急躁等的性格特征或反常心理。

（三）心理健康的标准

每一个儿童，不仅身体健康，心理也要健康才能算是真正的健康。

在身体健康方面：《国家体育锻炼标准》是从身体形态、身体机能、身体素质和运动能力等方面对学生的体质健康水平进行综合评定的标准。这一标准在各级各类学校的实施，既是对学生体质健康方面的基本要求，也是激励学生积极进行身体锻炼的教育手段，可以促进学生的身体健康发展。这表明国家对儿童、青少年身体健康的重视和关心。

在心理健康方面：儿童心理健康的主要标志是什么？近年来国内外有不少教育和心理学专家对儿童心理健康进行了探讨，并对不同年龄阶段儿童的心理健康标准提出了初步看法。

多数研究者认为心理健康的儿童应该有以下特点：即智力虽有高低但发育正常，喜学爱问；情感表露虽然人各不同，但情绪积极，比较开朗；

行动有的敏捷、活泼，有的安静、严肃，而都有基本的自控能力；他们能合群、与同伴友好相处，能适应集体生活。对于不同年龄阶段的儿童，心理健康的标志具有不同的年龄特点，但都是根据儿童对学习、劳动、集体、生活、与人交往等方面来考虑。

下面介绍三个不同年龄阶段儿童、青少年心理健康的标准。即：幼儿、学龄儿童和大学生的心理健康标准，供有需要了解孩子心理健康的家长和老师们参考。

幼儿心理健康标准

1. 智力正常。感知觉敏锐，观察力强；喜欢提问题，并寻求解答，求知欲比较旺盛；学习或完成力所能及的任务时，注意力集中，记忆力正常；语言表达能力符合同年龄阶段的发展水平；对生活中力所能及的事，能自己完成，并能比较认真地完成别人委托的事。

2. 情绪基本积极、稳定。一般不无理哭闹，不经常发怒，也不会无故摔打玩具与其他什物；基本上能听从成人的合理嘱咐，不过分的挑食、拣穿；生活起居正常，能按时入睡，睡眠比较安稳。

3. 诚实不说谎。很少说不符合现实的话；不拿别人的东西或损坏别人的东西；做错事不隐瞒，肯承认错误。

4. 能合群，爱与小同伴交往。对人有同情心和友好行为，不随便打人骂人，不妒忌同伴；在集体中能愉快地生活，在成人指导下，愿意为集体做力所能及的好事。

5. 有一定的自尊心和自信心。对称赞感到高兴，对批评、指责感到羞愧，希望做受人欢迎的事，不愿做受人责骂的事；不过分地畏难或胆怯等。

学龄儿童心理健康的标准

判断一个学龄儿童（即中小学生）的心理是否健康，是看她或他与大多数儿童，特别是与同龄、同性别的儿童特点是否基本一致。因此，心理健康标准应该包括：

1. 智力正常：好奇、好胜心强，在学习、游戏、做事及与人交往等过程中，注意力集中，说话和行为表现正常，记忆力强，表明这个孩子的智力是正常的。

2. 热爱学习、生活和工作：热爱生活，感到生活非常有意思；爱学习，一般把学习看做是生活中不可少的一部分；爱工作，对分担的工作能看做是一种乐事，能努力、创造性地去完成任务。

3. 情绪积极、稳定：积极情绪多于消极情绪，基本上不喜怒无常。并非没有情绪低落的时候，但他们的喜怒哀乐等情绪处于相对平衡的状态。

4. 行动自觉果断：做事有比较明确的目的性，能经过思考以后采取果断的决定，对自己的决定一般不盲目、不犹豫，贯彻如一，不是说一样而做又是一样。

5. 人际关系和谐：能信任、尊重和理解别人，能以恰当的方式让别人理解自己。因而，能与同学、老师关系融洽；对父母和家庭其他成员很亲近。在发生矛盾时能积极地、有效地去解决矛盾，重新让别人理解自己。

6. 有正确的自我观念：基本上了解自己的优点和缺点，对优点能积极地去发扬，对不足能主动去改进；不因为有优点而骄傲自大，也不因为有不足而自卑；开始思考自己的未来，逐步形成理想和人生观。

大学生心理健康的标准

1. 智力正常。有强烈的求知欲，乐于学习，能够自觉、积极参与学习、工作及各种社会活动。

2. 情绪健康。情绪稳定，积极情绪多于消极情绪；并能调控自己的情绪；情绪反应与环境相适应。

3. 意志健全。行动的自觉性、独立性、果断性、顽强性和自制力等都表现较高的水平；遇到困难和挫折，能采取合理的反应。

4. 人格完整。有健全统一的人格，个人的所想、所说、所做都能协调一致；以积极进取的人生观作为人格的核心，并以此为中心把自己的需要、目标和行动统一起来；具有正确的自我意识和自我评价，做到自尊、自强、自制、自爱。

5．人际关系和谐。乐于与人交往，在交往中保持独立而完整的人格；能客观评价别人和自己，宽以待人，乐于助人，积极的交往态度多于消极态度，交往动机端正。

6．社会适应正常。能客观观察以取得正确认识，并能以有效的办法对应环境中的各种困难。

7．心理行为符合大学生的一般年龄特征。

应该说明：（1）心理健康标准是相对性的，儿童心理健康或不健康，在儿童一生的发展过程中是一个连续的过程，心理面临问题是正常现象，只要能重视并积极对待就能妥善解决。

（2）心理健康标准是整体协调性的，把握心理健康的标准，应结合心理活动来考察其内外关系的整体协调性。从心理过程看，健康人的心理活动是一个完整统一的协调体，这种整体协调性可以保证个体在反映客观世界的过程中的高度准确性和有效性。

（3）心理健康标准是发展性的，健康与不健康心理可能是人在发展中，不可避免的发展性的问题，其特征将随着发展而自行发生变化。

标准各方面应是互相联系的：一个人心理不健康，不一定表现在所有方面，而往往表现在某方面或某几个方面。例如残忍杀害4名同学的罪犯马加爵，作案前曾经是同学心目中的好学生，智力是正常的。据分析他有明显的心理问题，在心理学上称之为“人格异常”，这种人的自我概念有偏差，往往为一点小事就会激起他不安全的防范心理，产生攻击性和毁灭性。

如何帮助儿童从小形成健康的心理？也就是，儿童形成健康心理应具备哪些基本的条件呢？归纳起来，主要有以下方面：

（1）健康的身体：身体健康是心理健康的生理基础，因此，要关心孩子从小具有健康的身体。

（2）充分的关爱：爱是促使儿童心理健康发展的动力。充分的关爱包含关心、体贴、爱护等，它使儿童感到温暖，体会生活的幸福与美好，从而心情愉快、积极向上，并且会深切真挚地去爱别人。父母的爱是儿童身心健康发展的精神支柱。老师的爱对儿童一生的发展也有着不可估量的作用。缺乏关爱对孩子的一生会产生负面的影响。

（3）充实的生活：儿童生活内容应该丰富充实，有学习有适当的劳动、游戏和娱乐；在形式上也多样，有个人学习，也有与小朋友在一起集体活动。过多安排孩子的学习，会使孩子精神紧张，兴趣狭隘，生活和社会适应能力得不到锻炼，影响全面健康发展。

（4）安定的环境：儿童生活在比较平稳少曲折的家庭环境，有利于他们的学习和顺利的成长。如果处于父母吵闹、离婚，教师责骂、体罚等不顺利的环境中，儿童往往会缺乏教育引导，而且在心理上会受到冲击，容易产生紧张、焦虑、悲伤、恐惧、自卑等消极心理。不过，处在逆境中的儿童，如果能给以正确引导，使他们能以正确的态度来对待挫折，那么儿童还是能够身心健康成长的。

（5）艺术的陶冶：艺术包括音乐、美术、戏剧等可以形象化地具体刺激，发展儿童的想象力和创造力，陶冶儿童的人格、情操，促使他们健全、和谐地发展。

二、孩子成长过程的类型和不平衡性

同为智力超常的儿童，他们的生活环境和学习条件也比较接近，他们的成长、发展过程相同吗？在孩子成长过程中，实际情况又会是怎么样的呢？

（一）孩子成长过程的类型

研究者通过对一百余名智力超常的儿童近30年的追踪研究，从他们的幼年（最小的1岁）或童年开始，定期对他们的发展情况进行调查了解。发现同为智力超常的儿童，他们的成长过程并不完全一样。总结起来，可分为五种发展的类型或形式：

1. 跃进式

这类孩子幼年早慧，表现在智力或某方面才能超凡出众，经过学校（包括小学、中学或大学）的考核允许他们提前入学（如5岁进小学、不到11岁入中学、13～15岁进大学），插班或跳级（至少跳一年）。他们学习比同龄一般孩子进展快，表现跳跃式前进。

这里，以北京第八中学第一届超常少儿实验班的学生为例来说明。一般初中、高中学制为六年，这个中学超常少儿实验班学制为四年（初中、高中各两年）。这班学生总共34人，入学时的平均年龄为10岁10个月，最大的不超过11岁，最小的8岁；文化程度不低于小学四年级。入学初期，我们用《中国比纳智力量表》对他们的智力进行了测量，这个班学生的平均智商为138.6，智商达到或超过130的学生占84.8%；班上最高智商是159，最低智商为119（仅一人）。入学后的第二年，又用《瑞文标准图形测验》对这班学生进行了测验，结果除一人的成绩为二级外，其余学生的成绩都为一级（相当于达到95百分位或以上），说明这班学生的身体是健康的智力是优异的。他们四年以优异的成绩完成了原中学六年的全部学业，高中毕业时的平均年龄为14岁。参加高考的总分比该校六年制高三毕业班高出35.89分，因而他们分别被全国各重点大学所录取。大学毕业后，有18人（占56%）到国外攻读博士或硕士学位，其中10人获得了12个博士学位，8人获得了11个硕士学位。有14人（占44%）在国内攻读博士（硕士）学位，其中3人获得博士学位，3人获得了硕士学位。他们中多数人较早走上了工作岗位：有19岁的建筑设计师、26岁的副教授、副总裁，32岁的教授、研究员，33岁的副所长、博士生导师……他们的建筑设计、科研论文和著作、艺术作品、创造发明和技术革新项目等，有些在国内外刊物、会议上发表，获得了社会的认可或奖励，有些还获得了专利被推广应用（投产），为国家和社会创造了很好的社会价值或经济效益。在他们毕业后，18个学生在国外工作：5个在美国的大学或国家实验室任教授或研究员，一个在日本的大学当教授。5个人从事金融经济（2个在华尔街），5个人从事计算机，1个是建筑师，另1个从事制药的研究工作。在国内的14人，分别从事研究、建筑设计、医生、编辑以及公司经理等工作。从对这些学生的追踪调查看，不论他们在国内或在国外，不论是学习、研究或工作都表现突出，并具有较大的发展潜力。

2. 渐进式

这类孩子人数较多，他们在幼年或童年已表现聪明过人，或在某方面显示具有特殊的潜能（如有的在数理方面、有的在文学或艺术方面等），由于他们的家长不想让孩子提前入学或跳级，因而这类孩子是按常规年龄入学和升级。

有一些学校这类学生有一定数量，为了便于因材施教，就将数理方面优异的学生集中为一个班，称理科实验班；将文科优异的学生（包括文艺特长生）编为文科实验班，学制还是六年，学校为他们开设各种选修课加深、拓宽学习的内容，发展各自的潜力和特长。

有些学校各类特长生都有一些但人数不多，学校没有集中办特殊班级，而是家长根据学生的潜力和特长，课余在校外选择适合自己孩子需要的特殊培养，如：发展琴、棋、书、画等才艺，或在教师和家长指导下学习某门感兴趣的学科，他们的优势和潜能同样得到了稳步充分的开发。例如，绘画、书法才能出众的双胞姐弟，他们的绘画作品，在国内外书画展会上屡屡获奖，但他们没有提前入学，他们是按照常规的年龄从小学和中学毕业。然后姐弟俩以优异的成绩一个（弟弟）考上了中央美术学院，一个（姐姐）考上了工艺美术学院。

又如，有一个初中学生动手能力很强，喜欢搞科技小制作，小学时已多次获得小发明创造奖。但是他因缺了一些课，知识有缺漏，课上常听不懂老师所讲，因而，上课时思想常开小差，学习陷入很大困难。班主任老师了解情况后，将他在科技制作方面的成就，以及他目前在学习上的困难，告诉同学，经大家讨论一致决定在班上开展互学互帮活动，既发挥了个人的兴趣和所长，又提高了同学们的学习成绩。

3. 波浪式

这类孩子幼年就表现聪明过人，有的3～4岁已识字千余，有的2～3岁开始认数，4～5岁已经会算加减乘除混合运算。这些孩子经学校考核允许提前进入小学一年级或插班。但是，这些孩子毕竟年龄较小，不明确为什么要学习，注意力容易分散，自控能力较差，缺乏毅力。在他们成长过程中，有的因生病旷课过多，学习跟不上；有的过分贪玩，坐不住，影响上课，常挨批评；有的出现某种行为问题（如把别人的东西据为己有），受到处分等。因此在这类孩子中，曾一度情绪低落，学习积极性受到影响。经家长和学校采取措施后，逐渐好转，重新建立信心，并对学习产生浓厚的兴趣，再次表现超常出众。

例如，前面所提的小海：一个5岁就上小学的孩子，不足8岁经考试合格进入省重点中学，学习成绩优良。但是由于他是非分辨能力不强，自我意识发展不成熟，独立生活能力差，住校后离开家长的监督，不能抵制各种引诱。出现上课看小说，课下玩游戏机，学习明显下降，甚至发展到拿别人饭票换零食吃的不良行为。经休学回家调理，经历虽非一帆风顺，由于家长、老师和孩子共同付出了努力，最后毕竟“改邪归正”，继续超常发展。13岁中学毕业，考上全国重点大学。毕业后分配到一个工厂当了工程师，据了解工作不错，已获得两次科技进步奖。

4. 后起式

这类孩子有的在幼年或童年初期没有受到早期教育，如出生后不久便由爷爷奶奶接到农村抚养，有的从小生活在缺乏教育特别是早期教育条件的环境，在他们幼年或童年时期即使有过聪明表现，也没有被发现。直至进入中学后，由于某次机会，表现出一鸣惊人的成绩，引起了老师和学校的重视。此后，受到有针对性的培养，才得以稳步超常发展。

例如，有一个胸前挂钥匙的小男孩，父母都是工人，白天家中无人照管，上小学时就经常旷课，逃学在外面经常与别人打架，被称为打架王。上初中后，一次学校进行数学竞赛，他的成绩尽然是全年级第一，引起了老师对他的刮目相看，经老师对他的进一步了解，这才发现了他具有数学天赋。此后，学校安排专门老师关心他，从吸收他参加数学兴趣小组入手，逐步引起他对学习产生兴趣，并把精力逐步转到学习上。一年后，他的学习成绩由原来的中下等，上升为班级前三名。而且他不仅在市、省、全国的数学竞赛中获奖，并在全国物理竞赛中获得了一等奖。在他13岁读初三时，被学校推荐提前考上了中国科技大学的少年班。从中国科技大学毕业后，分配到一个科研所，成为该研究单位的业务骨干。

另外，不同类型的人才成长过程不同，不同才能的发展表现有早有晚，例如体育运动和绘画艺术才能等表现较早，而在科学上要能有所发现则往往需要更多更长的时间继承和发展，表现所谓的大器晚成。

5. 滑落式

这类儿童幼年早慧，中小学或大学阶段一帆风顺，学习成绩一贯名列前茅，有的还是三好生，并在学科竞赛中获奖。但是，由于从小在性格或人际交往等方面存在的问题，为上大学时或毕业后留下了隐患。

有的由于独立生活能力太差，进入大学后不能适应。例如，有一个在小学和中学一直名列前茅的学生，高考成绩在某重点大学排名第一被录取。由于他性格孤僻，不与同学来往，对同宿舍同学也不理不睬，经常上课迟到，坐在最后排，看不清黑板上老师的板书，考试常不及格。他又缺乏生活自理能力，不会洗衣物，几个月不换衣服。当老师关心他时，发现他还有尿床的问题。学校根据他的身体和学习问题，动员他休学一学期，回家治病。他回家后，家长各自忙于自己的工作，对他思想关心不够，后来他给家长留了一信，就离家出走了。

有的遇到困难，自觉压力过大，缺乏耐受力；或自视过高，有完美主义。这类学生一般性格内向、孤僻，人际交往能力差，情绪不稳，又缺乏自我调控能力。有一个大学生从小学至大学，学习一贯优异，在大学二年级时被保送出国读博士。在国外进行的研究工作中遇到一时难以解决的问题，由于他一向自我要求过高，这次焦虑过大，以至情绪波动不能自拔，并由此引发了神经衰弱，后来发展成抑郁症。只得停学回家治病，在家整天闷闷不乐，无所事事，学习和工作能力逐渐减退。

从这五种成长类型人数的比率看：跃进式和渐进式占多数，波浪式和后起式占有一定的比率，滑落式是个别的。尽管波浪式发展的儿童历经了一段曲折，但毕竟越过了坎坷继续前进。由此可以看到：①在良好的教育条件下，聪明的孩子多数是健康成长的，可以说早慧儿童多数发展是良好的；②尽管孩子生长在良好的环境和教育条件下，但并非所有孩子的成长都能一帆风顺，有一些孩子在成长过程中出现了曲折或走过一段弯路，甚至也有极少数孩子未能成才就夭折了，尽管只是个别的现象。

聪明儿童成长顺利或不顺利，主要是由哪些原因决定的呢？

研究者通过对一些发展比较快、成长比较顺利的儿童成长过程的分析，发现这些孩子不仅智力发展优异，还具有求知欲旺盛，兴趣广泛，有主动性、独立性，自信、好胜、有毅力等良好的个性特征。更重要的是，这些孩子的家长在他们还小的时候，就能及时发现他们的潜力和优势，并能及时根据他们各自的特点进行引导，为他们提供了有利于他们全面发展的条件。

（二）心理发展的不平衡

有些超常儿童的成长过程并不顺利，主要原因是什么？根据对他们成长过程的正反经验的分析，可以从以下方面进行分析：（1）儿童心理不同方面的发展是否协调；（2）环境和教育是否适合（包括家庭、学校和社会环境和教育)。而这两方面的问题常常又是交互影响着产生的。

超常儿童由于智力或某方面特殊才能超常发展，在不适合的教育下，他们心理发展过程出现的不平衡现象往往比一般儿童突出，根据追踪研究的超常儿童发展过程看，有以下一些明显的不平衡现象：

1. 智力不同方面发展不平衡

儿童智力是多维的，包括感知、思维、记忆、语言、数学、空间、音乐等方面。聪明儿童智力全方位优异发展的也很少，多数人仅在某方面或某几方面表现具有较大的潜力和优势，在合适的条件下，发展超常出众，其他方面与同龄一般儿童差别不大，有的方面甚至不如同龄一般儿童。儿童认知不同方面的发展是相互联系和制约着的，孩子幼年时如仅强化他们表现出的某方面的优势，而疏忽了从小促进他们智力的全面、协调发展，对他们的健康成长是不利的。

例如，有个聪明儿童很小表现出具有学习语言的优势，对识字感兴趣，记忆力比较强。家长因势利导，使他在入小学前就大量识字，并能自己阅读一些儿童读物，但是没有注意适时促进智力相应方面的发展，这个孩子对问题没有养成分析推理的习惯。这个孩子入小学后语文学习成绩优异，但对数学等其他方面缺乏兴趣，学习成绩也很差，导致了孩子严重的偏科发展。初中一年级时数学不及格，补考也没有通过，制约了孩子的进步和全面发展。

另一些幼儿有数学潜力，在小学或中学时显示有数学才华。有一个孩子2岁就能从1数到200，4岁会加减乘除混合运算。但是他不喜欢学需要记忆的学科如英语等。14岁半考入某大学的少年班，数学单科独进，由于有懒于记忆的不良习惯，导致后来多门学科不及格，最后连数学成绩也受到了制约，不得不被迫转入普通班。

2. 智力和非智力心理特征之间发展不平衡

根据研究在超常儿童群体中，有一些儿童智力发展突出，非智力个性特征也发展良好：他们具有旺盛的求知欲，有理想、有抱负，主动探求，自我意识正常发展，遇困难或挫折能正确对待，具有“非学会、做好不可”的坚强毅力，因而不断超常发展并取得较好的成就。我们称这类儿童为智力与非智力个性特征同步发展的超常儿童。

但是，在智力超常的儿童中，有不少儿童非智力个性心理特征发展不良，在成长过程中常出现各种不同的问题，概括起来有以下内容。

（1）智力超常发展，但缺乏学习动力：不明确为什么学习，因而上课不听讲，下课不复习，有的还逃学。例如，有一个超常儿童，9岁，他的智商是152（在高智力的班上位于第二）。他思维灵活、反应快，上课一听就会，下课后在课间休息时就把作业做完了。但是他的学习成绩一般，主要是玩心太重，没有把心放在学习上。这与他小时候所受教育有关，据家长说：在孩子小的时候，由于自己忙于工作，没有关心对孩子的教育，以致使孩子从小形成了两个弱点：既懒（怕苦）又馋。他不喜欢上学，为了能到网吧去上网，或买吃的东西，在家他随便拿妈妈的钱，到学校发展成偷班上同学的钱。后来，在老师和同学的多次帮助下，偷窃行为没有再发生，毕业后考上一所重点大学。

（2）智力超常发展，但自我概念发展不足：个性方面的问题比较突出，特别表现在不能正确认识和调控自己，自负孤僻或自视过高，人际交往困难等。如有个孩子，他很小就表现出对数学的特别敏感和兴趣，5岁时能掌握小学的算术。小学四年级开始，每次参加数学竞赛无不获奖。提前两年升入重点中学学习。但他缺乏自控能力，情绪不稳。虽对数学感兴趣，但上数学课也玩，其他课更听不进去。放学后玩游戏机，不做作业。他动作不协调，体育也不行。

（3）智力超常出众，但个性品质不良：如自私或自负，孤僻、不合群，严重的甚至说谎、拿人家的东西等。他们一旦遇到不利环境，便会出现各种严重的心理或情绪问题，有的甚至具有不良行为习惯等。这些儿童一旦遇到挫折、失败或困境时，容易丧失自信，甚至情绪一落千丈，一蹶不振，不能自拔，影响到他们继续超常发展和成才。这说明他们的智力和非智力心理特征之间发展不平衡，不良的非智力个性心理特征和不良行为，对他们的聪明才智的进一步发展起着制约的作用。

3. 智力发展与运动（动作）发展的不平衡

有些超常儿童在幼儿阶段，智力发展超常出众，但动作发展较差，或发展很不协调。如有的智力超常的儿童阅读能力一般比书写能力发展早得多、快得多，他们提早入小学后，已能大量识字和阅读，而书写常常跟不上。有的家长能理解这种书写困难，是与他们手部肌肉的感觉和运动神经的发展和成熟有关，需要一个训练的过程，家长耐心指导孩子练习，肯定孩子的点滴进步，鼓励信心。也有家长见孩子字写不好速度又太慢，往往急躁、指责，使孩子产生焦虑和困惑，甚至产生害怕上学的情绪。另一个问题是有的超常儿童运动发展不协调，体操课上老师反复教也难学会，以致对体育锻炼产生害怕的情绪。

有些超常儿童生活自理能力差，离开家长的照料，衣物、文具等经常会丢失。这方面问题与家长在孩子小时候不要求他们锻炼有关，有的家长发现问题后，及时注意帮助孩子逐渐提高；也有家长认为孩子小没有重视，孩子中学毕业后，离家住校，生活不能自理，适应新环境困难，影响到学习成绩。

4. 身心发展的不平衡

有些聪明儿童身体或生理发育不良而智力发展却不错，如有一个男孩，小时候因患过重度脑瘫，经过反复地严格训练，13岁才勉强能走路，但他4岁就开始学习英语，17岁竟然达到四级水平。有的孩子很小爱看书，但不爱活动，因缺乏运动，身体差常生病，有的上学后体育一直不能达标。有些智力超常儿童由于个性方面的原因，自我要求过高，不切实际的完美主义，长期处于紧张、焦虑状态；或面临一时难以解决的问题，不能正确对待，严重的发展成神经官能症、抑郁症等病态，甚至影响到继续学习或工作。如有个大学生在中小学学习一直名列前茅，入大学少年班后，班上强手如林，他生活自理能力很差，又不会与人交往，一门课考下来不及格，便失去自信，不知所措，由失眠发展成神经官能症，以致不能继续学习，不得不休学回家。还有个大学生毕业后，对意外的打击不能承受，得了抑郁症，以致不能参加工作。

看来在儿童成长过程中，出现某种不平衡是正常的，有时也是难免的。如少年的生理发育时期，由于生理上的迅速“成长”打破了生理和心理之间的平衡，打破了心理诸因素之间的平衡。不过，只要教育得当，发展应该不至于出现问题。儿童身体或心理不同方面发展出现问题，常常是不良教育的结果。前面所提跃进式和渐进式超常发展的类型，是从小得益于良好的家庭环境和早期教育，他们身心得到了全面协调的发展，为他们后来进一步主动积极的发展奠定了良好基础。波浪式发展的超常儿童，在他们出现问题后，家长关心及时，教育适当，并采取积极的措施（如休学一个时期或换个环境等帮助孩子进行调整），使问题得到了妥善解决，这样他们又能继续超常发展。有的超常少年上大学或毕业后出现大滑坡或夭折现象，分析问题可以追溯到幼年和童年阶段，“冰冻三尺非一日之寒”，往往是由于从小家庭或学校教育的疏忽或不当，使他们形成了不良的非智力个性心理特征。而已形成的不良个性特征，反过来又制约了他们进一步接受教育。所以，环境和教育（包括家庭、学校和社会教育）在儿童发展中起着关键的作用，正确的教育可以调整儿童身心发展过程出现的不平衡，指导儿童心理协调发展，使儿童健康地成长。不适当的教育，会造成或扩大发展的不平衡，使矛盾激化，导致了严重的后果。

由此，从这些儿童成长过程的正反经验，可以总结出儿童的超常发展、健康成长必须具有的条件：除了儿童本人的遗传和生理素质是儿童超常发展的前提条件外；适合的家庭、学校和社会教育是儿童超常发展的决定性条件；此外儿童本人的主观能动性的发挥也是不可忽视的重要的内部条件，正是这三方面的相互联系和制约的作用，决定着儿童能否顺利发展，以及健康成长和成才。

在现实中，同一个班级中（不论超常实验班或普通班），学校和老师用同样的教材对他们进行教育，但却并非所有的学生都能取得良好的教育效果，往往总有些学生接受快、领会深、收获很大；有些学生收获一般，还会有一些学生收获很小。客观的教育条件相同，学生的个人主观因素不一样。在学生主观因素方面，又可分为几方面：①学生个人智力水平和过去学习基础不同，表现在学习能力和学习成绩就会不一样；②学生个人学习动力和对学习的要求也不都一样：有些学生学习动力强、积极性高，对学习如饥似渴，这些学生收获自然很大，成绩突出；有些学生学习目的不够明确，从兴趣出发，因而成绩不稳定，收获也一般；还有的学生不想学习，怕累、怕难，成绩不好也不在乎。同样，在困难、失败等不利条件下，同为智力超常的学生表现也是很不相同的，有的学生把困难和失败看成挑战，积极奋起战胜困难、转败为胜；有些超常儿童却退缩不前，情绪波动，失去信心，一蹶不振。

这就不难看出，仅有良好的客观教育条件还是不够的，还必须有学生主观因素的积极作用，才能取得应有的良好效果。据研究者对个性发展良好的聪明儿童的研究，发现他们从小就表现出主动探求，自主学习，随着自我意识的发展，到少年期自觉主动性更强，不仅自觉学习，还能自我教育、自我完善。这就是，儿童已形成的世界观，尤其是个性倾向性（如：动机、理想、兴趣等）和个性心理特征（如：自信心、独立性、坚持性等），成为儿童接受环境和教育影响的内部因素，对来自环境和教育的影响起着积极或消极的中介作用。

三、健康成长和成才

（一）对成长的全面理解

成长是一个逐渐增长、不断发展的过程，既指机体的不断发育壮大、功能逐步成熟，也指心理的不断发展完善，社会适应能力和交往能力的逐步提高。如：婴儿出生后，从一个不会说话无知无能的个体，逐渐发展到会学习、能创造，成为一个能独立生活，为社会服务的成人。

这是孩子从幼稚逐步向成熟发展的漫长过程，一般要持续十几年甚至二十几年的时间，经历几个具有不同水平和特点的发展阶段。在整个这样的发展过程中，孩子的成长绝不限于身体一方面的发育，而是作为一个人的全方位的发展，它包含了多方面的内容，概括起来至少有下列几个方面：

1. 身体（生理）的发育：包括大脑及神经系统的发育；身体各器官及其各种功能的健全。

2. 心理的发展：涉及智力、认知能力；创造能力；情感，意志；性格特点以及自我意识、自我调控等的发展。

3. 道德品质的形成：涉及从小学习掌握社会公德、社会行为规范，形成良好的行为习惯等。

4. 知识、技能的获得：从最基本的识字、读写算开始，掌握基本的文化科学知识；随着年龄增加、年级提高还要掌握一定的专门知识和技能。

5. 社会实践及社会服务能力的培养：涉及社会交往的能力，关心他人以及为社会服务等能力培养。

孩子健康的成长，意味着孩子在不同年龄阶段，上述五个方面都能协调、协同地发展，并达到该年龄儿童发展的一般（或最好）水平。它既符合孩子个体成长的需要、自我实现的需要；也符合国家建设对接班人的需要、社会对合格公民的需要。

（二）成长和成才

1. 人才的基本特征

成才就是指一个人如何成长为人才。那么，什么是人才？人才有哪些本质属性？也就是说人才与一般人有哪些本质不同的特征或标准呢？

关于人才的标准，自古以来一直存在着“重德”或“重智”两种不同的观点，其中争论的焦点主要在“德”、“才”和“贡献”三者的关系上。重德者主张在德才兼优的人才标准中应以德为先；而重智者则强调能力和业绩统一的人才标准。

过去还有一个较长的时期，是按照1982年提出的人才的标准即“具有中等以上学历和初级以上职称的人员”来认定人才。

2003年12月，中共中央、国务院召开了全国人才工作会议，并在颁发的《中共中央、国务院关于进一步加强人才工作的决定》中指出，“只要具有一定的知识或技能，能够进行创造性劳动。为推进社会主义物质文明、政治文明、精神文明建设，在建设中国特色社会主义伟大事业中作出贡献，都是党和国家需要的人才”，并提出“要把坚持德才兼备原则，把品德、知识、能力和业绩作为衡量人才的主要标准，不唯学历、不唯职称、不唯资历、不唯身份、不拘一格选人才”。由此可见，在新的历史时期，人才的概念有了新的扩展，包含以下基本特征：

（1）品德优良：有理想，负责任，积极，勤奋。

（2）具有一定的知识和技能，这是当今知识经济时代对人才基本素质的要求，是成才的基础，也是进行创造性劳动和对社会发展作出积极贡献的内在依据。

（3）能进行创造性劳动，这是人才属性的核心，是人才与一般人的根本性区别。因为创造性劳动是提供新颖的、独特的、有社会价值的成果的活动，一般人的劳动是以模仿性、重复性、继承性的简单劳动为主的。

（4）为“三个文明”和社会主义建设作出贡献，这表明了人才本质的进步性。

这几方面的有机的统一，构成了人才的科学概念。

2. 人才的成长

成长是一个过程，它是一切生物的必然过程，是自然属性的表现，贯穿整个生命的进程。成才即人成长为人才，成才也是一个过程，但它只是人所特有的，是社会的需要，强调发展的结果和贡献。这两者既有区别又交互联系着发展。

孩子出生后一般要经历一个漫长的成长过程，按照年龄阶段来划分，一般可划分为：婴儿期、幼儿期、学龄儿童期、少年期、青年期、中年期、老年期。一个人的成才(也即人才的成长)也要经历一个过程，有研究者认为杰出人才的发展过程，大体可分为三个时期：求学时期；毕业后到出名以前，简称不出名时期；出名以后称有名时期。也有研究者通过对科学家成长历程的访谈，将科学创造人才的成长总结为五个阶段：即自我探索期、才华展露与专业定向期、集中训练期、创造期及创造后期。还有研究认为人才成长经历着“准人才”——“潜人才”——“显人才”——

“领军人才”等基本阶段。

人才对于任何社会来说都是非常关键的要素。社会要进步，必须依靠大量人才；人才能否得到自主成长，又取决于适宜的社会环境。社会环境与人才成长的关系是互为前提、相互作用的。社会环境造就人才，人才创造社会环境。特别在当今知识经济的时代，实现社会主义现代化需要各级各类人才。

当今社会所需要的各级各类人才，不仅包括掌握高深科技、文化知识的高层次专家、学者，而且包括各行各业所需要的数以亿计的有道德、能敬业、有一技之长的劳动者。

孩子在健康成长的基础上，如能充分发挥潜力和所长，就能从某一方面或几方面，对国家建设和社会发展有所贡献，贡献不论多少，创造性不论大小，只要确实付出了努力，就能成为国家和社会的有用人才。

3. 人才成长需要的条件

为什么同在一所学校或一个班级学习的孩子，毕业后并非都能成才？往往只有少数人发展突出，工作后有所发现、有所创新，多数人发展一般，还有少数人终生碌碌无为，甚至还可能有个别人中途夭折？这个问题涉及人才成长的主客观条件。

儿童本身方面的问题在前节已论及，在此仅列出人才成长需要的客观条件，以便家长全面了解，并能给孩子提供比较全面的帮助。根据一些研究，对人才成长需要的条件的总结归纳为以下几个方面。

（1）需要学习：通过学习不仅一般地掌握知识、技能，并要发现优势，发展智慧和才能；而且在选定和掌握一种专业后，还要继续学习，进一步了解掌握工作所需的专业知识和技能。

（2）需要培养正确的人生观、世界观：有见识，能根据国家和社会的需要，确立志向、树立理想，并具有顽强的毅力和献身精神。

（3）需要参加实践：不仅毕业参加工作后需要参加实践，在学校期间也要争取机会参加实践锻炼，在实践中激发创意，发展创新能力。

（4）需要培养健康的心理：具有良好的自觉纪律性，能自觉关心集体，自觉遵守社会公德；特别是具有发展良好的自我意识及自我调控能力。

（5）需要锻炼强健的身体：孩子身体健康是成长和成才的基础，许多家长一心只想孩子成才，而又片面把成才理解为考试成绩的优异，而不顾孩子身体的健康。

还应该看到，随着社会经济的发展，对人才的要求将会发生一些变化。科学技术的日益发展，多学科交叉，许多问题要求多学科融合来解决，这就导致新的跨学科研究领域的出现，由此未来社会需要更多的复合型人才。所谓复合型人才，一是指具有两个（或两个以上）专业（科学）的基础理论知识和基本技能；二是能够理论与实践有机地结合，并具有创新精神；三是德与才兼备，综合素质优异发展。

四、家庭教育和家长的作用

国外一些研究者，对高智商和一般智商儿童的家庭环境和教育进行过比较研究，发现多数高智商孩子的父母文化程度较高，家中文化生活条件比较优越，家庭比较民主，孩子在童年和少年时都受到了良好的家庭教育。我国的一项对智力优异儿童的追踪研究发现，这些孩子多数出生于文化条件较好的家庭，他们的家长多数为教师、工程师、医生等知识阶层。这些家长大多数都十分重视对孩子的早期教育。根据国内外这种类型家长对孩子进行教育的经验和问题，总结出以下原则和方法。

（一）教育孩子应贯彻的基本原则

对孩子的家庭教育与学校教育一样，要贯彻全面发展的教育方针，使他们在德、智、体、美、劳几方面都能得到发展。要充分发展他们的聪明才智，帮助他们树立远大理想和正确的世界观、人生观；形成高尚的道德，健康的心理，良好的个性倾向和特征，并充分发展特长，使他们成长为符合新世纪需要的优秀的复合型人才。

总结大量正反两方面的经验，我们有理由认为，无论对哪个年龄的孩子进行家庭教育同样应当努力贯彻以下一些基本原则。

1. 全面发展原则

教育新世纪需要的高层次的优秀人才，无疑更要贯彻德、智、体、美、劳全面发展的方针，在贯彻这一方针的基础上，还要使他们身体、心理各方面都能健康、协调发展。

2. 因材施教原则

根据聪明儿童的潜力、水平和特点进行不同于一般儿童的有针对性地教育，也就是因材施教。在聪明儿童群体中，个别差异仍然很明显，因此，对聪明儿童集体进行教育，也要实行因人而异、因势利导的教育。

3. 知行统一原则

儿童的心理、才能、品质都是在实践中逐渐形成和发展的。聪明儿童理解力强，但动手能力未必强。尤其个性特征、道德品质不能满足在“知”的层面，更重要的是要在行为实践中体现。从知识到能力、才能；从理解到应用，解决问题；从认识到行为，到道德品质形成，需要经过一个过程。这都离不开行、离不开实践。

4. 自主性原则

聪明儿童很小就表现出主动探求，自己学习（借助字典自己阅读等）的积极性，随着自我意识的发展，到少年期，自觉主动性更强。不仅自觉学习，而且自我完善。因此，要尽早发现他们的自觉主动性，善于积极诱导，激励他们自觉学习，自主发展，自我教育能力充分发展。

（二）家庭教育的主要方式（方法）

由于家长和孩子的特殊关系，这就使得家庭教育有着一些特点。家长对自己孩子教育，多采取个别的形式。家长根据不同年龄孩子的发展情况，在家庭教育中，探索并总结出一套行之有效的教育的方式方法，概括起来有下列六种。

1. 养成良好习惯的教育

习惯是行为的自动化，一旦养成就会成为一种不需要特别的意志努力的行动。“少成若天性，习惯如自然（孔子）。”“一切天性与诺言，都不如习惯有力（培根）。”“事实上，一切教育都归结为养成儿童的良好习惯（洛克）。”……可见，习惯是一种强大的力量。众所周知，习惯有好坏之分，如何从小培养孩子形成良好的习惯具有十分的重要性。

孩子的许多习惯都是从小在家里养成的，孩子良好习惯的养成家长责无旁贷。家长应帮助孩子从小养成哪些好习惯呢？主要有：有礼貌，守纪律，讲道理；尊敬师长，团结友爱，诚实、自信；勤动脑、爱学习，爱劳动，爱护公物，爱护动物；自己的事自己做，以及安全意识的习惯等。

如何帮助孩子养成良好习惯？主要有五点：

（1）明确规范，启发自觉：要通过教育首先使孩子明确应培养哪些习惯，并知道为什么要形成这些习惯，以激发他们养成这种（这些）好习惯的自觉性。

（2）榜样示范，树立信心：家长的习惯，就是给孩子的示范，所以家长特别注意改正不良习惯，以良好的习惯为孩子树立榜样。

（3）反复实践，反复训练（练习）：习惯是通过反复实践、练习而巩固下来的动作或行为方式，从生理机制上来说是在大脑皮质上形成的趋于稳定的动力定型。

（4）严格要求，积极强化：良好的习惯是严格要求、训练，不断积极强化的结果。

（5）克服不良习惯：对已经形成的不良习惯，要启发自觉破旧立新，用良好习惯取而代之。

这五点对培养孩子其他方面的习惯同样是适用的。

2. 发掘潜能和优势的教育

许多家长能了解孩子有不同的潜能和优势。如：有些孩子语言发展较早，喜欢儿歌，出口成章；有些孩子很小就表现心算能力很强，对认数和计算有特殊的兴趣；有些孩子很小就爱画画，几笔就勾画成型……

老师和家长要细心去发现，各个孩子智力的差异；深入探查、发现每个孩子智力发展的潜能或优势所在。以便根据孩子的智力、才能的类型，有针对性地制订适合个别的教育计划，个别指导孩子的自学和训练。

如有的儿童在家长指导下，系统自学数学，数学才能逐步发展；有的儿童在家长的指导下自学外语，8岁已掌握三种外语；还有些儿童自觉主动练习绘画、书法，在书画竞赛中连连获奖等。特别对孩子的优点和缺点方面，家长在教育中能扬其所长，并适当地促其所短，使孩子智力的基本结构既能较全面地发展，又能使个人的智力优势得以充分发展，展示个人智力的优势和特色。

3. 在日常生活中渗透教育

孩子来到这个世界上，周围的人和环境对他全是新的。家中的爸爸、妈妈、爷爷、奶奶等都以她/他为中心，围着她/他转。衣食住行一切用具，都有名称、特性、功能和数量；家庭内外的人际关系，生活的自然和社会环境，对孩子都是现实的生动的教材。聪明儿童好奇心和接受能力较强，很小就表现出积极的探索倾向。有心的家长在哺育照料他们的过程中，适时地、有意识地、由近及远地利用这些“教材”，教他们用眼看、用耳听、用鼻子闻（嗅）、用手摸，从而发展了孩子的各种感觉器官及其协同活动，奠定了感性认识的基础。

许多家长在照顾孩子的时候常常都是一边做一边叨叨，如：当婴儿哭时，常常是一边抱起婴儿一边说：“妈妈抱宝宝”；对大一些的孩子，在给他们吃东西时，如给孩子水果吃时，常会告诉他们水果的名称，如“这是苹果”，并让他看一看形状，摸一摸硬软，闻一闻气味，尝一尝味道等。在日常生活中只要有心，随时随地可以发展孩子的认识能力。

同样，教孩子学会分享、谦让，还是以吃水果为例，将一个苹果切开，启发孩子分给家中每人一份。

4. 以游戏形式进行的教育

聪明儿童与普通儿童一样都爱玩、爱游戏，不论是和小朋友玩或和家长一起玩或是自己个人玩。由于聪明孩子智力和独立性发展较好，特别喜欢角色游戏。如在家玩“老师上课”的游戏，让家长当学生，坐在小椅子上，孩子自己扮演老师，拿着一本书站在前面，模仿幼儿园（或小学）老师向学生授课。孩子当老师给家长讲解，并要求家长执行，在此过程中孩子也受到了教育。

有的家长让孩子当小老师教他们唱歌、认字或做算术题等，通过这类游戏，孩子提高了学习的兴趣、增长了知识和能力。特别是有的孩子爱看书，不喜欢算术，为避免孩子入学后算术成为弱项，家长利用孩子爱听故事的特点，把算术题编进故事中，并在游戏中引发孩子对数学的兴趣。

有的学科（或活动）是孩子的弱项，孩子不愿学习（或参加），家长利用孩子已有兴趣来激发新的兴趣。如有个孩子对地图非常感兴趣。这个孩子3岁时，有一天见他父亲打开北京地图查找一个地址。他看见图上画满线条还有一块块不同的颜色，他觉得十分新奇。爸爸告诉他这是地图，告诉他自己家和外婆家在地图上的位置，并告诉他从自己家乘几路车经过怎样的路线就可以到外婆家了。孩子立刻被这有趣的地图吸引住了，此后他常自己翻看。家长见他对地图如此着迷，又给他买来中国地图和世界地图，他爱不释手。在家长的帮助下，他从中不仅学到许多地理知识，还开阔了眼界，激发了理想，增强了学习的动力。

5. 通过竞赛进行教育

竞赛可以激发孩子努力向上的进取心，调动学习的积极性，即使自我个人竞赛也可以将自己过去的成绩与现在的进步相比从中获取动力。

大多数孩子好胜心都很强，有不服输的心理。家长可根据孩子的兴趣和特点，采取多种竞赛的形式，对孩子进行教育。

有一个孩子3岁多，表现出喜欢计算。他的爸妈玩扑克牌他也要参加，一家三口就一起玩叫做“钓鱼”和“拍13”的扑克牌游戏。这两种游戏要求快速、正确地心算，经常玩这种游戏可以促进心算能力的发展。

有个孩子8岁喜欢诗歌，常出口成章。在家里常与父母对成语或诗歌，例如对成语，他说“一日千里”，家长就应接一字打头的成语，如：“一帆风顺”，“一鸣惊人”，“一望无涯”，“一知半解”……有时对歌——如有还开展数字（或语词）接龙赛、讲故事比赛、棋赛等。这些孩子在竞赛中赢了，往往情绪高涨，引发了学习更大的积极性。如果输了，常不服气，下去自己再钻研。然后要求再赛，直至取胜为止。所以竞赛是促进学习的一种很好的形式。

6. 暗示法的教育

这是一种通过间接的、含蓄的方式对孩子施加教育的影响，使孩子按一定的要求行动，或接受一定的意见。暗示可以有以下几种情况：

直接暗示和间接暗示：直接暗示是给孩子直接提示，如孩子到了规定做作业的时间还在玩，家长可以暗示他：“现在7点钟了，你该做什么呢？”间接暗示是借说别人以提醒孩子，如说你班老师说某小朋友每天7点钟不用家长提醒，准时自己做作业。

这两种暗示都是语言暗示。还有行为暗示法，就是利用行为暗示孩子做什么或怎么做。例如：晚饭后7点，家长拿出自己该看的书或该写的稿子，7点开始学习或工作。

还有一种环境暗示法。如果家里开着电视，学习时间到了立刻关闭。

7. 潜移默化的教育

大多数儿童的家长，重视言传身教，注意家长自己的为人、处世、工作的态度等，对孩子进行潜移默化的影响。重视家庭环境的熏陶作用，努力为孩子营造一个宽松、学习、进取、民主、温暖的家庭氛围。

许多孩子从小爱学习，因为他们出生后，见父母孜孜不倦地学习，生活在一个学习探讨的环境中，不知不觉受到感染。有些家长文化程度虽不很高，但对自己的工作非常热爱，兢兢业业；对人热情、关心；不怕挫折和失败，坚持到底等品质，不用家长向孩子讲多少大道理，家长的行为给了孩子印象深刻的示范，为孩子树立了榜样。家长不要孩子做的事首先自己不做，如要限制孩子过多看电视，每晚看完新闻，家长也不再打开电视（周末例外）。

但是，父母不是完美无缺的，家庭教育失误或不妥之处也时有发生。多数家长能及时发现就设法弥补、改进。如成长过程出现不同程度曲折的聪明儿童，有的是家长在他们小的时候，疏忽了品德教育，当发现孩子出现问题后，及时采取有效措施，使问题得到较好解决，孩子的发展继续超常出众。

同样，家长的思想可能也会有跟不上形势的时候，出现不正确的价值观，或表现出一些消极的个性特征或品德，这些也会给孩子负面的潜移默化的影响。为了真正爱护孩子，家长要严格要求自己，不断学习、进取，加强自我修养，使自己具有良好的思想和道德品质，以免给孩子造成负面的潜移默化的影响。

（三）家长在教育中的作用

儿童在家庭中是在与家长的相互作用中发展的。在许多情况下是孩子要求家长给他们提供教育发展的条件。

1. 发现作用

孩子出生后，在成长的过程中，家长能及时发现孩子发展的优势方面和不足，即使还在萌芽状态。孩子出生后与家长朝夕相处，父母或祖父母和他们接触最多，对他们的发展状态理应最了解、最敏感。尤其是目前我国的年轻家长，只有一个孩子，对他们期望很高，奉为掌上明珠，孩子的一点进步都会给家长极大的欣慰。年轻家长都具有一定文化，许多人在孩子出世前就阅读过一些儿童心理和教育方面的书籍。家长往往比其他人（包括幼儿教师）更早更多地发现孩子表现的不凡之处。

在研究者追踪研究的智力超常和具有特殊才能的儿童中，多数是家长最先发现的，然后再找老师或专家进一步鉴别确定的。不过，许多时候了解孩子的优势或才能并不容易，而是需要一个细心观察的过程，有时还要经过一阶段的教育才很明确。

2. 设计作用

根据孩子的潜力和表现为她/他设想或设计出个人发展的蓝图，以便有计划地给以指导和教育。虽然能这样做的家长是很少数，但是值得提倡的。有些家长把培养孩子成才作为一个系统工程来考虑。在孩子出生后不久（有的晚一些），根据孩子发展的不同阶段，提出不同要求，拟订指导、教育其发展的大体计划。

比如，天天的妈妈，在他出生一岁左右，便发现这孩子很聪明，设想要把他培养成一个科技人才。她学习了儿童心理学等书籍，研究了科技人才应具备的智力、才能和个性品质。在此基础上，便为孩子的成长提出了一个总体设想。根据儿童身心发展规律，分不同年龄阶段，有针对性地采取教育措施，促进孩子德智体美劳全面发展。在她对孩子的教育设计中，把从小培养孩子具有科学家应具有的个性特征和气质放在首位。首先从小引导孩子对科学的热爱，旺盛的探求精神，并注意锻炼孩子，在优异成绩面前不骄傲、不满足，对失败和挫折不灰心丧气等。她的这个孩子14岁时以优异的成绩考入了中国科技大学少年班。

不少家长对孩子的成长有过美好的设想，尽管有的设计不很全面，不够系统，或没有完全坚持，但在孩子发展的一定时期，或某个方面取得了比较明显的效果。

3. 指导作用

根据孩子的现有发展水平或优势方面，因势利导，逐步启发、引导其向更高水平发展。

儿童的心理发展是有规律的，不论是感知觉的发展、概念的掌握、能力的提高，还是兴趣的稳定深化或性格（道德品质）的形成等，都是有过程的。在发展过程中要因势利导，并适时给予新的挑战，逐步引导，才能稳步前进。比如有一个孩子叫铁明，年仅7岁，已经创作了6000多幅绘画作品，举办过一次“铁明画展”，还有14幅画被选送参加国际画展。小铁明的绘画才能是怎样发展起来的呢？他的爸爸是一位美术工作者，在小铁明出生刚两个月，他就在小床上挂满了五颜六色的彩带、气球和形状各异的玩具，使孩子睁开眼就能在色彩和形体的王国里神游，小铁明8～9个月时，就给他看各种画册，以引发他对各种景物和形象的兴趣。小铁明2岁时，便从大人手中夺过画笔开始“作画”。为了开阔孩子的眼界，提供绘画的素材，他的爸妈经常带他去动物园、博物馆、海滨等游玩。每次回家后，小铁明就把自己看到的形形色色一笔一笔地画在自己的小本子上。家长在下班后常把孩子的画拿出来，逐张欣赏，并给予耐心的启发、辅导。辛勤耕耘必有收获，小铁明在完成一张又一张的创作中成长。家长细心观察孩子绘画兴趣和才能发展过程的变化，不失时机地给孩子不断提出新的挑战，使兴趣逐步稳定深化，绘画才能随之逐步发展提高。

有些聪明孩子的家长，对2～3岁就对识字感兴趣的孩子，在他们已经掌握一定数量的汉字后，就开始指导他们学习查字典，这样4～5岁的孩子就能自己借助字典独立阅读。同样，有的家长发现孩子有绘画潜能，就自己教（或请专家）教给他们使用绘画工具及发展他绘画的基本技能。各学科都有基本技能，适时地教给孩子，可以培养孩子独立学习和自学的能力。

4. 激励作用

对儿童的优势或闪光之处，或点滴进步，给予及时肯定和鼓励，以调动儿童内在积极性。

儿童早期表现对某方面的兴趣，往往预示他这方面的天赋和认识的需要，给予及时鼓励和强化，有助于儿童兴趣的稳定、丰富和深化，进而发展成推动他们不断探求的内部动力。尽管家长并不都能意识到这点，但几乎所有超常儿童的家长，当他们发现孩子有某方面兴趣时，总是非常兴奋并给予满足的。比如一些超常幼儿喜欢画画，握笔到处乱画，纸上，书上、地上、桌上，只要有平面的地方他们就画，家长不仅允许并大加欣赏。有些超常幼儿很小（1～2岁）就对认字或计算感兴趣，见字就要认，见数就爱算。家长对他们每认一个字，每会一种算法都给以夸奖和称赞，这就鼓励了他们学习的积极性，强化了他们的兴趣，促进了求知欲的发展。

家长激励儿童的形式多种多样：语言上的夸奖、表扬；情感上的感染、强化（如搂抱、亲吻等）；行动上的（如满足去动物园玩）支持；甚至物质上的适当满足等。

5. 保证作用

儿童智力和特殊才能的发展需要一定的条件（如掌握相应的知识和技能及实践操作的机会）。聪明儿童在被发现具有某方面的优势之后，家长都不惜金钱和精力，千方百计提供条件。有些人家庭经济不宽裕，为了孩子的智力开发不惜投资，购买大量书籍、玩具及必要的乐器。送他们进特殊学校（班）如绘画、提琴、钢琴、计算机、外语班等。有的甚至同时并进，每周上2～3个特殊班。为了培养孩子某方面的才能，家长自己先学并陪学。有的家长发现孩子具有某方面天赋，自己难以学会的如绘画，就带着孩子不远千里，访问专家以求教。如小刚的父母都不会绘画，发现小刚姐弟有绘画潜能，便带他们拜名画家为师，并给他们买许多绘画工具，每天督促他们练笔。这两个孩子绘画才能发展较快，多次在国内外儿童画展获奖。尤其是小刚的姐姐多次出国举行个人画展，家长成为他们的“好后勤”。多数家长对孩子智力和才能发展所需要的条件都是尽量给予满足的。

6. 榜样作用

给孩子潜移默化的影响。“言教不如身教”对超常儿童的教育同样适用，特别对德育则更为重要。

许多孩子从小爱学习，因为他们出生后所见父母爱学习，生活在一个学习探讨的氛围环境中，不知不觉受到感染。有些家长工作非常敬业，下班回家晚饭后孩子做作业，家长看书学习。不少小画家生在画家的家庭，或父亲是从事绘画工作的，从他们记事时起接触到的都是画。家长热爱自己的职业往往影响孩子对这一专业的兴趣。尤其是在非智力个性特征方面，家长潜移默化的作用更为明显。比如求知欲强，专心入迷，不怕挫折和失败，有责任心、坚持性和创造性等。虽然对孩子也需要讲道理，而更重要的是父母的以身作则。

7. 沟通作用

儿童在成长过程中，在学校和社会上，在家庭中常会遇到一些矛盾，如果不能很好处理容易产生误解、隔阂，不仅影响情绪和关系，甚至还可能影响孩子的健康成长。因此需要有人及时了解，从中进行疏导、调解，指导孩子与他人建立良好的人际关系，互相理解，正确处理。家长中应该有人能起沟通的作用。

例如：有一学生数学一贯优异，入初中后成绩下降，家长未及时进行调查了解。直到毕业前才知主要是因为有一次老师在推选参加数学竞赛人选时该生感觉不公平，从此对该老师产生了不满，他上课就不好好听课，如与老师及时沟通，家长从中调解，并教导孩子正确对待，将不致于影响到毕业时的成绩。

总之，希望自己的孩子超常发展的家长，如能按照上述原则和方法去做，从多方面发挥家长的作用，不论是哪种类型的聪明儿童，甚至还不够聪明的儿童，都可以在各自原有的基础上得到充分发展，长大都能成为不同类型的有用的或杰出的人才。相反，如果教育脱离了孩子的实际，就可能出现揠苗助长，即使有超常潜能的儿童，也未必能有超常的发展，甚至已经是某方面的超常儿童也可能会夭折，成为“小时了了，大未必佳”的当代版本。

小结

孩子的健康成长是指孩子在身体发育，心理发展，品德形成，知识、技能的获得，社会适应及社会服务能力的提高等全方位的协调发展，并达到该年龄儿童发展的一般或较好的水平。

根据对百余名超常儿童近30年的追踪研究，发现这些聪明孩子的成长有五种类型，即：跃进式、渐进式、波浪式、后起式及滑落式。同为聪明儿童，智力水平接近，为什么有些孩子的成长一帆风顺，有些孩子的成长过程出现了较大的曲折，还有极少数却未能成才就夭折了。分析主要的原因是由于身体及心理不同方面发展不平衡，特别是非智力个性心理特征发展不良，而家长关心不够，家庭教育不力。

聪明孩子要健康成长和成才同样需要学习，掌握知识和技能；特别需要确立正确的人生观、世界观，培养优良品德；还需要参加社会实践活动，进行创造性劳动，才能成长为社会主义建设的有用人才。

家庭和学校是孩子成长的最重要的环境，家长和老师是孩子成才的奠基者。

家庭教育应与学校教育密切配合，因此在家庭教育中同样应贯彻：全面发展、因材施教、知行统一和自主性原则。由于家长与孩子的特殊关系，在家庭教育中有利于采取：习惯养成的教育，发掘潜力和优势的教育，在日常生活中渗透教育，通过游戏、竞赛进行教育，以及潜移默化等教育的形式。

由于儿童在家庭中是在与家长的相互作用中发展和成长，因此，家长在教育中更有利于发挥以下的作用：1.发现作用；2.设计作用；3.指导作用；4.激励作用；5.保证作用；6.榜样作用；7.沟通作用。